制胜未来

——创新人才早期培养的实践与思考

孙华　编著

党建读物出版社

图书在版编目（CIP）数据

制胜未来：创新人才早期培养的实践与思考 / 孙华编著 . -- 北京：党建读物出版社，2024. 10. -- ISBN 978-7-5099-1569-1

Ⅰ. G632.0

中国国家版本馆 CIP 数据核字第 20242N620Y 号

制胜未来
ZHISHENG WEILAI
创新人才早期培养的实践与思考
孙华　编著

责任编辑：王舒婷　杨豪飞
责任校对：钱玲娣
装帧设计：刘伟
出版发行：党建读物出版社
地　　址：北京市西城区西长安街80号东楼（邮编：100815）
网　　址：http://www.djcb71.com
电　　话：010-58589989 / 9947
经　　销：新华书店
印　　刷：北京新华印刷有限公司
2024年10月第1版　2024年10月第1次印刷
710毫米 ×1000毫米　16开本　19.75印张　272千字
ISBN 978-7-5099-1569-1　定价：56.00元

开头的话

亲爱的朋友：

当您翻开这本书的时候，我就如坐在您的面前开始汇报。我的态度是诚恳的、郑重的。

先说说书名。当今世界，百年未有之大变局加速演进，抢占科技创新制高点的竞争空前激烈，科技进步将更多依靠原始自主创新，创新人才将更多依靠自主培养。我们越来越清晰地认识到，源源不断地培养创新人才，是建设科技强国、发展新质生产力、推进中国式现代化的必然要求，是世界大国制胜未来的关键举措。所以，本书取名《制胜未来》。创新人才，也有人称为创新型人才，是指在全面发展基础上，具有创新意识、创新精神、创新思维、创新知识、创新能力并具有良好创新人格，能够通过自己的创造性劳动取得创新成果，在某一方面为社会发展和人类进步作出创新贡献的人。在“科技是第一生产力、人才是第一资源、创新是第一动力”的时代背景下，创新人才往往是指科技创新人才。不同年龄段的人都可培养成为创新人才，而本书主要探讨的是如何把处于最宝贵年龄段的青少年培养成为创新人才，也就是探讨创新人才的早期培养问题。

全书内容分为6个部分，每部分收录一组文章，既独立成篇又相互联系。第一部分是“总论：时代呼唤创新人才培养”，阐述培养创新人才的重大意义、我国培养创新人才工作现状和面临的新形势新任务新要求。第二部分是“现状：孩子创新潜能去哪儿了”，通过调研得到的一手数据，系统分析我国青少年科技创新能力发展状况、科技创新实践教育现状，研究问题成因，提出相关建议。第三部分是“关键：推进教育教学深度变革”，阐述学校、家庭和社会教育在教育理念、办学模式、教学内容、方式方法等方面存在的问题，提出变革或改进策略，提供实践案例。第四部分是“抓手：发挥竞赛促学促培作用”，总结青少年科技竞赛活动的作用、经验，分析赛事“功利化”“不公平”等热点问题，对推进赛事改革、更好发挥竞赛作用提出建议。第五部分是“开拓：广泛开展各类科技活动”，阐述青少年科技活动对培养创新人才的意义，总结青少年科技活动的基本规律、活动设计要领，并提供工作实例。第六部分是“保障：加强科学教育队伍建设”，分析中小学教师特别是科学类课程教师、科技辅导员能力素质存在的不足，阐述科学教育师资建设问题。

为什么要写这本书？当然是源于解决现实问题的需要。本人长期从事青少年科学教育和青少年科技活动组织管理工作，在实践中深刻体会到，我国青少年创新人才培养工作不断进步、取得显著成就，但是在人才培养的理念、制度、方式方法等方面还存在不少问题。大多数孩子勤奋、刻苦地学习十几年，只是成为听话的、会考试的“好学生”，而缺乏成长为创新人才的强烈兴趣和持续后劲；在每届中学生国际奥林匹克学科竞赛中，我国青少年的竞赛成绩都十分亮眼，人们欢呼“展现了我国基础教育水平”，但许多奥林匹克学科竞赛获奖学生后来泯然众人，奥林匹克学科竞赛强国却不是数学强国、物理强国……从经济社会发展对人才的需求看，我国目前科技原始创新、自主创新能力还不够强，战略科学家、领军人才、创新人才严重不足。这些问题出在哪儿？如何解决？这是我长期思考的问题。呈现在您面前的，就是我多年来在创新人才早期培养方面写的一些体会文章、研究报告。既有理论上的"批判"，更多的是实践的总结、反思，是对创新人才早期培养现状的真实反映。文章长长短短、体例多样、不拘一格，有个别文章与人合著，均在文中注明；有的已经公开发表，有的转化为高层决策，不一一说明。

我曾经在教育系统工作20多年，在重点中学担任过化学、科学教师，后又到省教育科学研究院、教育部基础教育课程教材发展中心工作，参与过"学校课程开设与管理""深度学习"等一些重大课程改革、教学改革项目。这些经历使我对中小学教育教学工作有深切体会，对学生、老师和家长有深入了解，尤其对学生发展和科学教育有了深刻理解，收获了很多快乐，积累了许多体悟也包括困惑。近10年在中国科学技术协会（以下简称科协）青少年科技中心工作，先后在辅导员工作处、交流处、竞赛活动处，从事创新人才早期培养和科技辅导员培训交流工作。参与了国务院印发的《全民科学素质行动规划纲要（2021—2035年）》编制工作，还参加了科普中国、科创中国等多项中国科协重大任务。2023年完成省部级科研课题"中国青少年科技创新实践教育现状研究"，撰写的《推动形成一大批具备科学家潜质的青少年群体》等多篇研究报告被上报到有关部门，不少建议被采纳。在中国科协这个大平台上，以更广阔的视野观察我国创新人才早期培养现状，更拓展和加深了我对创新人才早期培养特别是中小学科学教育的思考。

科学教育是提升全民科学素质、建设教育强国、实现高水平科技自立自强的重要基础，对培养创新人才至关重要。我国科学教育符合创新人才培养规律、青少年成长规律、时代发展需求吗？这是一个亟待重视、研究的重大问题，也是一个涉及面广、十分复杂的问题。传统的基础教育体系往往将教育内容划分为语文、数学、外语、物理、化学、生物等学科，而新时代科学教育既不混淆这些学科，又更强调综合性、整合性、跨学科性，其目标不仅是帮助学生掌握自然科学基本知识和基本技能，更重要的是激发其科学兴趣，引导其树立科学精神、提高科学素养，增强自主发展、自主探究的意识与能力，能够解决真实世界存在的问题。学校是对青少年进行科学教育的主阵地，科学教育必须落实到每所学校、每个学科的所有教学活动中。但传统教学活动侧重知识的传授和接受，教师担任传授者，学生成为被动接受者，人类认识成果被作为传授物。这种教学活动很大程度上片面化了教师、学生的角色与地位，也弱化了知识本来具有的价值，降低了教学活动本应有的吸引力。在“网上搜索就知道”“人工智能就能生成”的信息时代，学生为什么还要去死记硬背课本上的知识？教学如何让学生体会到知识的价值并运用知识去再创造？过去忽略了的东西在新的时代不断凸显出来，迫使我们重新认识教学包括科学教育的任务与功能。继续沿用只传授知识的传统教学方式肯定不行，教学不仅要帮助学生继承前人认识成果，而且要让学生在这个过程中获得、升华前人认识过程中的思想、精神、情感、意志、价值观等，掌握科学探究方法。这是网络无法取代的，也正是现代教师的价值所在。新的时代需要新的学习、新的教育，迫使我们走进“深度学习”，在“深度学习”中点燃学生思维火花，在“深度学习”中培养学生科学素养。

在科技飞速发展的新时代，创造力越来越重要，创造力是创新人才的核心素质。创造力要“从娃娃抓起”，但创造力往往不容易体现在学生的学业成绩中。因此，教育者与家庭应当正确审慎看待学业成绩。大量实践和研究表明，对于学业成绩的过度关注并不能保证培养学生的高创造力，反而会对创造力造成负面影响。在学校教育中，应当创立更有利于创造力成长、促进自由探索的课程体系。如美国的STEM（科学、技术、工程和数学）教育已有近30年历史的积淀，致力于培养学生的科学探究能力、创新意识、批判性思维、信息技术能力等未来社会必备的技能和创新能力。英国中小学课程中已经引入了大量的创新创业元素，以增强学生的创新创业意识，挖掘成为科学家、企业家的潜力，也能更好地帮助他们在中学毕业时更明智地选择大学专业和课程。芬兰政府在中小学开始推行创新型教育改革方案，包括“现象教学”的新方法、开放式结构课程体系设计以及学校的自由教育管理模式。芬兰课程体系鼓励学生将科学技术应用到学习与生活中，掌握灵活处理复杂社交网络的能力，通过创造性地应用科学技术，让学生更快地融入和适应社会变化。韩国小学和中学的课程包括创造性体验学习活动，如参加俱乐部、志愿服务和职业探索，为青少年创造力实践提供现实体验。以色列坚持教育的目的之一就是实现“开创性原则”，包括开发儿童的个性、创造力以及各种天性，鼓励身体力行地开展实践以及加强判断和批判性思维能力等。而在我国，基础教育阶段以传授知识为核心的教育理念、教育模式，以及与之匹配的以考查知识掌握程度为核心的学习评价制度、考试升学制度，导致孩子们的学习压力大，学习兴趣和创新动力越来越弱，也耗费了宝贵的国家教育资源，真是非常可惜。

我们常常看到这样的现象：在国际青少年科学竞赛中，中国孩子和外国孩子的获奖途径不一样，中国孩子一般是靠超前学习更多知识来支撑自己的研究而获奖，而外国孩子更多运用已有的初中、高中知识进行创新而获奖，中国孩子利用已有知识进行创新的能力明显不及外国孩子。我国课程教学改革已经进行了多年，新课程体系基本建立，人才培养模式和考试制度的改革取得积极进展，广大教育工作者的教育观念和教学行为发生可喜的变化，但教与学的关系还没有彻底调整到位。很多老师仍然习惯于传授应试化知识，对教材的把握只是停留在基础层面，没有从更高的站位、更广的角度，打破知识单元甚至学科的壁垒，引导学生掌握核心知识，进行自主探究、深度思维的学习；有的课堂看起来很热闹，但真正聚焦主题、富有创造思维的讨论极少，学生的学习过程大多是死记硬背、浮于表面。学生在这种学习中获得的知识是零碎的、机械的、肤浅的，而不是系统的、融合的、深层次的，缺乏理解与批判、联系与构建、迁移与运用的能力，往往储备丰富的知识却难以进行创新、创造。传统的教育理念以及在此基础上建立的不合理的教育模式、教育制度，严重制约学生思维发展，制约人才培养质量。

上述问题反映出，我国教育教学需要深度变革，科学教育的理论研究、实践探索需要追赶时代。观察日本战后的科学教育改革，可以发现无论是科学教育政策的制定与实施，还是其科学教师队伍建设、科学课程改革、教学与评价改革，都是以坚实可靠的科学教育研究为基础、为先导。我国科学教育改革借鉴了发达国家的科学教育改革的经验，但本土化的科学教育研究支持不够。中国科学教育是在中国文化传统和现有国情下展开的，所面临的基本问题与发达国家不一样，单纯依靠外国科学教育经验并不能很好地解决中国科学教育存在的问题。

习近平总书记在不同场合强调，“建设教育强国、科技强国、人才强国具有内在一致性和相互支撑性，要把三者有机结合起来、一体统筹推进，形成推动高质量发展的倍增效应”，“基础教育既要夯实学生的知识基础，也要激发学生崇尚科学、探索未知的兴趣，培养其探索性、创新性思维品质”，“要在教育‘双减’中做好科学教育加法，播撒科学种子，激发青少年好奇心、想象力、探求欲，培育具备科学家潜质、愿意献身科学研究事业的青少年群体”。落实这些重要思想，需要方方面面努力，共同构建符合创新人才成长规律、适应未来发展需求、更好发挥中国制度优势的创新人才培养新体系大格局。

一切为了孩子。期待本书对人才工作者、教育管理者、中小学教师及家长、青少年科技工作者、科普工作者、科学教育理论研究者有参考价值。

孙　华

2024年5月

目 录

一、总论：时代呼唤创新人才培养 ……………………1

培养创新人才的根本遵循 …………………………………… 3

创新人才要“从娃娃抓起” ………………………………… 10

下好科技人才竞争的“先手棋” …………………………… 18

走好青少年科技工作新征程 ………………………………… 23

找准青少年科技工作定位 …………………………………… 28

拔尖创新人才从哪里来 ……………………………………… 31

深入实施“中学生英才计划” ……………………………… 35

二、现状：孩子创新潜能去哪儿了 ……………………41

青少年科技创新能力发展状况调研 ………………………… 43

青少年科技创新实践教育现状分析 ………………………… 90

青少年科技创新实践教育的问题与对策 ………………… 135

三、关键：推进教育教学深度变革 ……………………145

摒弃人才成长的“天赋决定论” ………………………… 147

培养创新人才亟待教育变革 ……………………………… 155

走出创新人才培养的几个误区 …………………………… 160

“深度学习”点燃学生思维火花 ………………………… 163

引导学生走进“深度学习” …… 166
人工智能时代的教育变革 …… 177
让学生在娱乐中学和记 …… 182
把科学探究落在实处 …… 185
放飞孩子科学想象的翅膀 …… 191
树立正确的家教认知 …… 195
家长如何培养孩子创造力 …… 204
我们怎样爱孩子 …… 208
最好的家教方式是“润物无声” …… 211
用科学家精神滋养青少年 …… 213

四、抓手：发挥竞赛促学促培作用 …… 217
我国青少年科技竞赛活动回顾 …… 219
客观全面看待学科奥赛的作用 …… 223
中学生地球科学奥赛现状调查 …… 226
政策调整下的青少年科技竞赛 …… 231
全面完善青少年学科竞赛规则 …… 238
做好竞赛后的跟踪研究和培养 …… 246

五、开拓：广泛开展各类科技活动 …… 249
应当重视青少年科技活动 …… 251
青少年科技活动基本规律 …… 255
如何设计青少年科技活动 …… 263
全国科技工作者日丨请科学家来讲故事 …… 273
“科学家讲科学”微课持续更新中，科学家喊你听课啦！ …… 275

从“黑洞”到“天眼”……278
馆校合作开发科教戏剧……281

六、保障：加强科学教育队伍建设……287
实施“国培计划”的经验启示……289
新课标背景下学科教师的转型研究……298

主要参考文献……302
后记……303

一、总论：
时代呼唤创新人才培养

人类已进入一个全新的科技时代，科学技术从来没有像今天这样深刻影响着国家前途命运，从来没有像今天这样深刻影响着人民福祉。我国面临科技原始创新、自主创新能力不强的问题，世界级科技大师、领军人才、尖子人才严重不足的问题，这些问题主要与创新人才培养不够相关。因时而动、因时而进，培养更多更好的创新人才，是时代提出的重大课题，是教育者不容懈怠的使命担当，也是全社会共同的责任。

培养创新人才的根本遵循

党的十八大以来，习近平总书记高度重视教育和创新人才培养工作，发表一系列重要论述，提出一系列重要思想。这是做好创新人才培养工作的根本遵循，我们必须学懂弄通做实。

一、教育工作的根本任务

2018年9月，习近平总书记在全国教育大会上指出，教育是国之大计、党之大计。在党的坚强领导下，全面贯彻党的教育方针，坚持马克思主义指导地位，坚持中国特色社会主义教育发展道路，坚持社会主义办学方向，立足基本国情，遵循教育规律，坚持改革创新，以凝聚人心、完善人格、开发人力、培育人才、造福人民为工作目标，培养德智体美劳全面发展的社会主义建设者和接班人。

在这次会议上，他指出，培养什么人，是教育的首要问题。我国是中国共产党领导的社会主义国家，这就决定了我们的教育必须把培养社会主义建设者和接班人作为根本任务，培养一代又一代拥护中国共产党领导和我国社会主义制度、立志为中国特色社会主义事业奋斗终身的有用人才。这是教育工作的根本任务，也是教育现代化的方向目标。

在这次会议上，他强调，要在坚定理想信念上下功夫，要在厚植爱国主义情怀上下功夫，要在加强品德修养上下功夫，要在增长知识见识上下功夫，要在培养奋斗精神上下功夫，要在增强综合素质上下功夫。

在这次会议上，他还强调，要把立德树人融入思想道德教育、文化知识教育、社会实践教育各环节，贯穿基础教育、职业教育、高等教育各领域，学科体系、教学体系、教材体系、管理体系要围绕这个目标来设计，教师要围绕这个目标来教，学生要围绕这个目标来学。凡是不利于实现这个目标的做法都要坚决改过来。

2020年9月，习近平总书记在向全国广大教师和教育工作者致以节日祝贺和诚挚慰问时指出，希望广大教师不忘立德树人初心，牢记为党育人、为国育才使命，积极探索新时代教育教学方法，不断提升教书育人本领，为培养德智体美劳全面发展的社会主义建设者和接班人作出新的更大贡献。

2020年9月，习近平总书记在教育文化卫生体育领域专家代表座谈会上指出，“十四五”时期，我们要从党和国家事业发展全局的高度，全面贯彻党的教育方针，坚持优先发展教育事业，坚守为党育人、为国育才，努力办好人民满意的教育，在加快推进教育现代化的新征程中培养担当民族复兴大任的时代新人。要坚持社会主义办学方向，把立德树人作为教育的根本任务，发挥教育在培育和践行社会主义核心价值观中的重要作用。培养学生爱国情怀、社会责任感、创新精神、实践能力。

2021年3月，习近平总书记在参加全国政协十三届四次会议医药卫生界、教育界委员联组会时强调，要全面贯彻党的教育方针，坚持社会主义办学方向，坚持教育公益性原则，着力构建优质均衡的基本公共教育服务体系，建设高质量教育体系，办好人民满意的教育，培养德智体美劳全面发展的社会主义建设者和接班人。

二、培养创新人才的重大意义

2021年5月，习近平总书记在中国科学院第二十次院士大会、中国工程院第十五次院士大会、中国科协第十次全国代表大会上讲话指出，科技创新成为国际战略博弈的主要战场，围绕科技制高点的竞争空前激烈。我们必须保持强烈的忧患意识，做好充分的思想准备和工作准备。立足新发展阶段、贯彻新发展理念、构建新发展格局、推动高质量发展，必须深入实施科教兴国战略、人才强国战略、创新驱动发展战略，完善国家创新体系，加快建设科技强国，实现高水平科技自立自强。

在这次会议上，他还指出，我国要实现高水平科技自立自强，归根结底要靠高水平创新人才。培养创新型人才是国家、民族长远发展的大计。当今世界的竞争说到底是人才竞争、教育竞争。要更加重视人才自主培养，更加重视科学精神、创新能力、批判性思维的培养培育。

2021年9月，习近平总书记在中央人才工作会议上讲话指出，当前，我国进入了全面建设社会主义现代化国家、向第二个百年奋斗目标进军的新征程，我们比历史上任何时期都更加接近实现中华民族伟大复兴的宏伟目标，也比历史上任何时期都更加渴求人才。实现我们的奋斗目标，高水平科技自立自强是关键。综合国力竞争说到底是人才竞争。人才是衡量一个国家综合国力的重要指标。国家发展靠人才，民族振兴靠人才。我们必须增强忧患意识，更加重视人才自主培养，加快建立人才资源竞争优势。

习近平总书记在这次会议上指出，培养人才是国家和民族长远发展的大计，当今世界人才的竞争首先是人才培养的竞争。中国是一个大国，对人才数量、质量、结构的需求是全方位的，满足这样庞大的人才需求必须主要依靠自己培养，提高人才供给自主可控能力。

2022年10月，习近平总书记在党的二十大报告中对教育发展、科技创新、人才培养一体推进作出战略部署，指出教育、科技、人才是全面建设社会主义现代化国家的基础性、战略性支撑。必须坚持科技是第一生产力、人才是第一资源、创新是第一动力。加快建设教育强国、科技强国、人才强国，坚持为党育人、为国育才，全面提高人才自主培养质量。

2023年2月，习近平总书记在二十届中央政治局第三次集体学习时指出，加强基础研究，归根结底要靠高水平人才。近年来，我国深入实施人才强国战略，深化人才体制机制改革，取得显著成效，但基础研究人才队伍仍有明显短板。必须下气力打造体系化、高层次基础研究人才培养平台，让更多基础研究人才竞相涌现。

2024年1月，习近平总书记在二十届中央政治局第十一次集体学习时强调，要根据科技发展新趋势，为发展新质生产力、推动高质量发展培养急需人才。

三、培养创新人才要“从娃娃抓起”

2016年9月，习近平总书记考察北京市八一学校，来到学校天工苑通用技术中心，走进科普实验室，听取学校与中国航天科技集团航天人才开发交流中心共同开发科普小卫星课程情况介绍，察看模型卫星和工程样星实物，同老师和学生交流。他肯定通过科普活动激发学生想象力和创造力的做法，勉励同学们把科学爱好和科学实践从中学到大学连贯起来，不断取得更多成果。习近平指出，素质教育是教育的核心，教育要注重以人为本、因材施教，注重学用相长、知行合一，着力培养学生的创新精神和实践能力，促进学生德智体美全面发展。广大教师要做学生锤炼品格的引路人，做学生学习知识的引路人，做学生创新思维的引路人，做学生奉献祖国的引路人。

2016年12月，习近平总书记在给北京市八一学校科普小卫星研制团队学生的回信中指出，希望你们保持对知识的渴望，保持对探索的兴趣，培育科学精神，刻苦学习，努力实践，带动更多青少年讲科学、爱科学、学科学、用科学，努力成长为祖国的栋梁之材，将来更好为实现中华民族伟大复兴的中国梦贡献力量。

2018年5月，习近平总书记在中国科学院第十九次院士大会、中国工程院第十四次院士大会上讲话指出，当科学家是无数中国孩子的梦想，我们要让科技工作成为富有吸引力的工作、成为孩子们尊崇向往的职业，给孩子们的梦想插上科技的翅膀，让未来祖国的科技天地群英荟萃，让未来科学的浩瀚星空群星闪耀！

2020年9月，习近平总书记在科学家座谈会上讲话指出，好奇心是人的天性，对科学兴趣的引导和培养要从娃娃抓起，使他们更多了解科学知识，掌握科学方法，形成一大批具备科学家潜质的青少年群体。

2021年5月，习近平总书记在中国科学院第二十次院士大会、中国工程院第十五次院士大会、中国科协第十次全国代表大会上讲话指出，要更加重视青年人才培养，努力造就一批具有世界影响力的顶尖科技人才，稳定支持一批创新团队，培养更多高素质技术技能人才、能工巧匠、大国工匠。我国教育是能够培养出大师来的，我们要有这个自信！要在全社会营造尊重劳动、尊重知识、尊重人才、尊重创造的环境，形成崇尚科学的风尚，让更多的青少年心怀科学梦想、树立创新志向。

2023年2月，习近平总书记在二十届中央政治局第三次集体学习时指出，要切实推进科教融汇，在教育“双减”中做好科学教育加法，播撒科学种子，激发青少年好奇心、想象力、探求欲，培育具备科学家潜质、愿意献身科学研究事业的青少年群体。

2023年5月，习近平总书记在考察北京市育英学校时，走进科学教室，观看学生做科学实验，勉励同学们从小树立“科技创新、强国有我”的志向，当下勇当小科学家，未来争当大科学家，为实现我国高水平科技自立自强作贡献。

四、培养创新人才的战略部署和方法要求

2021年5月，习近平总书记在中国科学院第二十次院士大会、中国工程院第十五次院士大会、中国科协第十次全国代表大会上讲话指出，广大院士要在创新人才培养中发挥识才、育才、用才的导师作用。要言传身教，发扬学术民主，甘做提携后学的铺路石和领路人，大力破除论资排辈、圈子文化，鼓励年轻人大胆创新、勇于创新，让青年才俊像泉水一样奔涌而出。

2021年9月，习近平总书记在中央人才工作会议上讲话指出，做好新时代人才工作，必须坚持党管人才，坚持面向世界科技前沿、面向经济主战

场、面向国家重大需求、面向人民生命健康，深入实施新时代人才强国战略，全方位培养、引进、用好人才，加快建设世界重要人才中心和创新高地，为2035年基本实现社会主义现代化提供人才支撑，为2050年全面建成社会主义现代化强国打好人才基础。

在这次中央人才工作会议上，他还指出，人才培养首先要聚焦解决基础研究人才数量不足、质量不高问题。高校特别是“双一流”大学要发挥培养基础研究人才主力军作用，全方位谋划基础学科人才培养，突破常规，创新模式，更加重视科学精神、创新能力、批判性思维的培养教育。要建设一批基础学科培养基地，吸引最优秀的学生立志投身基础研究，加大重大原始创新人才培养力度。要建立交叉学科发展引导机制，培养高水平复合型人才。要制定实施基础研究人才专项，长期稳定支持一批在自然科学领域取得突出成绩且具有明显创新潜力的青年人才。

2023年2月，习近平总书记在二十届中央政治局第三次集体学习时指出，要坚持走基础研究人才自主培养之路，深入实施“中学生英才计划”“强基计划”“基础学科拔尖学生培养计划”，优化基础学科教育体系，发挥高校特别是“双一流”高校基础研究人才培养主力军作用，加强国家急需高层次人才培养，源源不断地造就规模宏大的基础研究后备力量。

在这次集体学习时，他还指出，要加强国家科普能力建设，深入实施全民科学素质提升行动，线上线下多渠道传播科学知识、展示科技成就，树立热爱科学、崇尚科学的社会风尚。

2024年6月，习近平总书记给中国科学院院士、清华大学教授姚期智回信：希望你坚守初心使命，发挥自身优势，带领大家继续探索创新人才自主培养模式，推动学科交叉与前沿创新，打造高水平的人才培养和科技创新基地，为实现高水平科技自立自强、建设教育强国科技强国作出新的贡献。

习近平总书记关于教育工作和创新人才培养的重要论述，高屋建瓴、思想深邃、体系完整，是新时代党的创新理论重要组成部分。我们要在全面学习领会习近平新时代中国特色社会主义思想的基础上，深化对习近平总书记关于教育和创新人才培养重要论述的认识，进一步提高政治站位，增强培养创新人才的历史责任感、时代使命感、工作紧迫感，加快解决教育发展和人才培养领域存在的突出问题，建立符合创新人才成长规律、发挥中国特色社会主义制度优势的创新人才培养体系和培养模式，给更多孩子的梦想插上科技的翅膀，让未来祖国的科技天地群英荟萃，让未来科学的浩瀚星空群星闪耀，为推进强国建设、民族复兴的伟业提供更加有力的人才支撑。

创新人才要“从娃娃抓起”

2021年9月，习近平总书记在中央人才工作会议上指出，人才是自主创新的关键，顶尖人才具有不可替代性。国家发展靠人才，民族振兴靠人才。我们必须增强忧患意识，更加重视人才自主培养，加快建立人才资源竞争优势。他还在多个场合提出，“对科学兴趣的引导和培养要从娃娃抓起，使他们更多了解科学知识，掌握科学方法，形成一大批具备科学家潜质的青少年群体”。①“要切实推进科教融汇，在教育‘双减’中做好科学教育加法，播撒科学种子，激发青少年好奇心、想象力、探求欲，培育具备科学家潜质、愿意献身科学研究事业的青少年群体”。②落实习近平总书记这些重要指示，“从娃娃抓起”培养创新人才，对于把我国建成世界科技强国、应对百年未有之大变局、实现中华民族伟大复兴中国梦具有重大意义。

一、世界科技强国都十分重视“从娃娃抓起”培养创新人才

（一）通过立法将科学教育上升为国家意志

青少年科学教育是培养未来创新人才的重要途径、主阵地。美国视青少年科学教育为国家生命和未来，通过法律倡导全社会所有力量都积极参与科学教育。自20世纪80年代以来，先后出台多个关于科学教育的规划、法案，将科学教育和创新人才培养纳入国家发展战略。俄罗斯先后颁布三个政

① 习近平:《在科学家座谈会上的讲话》，人民出版社2020年版，第13页。

② 习近平:《加强基础研究　实现高水平科技自立自强》，《求是》2023年第15期。

府令，大力发展科学教育、天才教育。英国于1988年通过《教育改革法》，明确将科学、数学、英语并列为义务教育阶段的三大“核心课程”。同时，各国不断改进科学教育标准，自上而下指导和规范科学教育改革，如美国的《K–12科学教育框架》和《下一代科学教育标准》、英国的《国家科学课程标准》等。

（二）国家高层积极推动，提升公众对“从娃娃抓起”培养创新人才的认知

美国以总统名义设立面向中小学生的总统学者奖、总统教育奖等，在克林顿、奥巴马任总统期间，每年通过接见科技竞赛获奖学生等方式展示国家对青少年科学教育的重视。美国很多国家部门、科技机构都在常规性工作下设有非正式科学教育的计划，其中很重要的受众就是青少年。欧盟青年科学家竞赛承办国和俄罗斯也有国家领导人接见青少年科技竞赛代表的传统。

（三）实施“从娃娃抓起”培养创新人才的专项计划

日本科学技术部设立超级科学高中计划等多个科技教育项目，加强科学高中与大学和其他科研机构的合作。美国从2019年开始实施“RISE（上升）”计划，面向全球15—17岁的中学生，选拔具有发展潜力的青少年，向其提供全链条个性化培养方案，2021年第一期在来自全球42个国家的申报者中评选出100名入选者，其中包括5名中国学生。这说明，国际人才争夺战已经由传统的科学家层面拓展至青少年阶段的创新人才储备。

（四）发挥科学家对创新人才苗子的引领作用

美国、英国通过组建青少年科技俱乐部，由高校教师或科研机构人员担任科技辅导员，在指导互动中发现具备科学家潜质的青少年。俄罗斯通过组织科学营等活动为中学生同顶级科学家交流学习创造条件，对创新人才的及早发现、及早培养起到很大促进作用。以色列在全国建立“了解STEM—深入学习科学知识—进行学术研究”金字塔式青少年创新人才选拔培养模

式，非常重视青少年与科学家之间的深度沟通和互动。[①]

（五）营造包容和鼓励青少年开展创造性活动和发展特长的社会氛围

美国对青少年予以鼓励和宽容，2008年英特尔国际科学与工程大奖赛大奖得主泰勒·威尔森在14岁时建成了核反应堆，他的这一想法变成现实离不开父母、祖母、戴维森学院、原子物理学家罗纳德·诺法夫和内华达大学物理学家弗雷德沃特·温特伯格等人给予的大力支持。这一项目的实施运转也一直在美国国土安全局的掌控之下，这是美国允许未成年人涉及放射性物质的研究和对上万伏电压的操控的真实案例。芬兰根据其国情在中小学期间不设立“考试”与成绩单，只在学期开始和结束时邀请学生和家长座谈交流，探讨教学目标和教学互动情况。芬兰在中小学阶段更关注学习与合作，严禁学校以“比选优劣”方式激励约束学生，由学生们在老师指导下预定学习目标、对目标实现情况进行自我评估，极大减少了学生无谓的竞争，而把注意力更多投入个性化、创新性、创造性活动。[②]

二、我国“从娃娃抓起”培养创新人才存在的不足

（一）缺乏“从娃娃抓起”培养创新人才的顶层设计和系统规划

一是我国“从娃娃抓起”培养创新人才的部署、政策散见于各项规划、指导性意见中，没有系统性安排，没有纳入国家重大战略。二是虽然有一些部委牵头、部分地方试点的培养未来创新人才的计划，但这些计划层次偏低，培养规模偏小。三是培养工作主体单一，政府、高校、科研机构、科技企业有效衔接和深度参与的协作机制尚未有效建立。可喜的是，2023年5月教育部、中国科协等十八部门联合印发了《关于加强新时代中小学科学教育

① 胡卫平、辛兵：《科技创新后备人才：拔尖创新人才培养的主体工程》，《基础教育参考》2023年第2期。

② 蒋慧芳、曾文婕、王永丽：《教育强国建设的芬兰经验》，《基础教育参考》2023年第8期。

工作的意见》，全面部署新时代中小学科学教育，明确了中小学科学教育改革的目标方向和具体措施。出台这份文件是巨大进步，但步子还可以迈得更大，将科学教育作为培养创新人才的核心战略，摆到教育发展的优先地位。

（二）中小学科学教育理念、模式落后，青少年科学兴趣、科技创新能力不强

在科技迅猛发展、创新成为第一动力的新时代，我国中小学科学教育仍然偏重知识传授，而不注重科学兴趣、科学思维和科技创新能力的培养。许多学校的科学实践活动和实验课落实不到位，“黑板上做实验”比较常见，学生动手能力较差。长期以来的“应试教育”模式没有得到根本改观，对学生的评价、激励和升学筛选仍然以考查知识掌握程度为主，导致孩子们学习兴趣和创新动力越来越弱，也耗费了宝贵的国家教育资源。2020年国家义务教育质量监测结果显示，全国仅有18.8%的八年级学生期望长大以后从事有关科学的职业。[①]经济合作与发展组织（OECD）2015年测试数据显示，我国15岁学生未来有意愿从事理工科相关职业的为16.8%，明显低于OECD国家平均水平的24.5%，更远低于美国的38%，仅排名全球第68位。

（三）国家对创新人才苗子的发现、鉴别能力不足，没有形成英才教育体系

中国科学院研究发现，超常儿童在人口分布中的比例是1%—3%。即使按照最小比例1%计算，我国超常儿童的数量也是惊人的，他们潜藏着成为拔尖创新人才的更多可能性，可惜我国仅有极少数中小学在办“超常教育实验班”“大学少年班”，没有形成上下贯通、覆盖全面的培养“具有科学家潜质的青少年”英才教育体系。而且，有的“实验班”“少年班”识才、鉴才、育才能力不足，只是让英才学生较早学习高学段课程、解答更难的习题，而不是帮助他们习得高水平的科学思维和科技创新能力，这不是真正的英才教育。我国高中教育、高等教育走向大众化，无疑有利于教育公平，但面对国

① 教育部基础教育质量监测中心：《2020年国家义务教育质量监测——科学学习质量监测结果报告》。

际科技人才激烈竞争的新形势，还必须办好一批高水平大学和中小学英才班，形成具有中国特色的英才教育体系。

（四）社会各界对“从娃娃抓起”培养创新人才的关注度、支持度亟待提升

由于优质教育资源供给不足，社会公众虽然逐渐重视青少年科学教育，但更多关注的是赛事获奖和参加科技竞赛带来的升学加分。有的简单、片面理解国家实施教育公平、义务教育均衡发展的政策，忽视青少年个性特征、资质禀赋差别和发展程度差距，违反差异性公平和因材施教规律，不敢、不愿旗帜鲜明地发展英才教育、拔尖人才培养，导致一些具备科学家潜质的青少年得不到及时发现、系统培养和优质教育资源支持。此外，我国新闻媒体对创新人才培养的宣传不够有力有效，科学教育氛围不够浓厚。

（五）科学教育师资匮乏，有些老师开展科学教育的素养能力不够

我国中小学教师虽然学科水平不断提升，但对科学精神、科学思想、科学方法和科技前沿知识了解不深，科学教育仍局限于科学教师、科学类课程，没有把科学教育落实到全体教师、各学科中去，更没有形成学校、企事业单位、科研机构和科学家等多主体协同参与的大科学教育格局。国家对教师的培养多侧重于物理、化学、生物等具体学科的教育教学能力，忽视教师科学素养的培养。教育部、财政部“中小学幼儿园教师国家级培训计划”近年增设了“科学类课程骨干教师示范培训”项目[①]；教育部办公厅、中国科学院办公厅、中国科学技术协会办公厅于2023年7月也下发了通知，共同实施全国中小学教师科学素质提升培训计划，力求夯实科学教育高质量发展的师资基础[②]。但总体上处于起步摸索阶段，培训覆盖面有限。高水平科学家

① 教育部、财政部：《关于实施中小学幼儿园教师国家级培训计划（2021—2025年）的通知》，2021年4月30日发布。

② 教育部办公厅、中国科学院办公厅、中国科学技术协会办公厅：《关于做好2023年下半年全国中小学教师科学素质提升培训工作的通知》，2023年7月6日发布。

进入“国培计划”专家库的渠道不多，没有搭建科学家参与中小学教师培训、指导青少年科技活动的制度化“桥梁”。

（六）“从娃娃抓起”培养创新人才的系统性研究不足

理论研究领先，才有人才培养的领先。当前，我国对“从娃娃抓起”培养创新人才的规律研究总体上层次不高、成果偏少、力度不够，对新中国成立以来特别是改革开放以来青少年科学教育取得的成绩和经验、挫折和教训，缺乏系统深入的研究总结，对世界科技强国培养青少年创新人才的经验做法有待于进一步整理挖掘。多年来，我国科学教育在很大程度上是在模仿发达国家，缺少本土化的科学教育基础研究支持。中国与发达国家处在不同发展阶段，有不同的思想文化传统和经济社会条件、教育基础，我国科学教育面临的基本问题与发达国家不一样，过于依赖外国经验并不能很好地解决中国科学教育存在的问题。

三、“从娃娃抓起”培养创新人才的工作措施

（一）加强顶层设计

将青少年阶段培养未来创新人才纳入我国人才工作战略，由国家人才工作领导机构牵头统一规划和部署，推动形成党委统一领导、教育科技部门具体负责、科学家深度参与、社会各方力量协同、校内外有机结合的培养工作体系。出台有针对性、适应性、可操作性的专项法律法规和政策规划，为大规模、高质量培养未来创新人才提供长远而清晰的“施工路线图”和组织保障、资源支持。加强实践总结和理论研究，推动科学教育进行深刻的系统性、重塑性改革，更新教育理念、内容、目标、模式，构建符合创新人才成长规律、适应未来发展需求、更好发挥中国制度优势的科学教育新体系大格局。

（二）全方位加强和改进中小学科学教育

加大政府对中小学科学教育的投入，积极鼓励社会投入，构建多主体共同投入、协同参与、资源优化配置的大科学教育格局，建好这个培养创新

人才的主阵地。提高科学教育在中小学课程设置中的比重和要求，大幅度增加各级各类学校的科学教育资源，改革科学类课程内容，在课程中更多引入科技前沿知识和现实问题。推动各级各类学校改进科学教育方式方法，更加重视科技实践活动，突出科学兴趣、科学思维和科技创新能力的培养，帮助学生不仅承继人类认识成果，而且感受、体验人类认识过程中的思想、精神、情感、意志、价值观等，掌握科学探究方法。配套实行以“创新能力培养”为核心的教师和学生评价制度。实施“大手拉小手科学伙伴计划”，创造条件让更多科技工作者参与中小学科学教育，使科学家从学校的“贵客”变为“常客”。广泛建立学校与科研院所、科技企业的合作育人机制，让整个世界、整个社会成为学生的大课堂，使科学教育更加开放、流动。

（三）健全培养“具备科学家潜质的青少年”英才教育体系

统筹普通教育与英才教育，建立“具备科学家潜质的青少年”发现、鉴别机制，在县以上层层建设“英才学院”，发展科技特色中小学校、班级，支持“双一流”高校、科研机构、重点中学破格招收具备科学家潜质的青少年，对他们开展长期的、个性化培养，形成从小学到大学贯通、校内外结合的全链条选拔培养机制。加强英才教育研究，提高英才教育机构识才、鉴才、育才水平。在识才、鉴才方面，要重视学科知识基础，看重学生的创新创造能力，关注学生科学兴趣、学习动机和意志力等非智力因素；在育才方面，要遵循兴趣导向、个性化培养、因材施教、学科交叉、全面培养、理论与实践相结合、面向未来等规律。

（四）营造全社会参与和支持科学教育、英才教育的良好社会氛围

一是给荣誉。将高层领导和著名科学家接见参加国际科技竞赛获奖的优秀青少年和科技教师代表、参观青少年科技创新成果展览、给中小学科技竞赛活动致信等活动制度化、常态化，形成惯例。二是引资源。引导企事业单位、科研机构、科技场馆等开发科学教育资源，让全社会的科技资源更多为科学教育服务。三是树导向。加大对创新人才、支持科学教育先进典型的

宣传力度，树立崇尚科学、崇尚创新、重视和支持科学教育的舆论导向。四是塑环境。引导社会面理性认识“教育公平、义务教育均衡发展”政策，为适当扩大英才教育规模、更多培养未来创新人才塑造宽松环境。

（五）完善中小学各学科教师、科学教师和科技辅导员等人群的教育培训机制

一是开展中小学各学科教师全员科学教育能力培训，全面提高教师科学素质和培养创新人才能力。二是统筹开展校内外科学教师和科技辅导员的培养，加快科学教师培训教材编制进度，加强教师科研实践和研修交流力度，整体提升教师的素质和能力，促进科学教育的发展。三是完善对科学教育教师评价制度，通过专业水平认证、纳入工作业绩评价、表彰奖励等方式，激励更多优秀教师参与青少年创新人才培养。

（六）加强创新人才早期培养的数据共享和基础研究

一是推动科协、教育、科技等相关部门建设数据共享机制，逐步建立创新人才数据库，通过对接国家科技人才库，做好人才储备工作。二是建立国家创新人才研究中心，开展创新人才成长规律研究、创新人才早期培养研究。三是加强对具备科学家潜质的青少年心理特征研究，注重对他们进行心理辅导，为其营造宽松、包容的成长成才环境，帮助他们养成健全人格，避免拔苗助长、早熟催熟。

下好科技人才竞争的“先手棋”*

2020年9月，习近平总书记在科学家座谈会上提出，“对科学兴趣的引导和培养要从娃娃抓起，使他们更多了解科学知识，掌握科学方法，形成一大批具备科学家潜质的青少年群体”。2023年2月，习近平总书记在二十届中央政治局第三次集体学习时指出，“要切实推进科教融汇，在教育‘双减’中做好科学教育加法，播撒科学种子”。“要坚持走基础研究人才自主培养之路，深入实施‘中学生英才计划’‘强基计划’‘基础学科拔尖学生培养计划’，优化基础学科教育体系，发挥高校特别是‘双一流’高校基础研究人才培养主力军作用，加强国家急需高层次人才培养，源源不断地造就规模宏大的基础研究后备力量。”落实习近平总书记这些重要指示，大规模培养创新人才，对于把我国建成世界科技强国、推进中国式现代化具有重大意义。

一、培养创新人才是布局未来的“先手棋”

当今世界，百年未有之大变局加速演进，新一轮科技革命和产业变革方兴未艾，科技人才竞争更加激烈，这种竞争已向前拓展至创新人才培养环节。

一些国家纷纷就培养创新人才立法支持，出台专项计划，加大投入。

美国2002年由总统签署通过《不让一个孩子掉队法》，将培养创新人才

* 本文曾以同题摘发于《中国人才》2024年第4期。

纳入国家发展战略。2006年公布“美国竞争力计划”，强调要加强学校的数学与科学教育，鼓励学生主修科学、技术、工程和数学（STEM），并不断加大STEM教育的投入，培养学生的科技数理素养。从2019年美国开始实施“RISE（上升）”计划，面向全球15—17岁的中学生，选拔具有发展潜力的青少年，向其提供全链条个性化培养方案。

英国通过《教育改革法》，明确将科学、数学、英语并列为义务教育阶段的三大“核心课程”；还运行CREST计划，这是一项针对STEM科目的学生主导项目工作的全国计划，旨在激励年轻人像科学家及工程师一样思考和行动。CREST每年都有成千上万青少年参加，使5—19岁的儿童青少年有机会在完成调查时选择自己的主题和方法，并获得STEM导师的支持和政府的激励。

俄罗斯国家层面制定了完善的青少年拔尖人才培养政策，并不断对拔尖人才教育的相关政策进行修订和补充，通过举办国家和地方层面的竞赛选拔天才儿童。由少年宫等机构开展数学和科学领域的补充教育，联邦政府支持建立了80多个“天狼星”教育中心、200多个“量子智慧”儿童科技园，面向高天赋学生开展科学教育活动；许多州创立不同类型的拔尖人才教育机构，一些联邦大学和国立研究型大学开办附属中学培养拔尖人才。

日本科学技术部设立超级科学高中计划、全球科学校园、培养下一代科学家等多个科技教育项目，加强科学高中与大学和其他科研机构的合作。

以色列在全国建立“了解STEM—深入学习科学知识—进行学术研究”金字塔式青少年创新人才选拔培养模式，非常重视青少年与科学家之间的深度沟通和互动。

一些国家还不断改进科学教育标准，自上而下指导和规范科学教育改革，形成各具特色的创新人才培养模式。

美国发布著名的《2061计划》《K-12科学教育框架》《下一代科学教育标准》，提出要面向21世纪培养和造就一大批高素质的创新人才，以提高国家的技术创新能力和竞争力。

日本把培养学生的创造能力作为基本教育国策，提出“创造性科技立国”口号，实行“21世纪卓越研究基地计划”。从2002年起，日本文部科学省每年选择资助50所大学的100多项重点科研项目，资助金额每年1亿到5亿日元，旨在培养一批世界顶尖创新人才。

美、英、日、欧的课堂正在发生深刻变化，非常重视采用探究式教学来培养学生创新能力，包括开设本科生研讨课程和建立本科生与研究生科研计划。德国大学的教学方式中，处在中心地位的是研讨课，包括初级研讨课和高级研讨课。这种学习模式，不仅锻炼了学生的创新精神，提高了科研能力，同时也培养了学生的表达能力和沟通交流能力。

我国长期面临科技原始创新、自主创新能力不强的问题，长期面临战略科学家、领军人才、创新人才严重不足的问题。解决这些问题，必须厚植人才培养的“沃土”，自主培养大规模、高质量创新人才。这是布局未来的系统工程，是赢得科技竞争、国家综合实力竞争的“先手棋”。

二、我国培养创新人才的现状和不足

早在1978年3月召开的全国科学大会上，邓小平就指出，科学技术是生产力，这是马克思主义的观点。1988年9月，他提出了“科学技术是第一生产力”的重要论断，一些著名科学家建议解决科技人才短缺问题。

在此背景下，中国科学技术大学等多所高校设立“少年班”，一些重点高中举办“实验班”等，为少年英才提供一种特殊教育。后来由于种种原因，这种班大幅减少。1985年起，我国选派中学生参加国际数学奥赛，其后又组队参加物理、化学、信息学、生物学国际赛事，并延续至今，形成自下而上、层层训练加选拔的竞赛体系。我国还开展青少年科技创新大赛、科学考察、科技夏令营、“明天小小科学家”、“小院士”评选、机器人竞赛、航模锦标赛等活动，极大激发了青少年学习科学的兴趣，促进了科技人才培养。

近几年，国家出台了一批涉及培养创新人才的规划、项目。中国科协和教育部自2013年开始组织实施“中学生英才计划”，选拔一批品学兼优、学有余力的中学生走进大学，在科学家指导下参加科研实践，为高校“基础学科拔尖学生培养计划”储备力量。北京、上海等一些地方也实施了类似的培养项目。

我国培养创新人才工作取得显著成就，但与国家未来发展的需要相比，还存在不少问题。

一是长期以来“应试教育”模式没有得到根本改观，仍然偏重知识传授，而不注重科学兴趣、科学思维和科技创新能力的培养。

二是我国有些中小学教师对科学精神、科学思想、科学方法和科技前沿知识了解不深，培养学生科学素养的能力不强。

三是城乡、区域教育发展极不均衡，一些经济欠发达地区、薄弱学校的孩子得不到优质教育资源。

四是学校、家庭和社会多主体协同支持科学教育的机制尚不健全，没有形成多主体协同参与的大科学教育格局。

三、加快我国创新人才培养的对策

加强战略谋划。建议将创新人才培养工作纳入国家人才工作战略，由人才工作领导小组牵头作出规划和部署，推动形成党委统一领导、教育科技部门具体负责、科学家深度参与、社会各方力量协同、校内外有机结合的培养工作体系。

厚植创新人才成长的“土壤”。要深化教育改革，丰富立德树人内涵，更新教育理念、内容、方式方法，加强 STEM 教育，完善科学教育服务体系，注重培养学生科学兴趣和科技创新能力。加强对学生有针对性的科学教育指导，实施启发式、探究式教学，培养学生深度思维。探索项目式、跨学科学习，提升学生解决问题能力。提升科学及相关学科教学装备配置，加强实验室建设。探索利用人工智能、虚拟现实等技术手段改进和强化实验教学，并注重利用先进教育技术弥补薄弱地区、薄弱学校拥有优质教育教学资源不足的状况。更加重视拓展科学实践活动，广泛开展“科学家进校园”、流动科技馆、流动青少年宫、科普大篷车、科技节、科学调查体验等活动。加强对学生科技社团和兴趣小组指导，引导支持有兴趣的学生长期、深入、系统地开展科学探究与实验。升级实施中小学教师科学素养提升行动计划，增强科学教育意识与能力，培养一批高水平、复合型的科学类课程教师、科技辅导员。

健全英才教育体系。我国高中教育、高等教育已走向大众化，无疑有利于教育公平，但面对国际科技人才激烈竞争的新形势，还必须办好一批高水平大学和中小学英才班，形成学段贯通、覆盖全面、校内外结合的英才教育体系。深入实施“中学生英才计划”，扩大英才教育规模，鼓励有条件的大学新办一批英才教育班、中小学校开展教育实验，注重学生个性和特长发展，探索课程分化、能力分组及加速课程等教育方式，满足英才成长的多样化需求。坚持和优化各类竞赛、科技营等青少年科技活动，扩大覆盖面，提高活动实效。充分发挥高校作为国家战略科技力量的重要作用，面向中小学生开放实验室，让一些学有余力、确有科学兴趣的中小学生到大学参观，或者做探究实验，更好地激发他们的好奇心和探究欲；加强基础教育阶段与高等教育阶段的有效衔接，把那些基础学科领域特别优秀、特别有研究兴趣的中学生及时选拔到高水平大学，并且建立资源优先配置机制，为他们成长提供广阔空间和攀升的阶梯。

走好青少年科技工作新征程

党的二十大提出一系列重要思想、重要观点、重大判断、重大举措，对于中国特色社会主义各项事业都具有指导意义，对青少年科技工作也具有很强的现实指导性。我们作为青少年科技工作者，担负着为国育人、为党育才的重任，一定要深入学习、全面落实党的二十大精神，努力走好青少年科技工作新征程。

一、走好新征程要有新作为

党的二十大系统总结中国特色社会主义新时代十年的伟大成就、伟大变革，提出十年来“党和国家事业取得历史性成就、发生历史性变革，推动我国迈上全面建设社会主义现代化国家新征程”，确立了新时代新征程中国共产党的使命任务，即“从现在起，中国共产党的中心任务就是团结带领全国各族人民全面建成社会主义现代化强国、实现第二个百年奋斗目标，以中国式现代化全面推进中华民族伟大复兴”。这些重大论断明确了我国发展的历史方位、历史任务，令人振奋、令人鼓舞，确立了各项工作的新坐标，也对各项工作提出了新的更高要求，意味着各项事业要有新气象、新作为。青少年科技工作在弘扬科学精神，普及科学知识，培养知识型、技能型、创新型劳动者大军，加快建设创新型国家等方面担负着重要责任，理应在新征程上有大思路、大作为。

我们要紧跟新征程步伐，增强政治责任感，奋发有为地推进青少年科学教育工作。要敢于打破陈规，开阔思路，放宽视野，拓展领域，在更高层次、更大范围发挥我们的作用，使科学教育工作更好地融入中国特色社会主义伟大事业。我国已成为科技大国，科技资源丰富，拥有全世界最庞大的科技队伍。要善于发挥这一资源优势，引导广大科技工作者积极支持和投身青少年科学教育，让各领域科学家都成为传播知识、传播思想、传播真理的“指明灯”，使最前沿的科学知识能惠及城乡每一个孩子。近几年我国科学教育基础设施有了显著进步，科普场馆规模不断扩大、设备更加先进，但是面向社会、发挥科学教育作用不充分，与学校教育、青少年发展需求对接不充分。要构建学校、科普场馆、少年宫、社区、家庭紧密协作、有机协同的机制，推动全社会共同提升青少年的科学素质。当代科技呈现快速发展、群体突破、交叉融合等新趋势，包括中小学教师在内的所有青少年科技工作者都需要升级科学素养，否则将成为“新科盲”。我们要敏锐把握这一新需求，将中小学教师纳入青少年科技工作队伍，助力推动教育、科技、人力资源社会保障等部门和科协组织实施青少年科技工作者科学培训计划，努力使各学科老师都成长为科技辅导员。

二、走好新征程要有新理念

党的十八大以来，以习近平同志为核心的党中央坚持和发展中国特色社会主义的基本方略，提出一系列治国理政新理念新思想新战略，创新了习近平新时代中国特色社会主义思想。党的十九大把习近平新时代中国特色社会主义思想，同马克思列宁主义、毛泽东思想、邓小平理论、“三个代表”重要思想、科学发展观一道，确立为党的指导思想，实现了马克思主义中国化的又一次飞跃，实现了党的指导思想的又一次与时俱进。党的二十大进一步深入阐述了习近平新时代中国特色社会主义思想蕴含的世界观、方法论和贯穿其中的立场观点方法。我们要深入学习习近平新时代中国特色社会主义思想，掌握这一思想的丰富内涵，特别是掌握“六个必须坚持”的立场观点方法，掌握其中蕴含的辩证唯物主义思想，以人民为中心的发展思想和不忘初心、牢记使命、勇于开拓、敢于担当的精神，稳中求进、破旧立新，创新工作理念，推动青少年科学教育工作向更高层次迈进。

我国青少年科学教育工作积累了丰富经验，但也容易形成惯性思维。时代在进步，社会在发展，党的指导思想在与时俱进，我们的工作理念和方式方法也要勇于创新，使工作更加符合中央要求、适应群众需求。我们要进一步增强责任意识、开放意识，切实把各级科协组织的青少年科技中心建设成为开放型、枢纽型、平台型的组织。

三、走好新征程要用好新方式

党的二十大深刻分析了我们面临的国内国际环境，提出了推动经济社会高质量发展的新要求。这种“环境分析法”“阶段分析法”对于青少年科学教育工作同样适用，开展青少年科学教育工作也要善于把握环境变化和阶段性特征。随着社会发展，科学教育工作的环境发生了深刻变化，青少年成长出现了新特征，其中最重要的是，互联网技术和信息化手段广泛嵌入社会生活，青少年接受信息更多地依赖网络。这就要求我们创新科技活动的实施模式，加强信息化手段在各项活动中的应用。

近几年，我国青少年科技工作在这方面已经作了许多探索。比如，建立了“科创筑梦·全国青少年科技创新服务云平台”，集中项目资源优势，统一对外宣传展示窗口。在此平台上可以参加青少年中心组织的各类基础学科人才培养活动、青少年创新人才选拔活动、实践体验式的科普活动，让青少年通过活动发现自己在科学方面的兴趣，培养科学精神、学习科学方法、锻炼科学思维、掌握科学技能、丰富科学知识，还可以按照不同领域、年龄段、资源类型和适用场景，找到自己所需要的青少年科技教育资源。平台会根据青少年浏览习惯智能推荐其可能感兴趣的优质内容，为其个性化学习提供支持。另外，还组织科学探究主题的项目式学习，用优质的项目式学习模板组织学生开展活动，并基于学习过程记录、评测和构建知识图谱，不断促进学习者“深度学习”、高阶思维以及科技创新能力的提升。还比如，改进科技赛事、科技活动等信息化评审、评价系统，使评审更加公平公正。我们要高度重视传播手段建设和创新，把这些好做法坚持下去、巩固下去，升级已有网络科普阵地，丰富课程内容和形式，使全国各地的青少年、科技辅导员都能通过互联网便捷地获得优质科普活动和科学教育资源。同时，还要进一步加强互联网和信息化技术的运用，线上线下协同开展内容丰富的青少年科技活动，努力让每个孩子都享有公平而有质量的科学教育。

四、走好新征程要解决新矛盾

党的二十大提出，中国式现代化是全体人民共同富裕的现代化。要着力维护和促进社会公平正义，着力促进全体人民共同富裕，坚决防止两极分化。防止不平衡发展，这是各项工作都要解决的新问题。改革开放以来，我国科学教育取得了长足进步，但是，发展不平衡不充分在科学教育领域的表现也非常突出，农村中小学科学教育比较薄弱，中西部地区中小学科学教育相对滞后，贫困地区中小学科学教育差距较大。我们要抓紧解决这些问题。

促进中小学科学教育均衡发展最现实、最有效的做法是，推动科学教育资源向农村倾斜、向中西部地区倾斜、向贫困地区倾斜，让党的阳光普照神州大地每个孩子，实现孔子所曰“有教无类”。当前，亟须大力实施“三项行动”。一是大力实施“乡村育苗”行动，把组织科技创新活动的着力点更多倾向广大农村青少年。比如，举办全国农村青少年科技创新大赛，并纳入全国青少年创新大赛体系，把大赛的主办地点放在有条件的社会主义新农村，设计以农业农村科技需求为背景的竞赛内容，评选“乡村小小科学家”，让农村青少年也享有出彩机会。二是大力实施“国家科培”行动，从国家层面大规模培养科技辅导员队伍。借鉴教育部门实施教师国家培养计划的经验，对基层科技辅导员开展全员轮训；把“国家科培”行动融入国家乡村振兴战略、区域协调发展战略，建立科学教育“手拉手”机制，促进城乡、区域长期合作交流，带动中西部地区科技辅导员队伍发展，让各级各类中小学教师都能跟上科技发展步伐，当好青少年科学梦的引路人。三是大力实施“科教振兴乡村”行动，促进中西部、边远地区科普场馆和中小学科学实验室融合发展。争取国家重视和有关部门支持，大规模开展中西部、边远地区科普阵地建设，让中西部、边远地区中小学拥有与发达地区水平相当的科学实验室，并与当地科普馆合为一体，形成以市县科技馆为龙头、校园科普馆（科学实验室）为骨干、社区科普站为基础的科普阵地体系。要着力发挥学校实验室（校园科普馆）多元功能，既服务于中小学生，又服务于社会公众；既培养优秀的中小学生科普志愿者，又吸引社会人才担任科技辅导员，提高全民科学素质。

党的二十大擘画了新时代中国发展的壮美画卷，吹响了加快建设创新型国家的号角，为青少年科学教育工作提供了广阔的舞台和难得的机遇。我们要以时不我待、只争朝夕的精神，推动青少年科学教育事业登上新台阶。

找准青少年科技工作定位

党的二十大首次把教育、科技、人才进行“三位一体”统筹安排、一体部署，为青少年科技工作提供了重要遵循，极具战略意义和深远影响。2023年4月28日，习近平总书记在中共中央政治局会议上强调，要夯实科技自立自强根基。培养创新人才，是夯实科技自立自强根基的重要工程。青少年科技工作者要坚持以习近平新时代中国特色社会主义思想为指引，持续在全面学习、全面把握、全面落实党的二十大精神上下功夫，为夯实科技自立自强根基作出更大贡献。

一、紧扣主线，转变角色

紧紧围绕提升青少年科学素质，培育具备科学家潜质、愿意献身科学研究事业的青少年群体这一主线创造性地开展工作，在“加强国家科普能力建设，深入实施全民科学素质提升行动”战略大局中找准可为之处、实现有为之举。青少年科技工作说到底就是教育引领青少年、组织青少年探索科技创新、发现和培养基础研究未来人才的工作，大家都是推动教育、科技、人才“三位一体”战略部署生动实践的重要力量，责任重大、使命光荣。要当仁不让开风气之先，深入思考和阐释青少年科技工作和科学教育之于夯实科技自立自强根基的重大战略意义，勇于在青少年科技活动组织中挑重担，在各部门协同中唱主调，在社会化动员中当弄潮儿，努力从自己干的“运动员”向带动省域、市域、县域共同干的“教练员”甚至“裁判员”转型，推动形成热爱科学、崇尚科学的社会风尚。

二、聚焦靶心，转变模式

青少年科技工作必须聚焦服务青少年这个靶心，坚持一切为了孩子。要通过搭建“大手拉小手”等平台，大力弘扬科学家精神，提升科学家们“甘为人梯、奖掖后学”的获得感。坚持尊重科技工作者首创精神，主动邀请科技工作者深度参与青少年科技工作的顶层设计，指导监督青少年科技工作的探索实践。特别是要落实好习近平总书记关于“线上线下多渠道传播科学知识、展示科技成就”的重要指示精神，努力从组织传统活动向数字化转型，充分借助互联网和信息化技术创新活动组织和开展方式，不断扩大覆盖面和影响力，广泛宣传基础研究等科技领域涌现的先进典型和事迹，教育引导广大科技工作者传承老一辈科学家以身许国、心系人民的光荣传统，用科学家精神和科技工作者故事感召和鼓舞青少年养成科学志趣和报国志向，形成热爱科学、崇尚科学的社会风尚。

三、健全体系，转变场景

习近平新时代中国特色社会主义思想博大精深，蕴含着辩证唯物主义和历史唯物主义哲学精华，蕴含着马克思主义思想方法和工作方法精髓，是科学世界观和方法论的有机统一。“六个坚持”既为我们深刻理解把握这一科学思想提供了“金钥匙”，也为我们认识问题、分析问题和解决问题提供了有效的“武器”。做好新时代新征程青少年科技工作，必须坚持人民至上、坚持自信自立、坚持守正创新、坚持问题导向、坚持胸怀天下，特别是坚持系统观念。要推动科普理念深刻变革，对标党的创新理论的立场、观点、方法，树牢坚持人民性、突出引领性、注重科学性、体现时代性、把握融合性、增强开放性的新时代科普新理念。着力推动建设高质量科普服务体系，不断深化“品牌、平台、改革、队伍、机制、阵地”六位一体，努力从单纯举办活动向搭建平台、建设生态转型，把青少年科技赛事打造成为立德树人、使命驱动、比学赶超、资源聚合和国际交流的大平台，为落实习近平总书记提出的在教育“双减”中做好科学教育加法，为夯实科技自立自强根基，作出青少年科技工作者的独特贡献。

拔尖创新人才从哪里来*

随着新一轮科技革命和产业革命深入发展，培养拔尖创新人才对国家经济社会发展的战略意义日益凸显。党的二十大报告提出，“全面提高人才自主培养质量，着力造就拔尖创新人才”。2024年的《政府工作报告》也提出，“完善拔尖创新人才发现和培养机制”。加强拔尖创新人才早期培养，是布局未来的“先手棋”，是塑造国家科技战略人才队伍的基础工程。

当前，我国在拔尖创新人才早期培养方面仍存在一定短板。比如，对拔尖创新人才早期培养的战略布局不足；基础教育偏重知识传授，而对学生科学兴趣、创造力培养有限；英才培养规模较小，培养体系不健全……我国有规模宏大的拔尖创新人才苗子，要全面、系统地加强拔尖创新人才早期培养，为应对国际科技竞争、实现高水平科技自立自强、进入创新型国家前列提供源源不断的科技英才。

一、完善拔尖创新人才早期培养体系

我国拔尖创新人才早期培养已有较长探索历史。1956年起，在华罗庚、苏步青等老一辈数学家的倡导下，我国举办了中学生数学竞赛活动。1985年起，我国选派中学生参加国际数学奥赛，其后又组队参加物理、化学、信息学、生物学国际赛事。此外，我国还开展青少年科技创新大赛、科学考

---

* 本文曾以《发现和培养更多拔尖创新人才》为题摘发于《光明日报》2024年4月14日。

察、科技夏令营等活动，促进了拔尖创新人才早期培养。

进入新时代，党中央高瞻远瞩，对拔尖创新人才早期培养提出一系列新要求。中国科协和教育部自2013年开始组织实施“中学生英才计划”，选拔一批品学兼优的中学生走进大学，为高校“基础学科拔尖学生培养计划”储备力量。2020年教育部推出“强基计划”，重点破解物理、化学、生物等基础学科领军人才短缺和长远发展的瓶颈问题。

拔尖创新人才培养是一项复杂的系统工程，仅靠一些人才培养专项和学科竞赛活动还不够，亟须促进不同主体、不同学段、不同领域协同育人，加快完善党政统一领导、科教部门具体负责、社会广泛支持的拔尖创新人才早期培养体系。期待把拔尖创新人才早期培养纳入国家人才发展战略和教育政策规划，出台相关法律、政策，制定专项计划，加大STEM教育、英才教育的投入。支持建设一批科技高中和高水平研究型大学，加强从小学到初中、高中、大学在拔尖创新人才早期培养方面的衔接，畅通拔尖创新人才苗子进入高水平教育机构的渠道。建立多元化投入机制，引导社会力量支持拔尖创新人才早期培养的研究、教学、活动和基础设施建设，在全社会营造热爱科学、崇尚创新、尊重人才的浓厚氛围。

二、厚植拔尖创新人才成长土壤

中小学阶段是拔尖创新人才成长的孕育期。应做到因材施教、精准施策，尽早发掘具有突出创新潜质的儿童，并尽力给予其最合适的教育，厚植拔尖创新人才成长的土壤。

首先，遵循人才成长规律、教育规律，深化中小学教育改革特别是科学教育改革，在中小学科学及相关学科（数学、物理、化学、生物、地理等）中，更加注重科学兴趣和创造力的培养。加强对学生进行有针对性的科学教育指导，实施启发式、探究式教学，培养学生深度思维。探索项目式、跨学科学习，提升学生解决问题能力。其次，落实科学及相关学科教学装备配置标准，加强实验室建设。探索利用人工智能、虚拟现实等技术手段改进和强化实验教学。最后，拓展科学实践活动，各校由校领导或聘任的专家学者担任科学副校长，至少设立一名科技辅导员、结对一所具有一定科普功能的机构（馆所、基地、园区、企业等），广泛开展少年科学院、流动科技馆、流动青少年宫、科技节等活动，引导支持有兴趣的学生长期、深入、系统地开展科学探究与实验。

深化中小学科学教育改革，师资队伍建设是关键。要深入实施中小学教师科学素养提升行动计划，增强广大中小学教师的科学教育意识与能力，培养一批高水平、复合型的科学类课程教师、科技辅导员。鼓励高水平综合性大学参与科学类课程教师培养，从源头上加强高素质专业化科学类课程教师供给。建立教师学习共同体，鼓励专任教师和兼任教师、科学类课程教师和其他学科教师、城区教师和乡村教师分享教学经验、课程研究成果和教学资源，丰富彼此的专业认识。建立教师多元评价机制，切实激发广大教师参与科学教育的积极性、创造性。

三、坚定不移发展青少年英才教育

多项研究表明，超常儿童潜藏着成为拔尖创新人才的更多可能性。英才教育是区别于普通教育、为超常儿童提供的一种特殊教育。无论从青少年成长规律、国家发展需要，还是从国际经验看，都有必要积极发展英才教育。

到2023年，“中学生英才计划”已覆盖23个省（自治区、直辖市）、58所实施高校、283所参与中学，推荐包含两院院士、“国家杰出青年科学基金”获得者在内的600余位优秀科学家担任导师，已选拔培养9000多名品学兼优、学有余力、具有创新潜质的中学生进入高水平大学，为国家输送了一批青年人才。“中学生英才计划”始终坚持立德树人的根本任务，探索建立了高校与中学联合发现和培养青少年科技创新人才苗子的有效模式，积累了拔尖创新人才自主培养的有益经验，为青少年科技人才不断涌现和成长营造了良好氛围。

当前，我国英才教育规模还有进一步发展空间。建议更好利用“中学生英才计划”探索的拔尖创新人才培养经验模式，推动各级政府及社会力量结合区域内高水平高校、研究所、高新技术企业科教资源，促进后备人才培养的区域均衡发展。汇聚全国优质科教资源，支持中西部、边远地区开展拔尖创新人才培养，让更多青少年获得拓宽视野的机会，参与科研训练。

同时，鼓励有条件的中小学、科技高中开展教育实验，探索分层、分组、加速、充实、融合等教育方式，满足优秀学生成长的多样化需求。明确我国英才教育模式和指导方针，建立多样化、个性化、系统化的培养模式。比如，除了在普通班级内培养优秀学生，还可以在一些中小学设置专门的数学和科学强化班。制定英才教育的质量标准和评价制度、教师培训计划，提高学校识才、鉴才、育才水平。优化各类科技竞赛、科技营等青少年科技活动，扩大覆盖面，提高活动实效。

深入实施"中学生英才计划"

中国科协和教育部自2013年开始共同组织实施中学生科技创新后备人才培养计划（简称英才计划）。英才计划旨在选拔一批品学兼优、学有余力的中学生走进大学，在自然科学基础学科领域的著名科学家指导下参加科学研究、学术研讨和科研实践，使中学生感受名师魅力、体验科研过程、激发科学兴趣、提高创新能力、树立科学志向，进而发现一批具有学科特长、创新潜质的优秀中学生，为"基础学科拔尖学生培养计划"储备力量，并以此促进中学教育与大学教育相衔接，建立高校与中学联合发现和培养青少年创新人才的有效模式。

英才计划作为"拔尖计划"的姊妹篇，自2013年实施以来，到2023年已覆盖23个省（自治区、直辖市）、58所实施高校、283所参与中学，推荐包含两院院士、"国家杰出青年科学基金"获得者在内的600余位优秀科学家担任导师，已培养选拔9000多名品学兼优、学有余力、具有创新潜质的中学生进入高水平大学。"中学生英才计划"的实施效果明显、发展态势很好，我们要把这项工作作为服务国家战略的大事来抓，持之以恒，抓实抓好。

一、充分认识青少年英才教育的重大意义

世界科技竞争已拓展到创新人才培养领域，许多国家都高度重视青少年英才教育，把它作为一项国家战略来抓。一是通过立法将科学教育上升为

国家意志。美国自20世纪80年代以来先后出台了多个关于科技教育的规划、法案，将青少年英才教育纳入国家发展战略。俄罗斯1997年颁布《1998—2000年天才教育总纲要》，2012年颁布《构建发现和发展天才青少年的全国体系方案》。二是实施拔尖人才培养专项计划。英国1986年实施CREST计划，激励5—19岁的儿童青少年像科学家和工程师一样思考和行动。美国从2019年开始实施“RISE（上升）”计划，面向全球15—17岁的中学生，选拔具有发展潜力的青少年，并提供奖学金、学习导师、职业发展支持等全链条个性化支持。这说明，国际上的人才争夺战已由传统的科学家层面拓展至青少年阶段的人才储备。三是发挥高校、科研机构及科学家引领作用。研究表明，青少年英才培养链条主要包括“激发兴趣、甄别筛选、过程培养”三个阶段。美国、俄罗斯、以色列等国科学家在各个阶段深度参与此工作。在激发兴趣层面，英国、日本建立青少年科技或发明俱乐部，高校教师或科研机构人员担任科技辅导员，组织青少年参加科学实验、科技问题辩论、野外考察、夏令营等丰富多彩的活动。在甄别筛选层面，很多高校和科研机构专家以志愿服务形式参加各级各类青少年科技赛事，通过问辩交流，为青少年科技创新实践提供专业指导。在过程培养层面，美国实施“学生—科学家伙伴关系计划”，俄罗斯常态化组织青少年科学营等活动，让中学生和顶级科学家长时间在封闭式环境中共同生活、交流、学习，激发他们的创新潜质，这种方式对创新人才的及早发现培养起到了极大的促进作用。以色列也非常重视青少年与科学家、硕士、博士之间的沟通和深度互动。在政府推动，高校、科研机构和社会力量多方努力下，欧美等发达国家青少年科技英才培养为保持本国在国际科技和经济领域的核心竞争力提供了重要的人才基础。

我国要进入创新型国家前列、成为世界科技强国，抓好未来创新人才的培养是不可忽视的基础工程。2020年9月，习近平总书记在科学家座谈会上强调，要“形成一大批具备科学家潜质的青少年群体”。2023年2月，习近平总书记在二十届中央政治局第三次集体学习时指出，要坚持走基础研究人才自主培养之路，深入实施“中学生英才计划”“强基计划”“基础学科拔尖学生培养计划”。2022年2月召开的中央全面深化改革委员会第二十四次会议审议通过《关于加强基础学科人才培养的意见》，把深入开展英才计划列入其中，提出要建立英才培养基地，推动高等学校和中学联合培养基础学科拔尖人才常态化、制度化。《国家“十四五”教育事业发展规划》也明确提出，探索学段有机衔接的拔尖创新人才培养模式，深入实施英才计划。

在深入实施人才强国战略、创新驱动发展战略，建设世界科技强国的新征程中，英才计划面临着难得的发展机遇。我们要站在“国之大者”的高度，充分认识英才计划所承担的历史使命，进一步突出它的战略性、基础性和前瞻性，切实担负起英才教育的历史性责任，坚定不移把这项工作常态化、制度化。

二、正视我国青少年英才教育发展面临的困难和问题

对比国际经验和我国基础研究人才需求，我国青少年英才教育工作还有完善和提升的巨大空间。

一是我国青少年英才教育尚未上升为国家行动。目前，我国青少年英才教育主要依托部委和地方开展，实施范围较小，参与的高校、科研院所少。从20世纪90年代起，我国一些地方开始探索青少年英才教育。2013年，中国科协和教育部开展英才计划，组织知名高校的著名科学家指导中学生开展科研实践，使得青少年英才教育成为政府主导的国家行动。经过30多年发展，实施范围达到23个省（自治区、直辖市）、58所高校，283所参与中学。从全国层面看，省、市一级尚未实现全覆盖，大学、科研机构、科技企业和中学有效衔接和深度参与的协作机制亟待加强，需要在国家层面更加重视和加强青少年英才选拔和培养工作。

二是我国青少年的科学兴趣、科技创新能力，以及立志投身科研事业的愿望不高。研究数据表明，我国中小学生学习科学的兴趣、内在动机随年级增长持续下降，科技创新能力也有下降的趋势。高中生对科学科目的兴趣低于小学生和初中生，青少年对科技相关行业的职业期望很低，对科学感兴

趣的程度较小学生下降了9.1%，其中对物理学科兴趣下降高达18.7%。2020年国家义务教育质量监测结果显示，全国仅有18.8%的八年级学生期望长大以后从事科学相关职业。高中生能够参加英才计划的更是凤毛麟角。习近平总书记说“对科学兴趣的引导和培养要从娃娃抓起”，是有很强的现实指导意义的。

三是高水平的科学教师比较缺乏，科学家尚未参与中小学科学类课程教师培养。青少年英才不会是天生的，他们的涌现和成长需要“肥沃土壤”，需要高质量的基础教育特别是科学教育。令人忧虑的是，目前我国中小学高水平的科学教师匮乏，科学教师缺乏对科学思想、科学方法、科学精神的本质了解，缺乏跨学科教学能力和运用科学思维解决实际问题的能力，难以很好地指导学生开展科技创新活动。我国科学教师的培养和培训多侧重于物理、化学等学科的教育教学能力，对于教师的科学素养、指导青少年开展跨学科的科技创新活动的能力培养不足。英才计划创造性地为中学科学教师牵手科学家、一流高校及学院搭建了平台，应该坚持下去，提升中学科学教师能力。

三、加强和改进英才学生的选拔和培养工作

2022年，中国科协印发了《英才计划培养基地建设总体方案》，认定一批高校为英才培养基地。下一步，建议切实担当责任，把苗子选准、培养成才。

一是高校应当继续高度重视英才计划工作，为推广全国英才模式作示范，亦可创新组织实施本校英才计划，为更多属地青少年成长搭建平台。将英才计划与“拔尖计划”等工作统筹起来，列入重要议事日程，建立校级领导牵头的工作领导小组，配齐工作力量，制定工作方案，“具有科学家潜质的青少年”需要专门机构去组织“伯乐相马”，“开小灶”培养。

二是制定相应的激励保障措施，将更多有水平、有热情、愿意投入的科学家吸收到导师队伍中来，让优秀的人培养更多优秀的人。据了解，南京

大学将英才计划导师培养工作作为完成《南京大学专任教师本科教学工作管理办法》规定，向本校学生提供咨询工作，并在校奖教金评审中，同等条件下英才计划指导教师优先，这样的政策导向值得学习借鉴。导师是学生成长的领路人。英才计划一直坚持名师引领，各高校要切实加强英才导师队伍建设。

三是高校为英才学生进一步开放学校优质科教资源。如导师对学生进行面对面的指导，学生进入实验室进行动手操作，参加组会和学术讨论，为英才学生办理校园一卡通，开放图书馆、校史馆、博物馆、选修课程等各项资源，搭建学术交流平台等，都是英才学生高质量培养的重要组成部分。

四是高校将优质资源向中学下沉，将英才基地建设成为中学老师的赋能基地，培训中学教师，提升他们指导中学生开展科技创新实践活动的能力。要发挥好中学培养基地和参与中学的作用，利用好中学实验室、中学科技教师等资源，各高校组织高校教师在中学培养基地开展专家讲座、大师报告、科研基础知识讲座与培训等，形成高校和中学资源有效配合、大中衔接共同培养英才学生的良好局面。

五是密切协同配合，形成工作合力。倡导教育部门、高校协同建设各级“英才学院”，形成青少年英才贯通式选拔和培养机制。在不同学段识别“具有科学家潜质的青少年”，为他们成长提供跟踪服务。支持大学和科研机构、重点中小学、社会力量为具有科学家潜质的青少年开展长期性、个性化培养。实施“大手拉小手科学伙伴计划”，让科学家在科技俱乐部培养活动、科技竞赛活动过程中，遴选、培养具有科学家潜质的青少年。

二、现状：孩子创新潜能去哪儿了

创新人才的核心素质是科技创新能力。每个孩子与生俱来都有创新潜能。把孩子的创新潜能和兴趣激发出来，培养出现实的科技创新能力，需要系统的知识传授，更需要在实践教育中激发他们的科学兴趣、砥砺科学品格、提高科学探究能力。长期以来，我国青少年科技创新能力不强、科技创新实践教育不足，严重制约创新人才的涌现与成长。本部分系统分析青少年科技创新能力发展状况和科技创新实践教育现状，研究问题的成因，提出相关建议。

青少年科技创新能力发展状况调研*

一、调研设计

（一）调研内容

为应对创新型国家对大批创新人才的需求，课题组面向“三级”“三类”“五层”对象进行调研（“三级”是指国家、地方与学校三级主体，“三类”是指普及类、常态化和竞赛类青少年科技创新实践教育活动，“五层”是指“小学—初中—高中—大学—研究生”各学龄层），深入了解我国青少年科技创新能力培养的政策制定、实施现状，研判剖析问题成因，并分别从宏观、微观层面提出政策建议及实践策略。

根据创新人才的必备特征（知识、人格、思维、动机）以及早期成长的影响因素（家庭、学校、社会），调研组对5个学段的学生进行全面调查，调查问卷见表1。

---

*本文由辛兵、孙华共同撰写。

表1　学生问卷测查表

领域	名称	参考文献	分量表
人口统计学	人口统计学信息	胡卫平（2021）	1. 基本信息；2. 参加科技创新活动动机（志趣抱负、内在动机、外在动机）；3. 学校和家长提供的支持；4. 对学校科学与工程技术类课程和教学实施情况的评价等
内在动机	科学动机问卷	格林等（2009）	1. 内部动机；2. 自我效能；3. 自我决定；4. 职业动机；5. 名次动机
成就动机	成就动机量表	叶仁敏、Hegtvet, K.A.（1992）	
创造性思维	科学问题提出能力	胡卫平、师全真、韩琴、王兴起、Philip Adey（2010）	
创造性思维	技术创造力测验	胡卫平、万相涛、于兰（2011）	
批判性思维	加利福尼亚批判性思维倾向测验	Facione 等（2000）、彭美慈等（2004）	1. 寻找真相；2. 开放思想；3. 分析能力；4. 系统能力；5. 批判自信；6. 求知欲；7. 认知成熟度
抽象思维	抽象概括能力	胡卫平（2021）	
抽象思维	分析综合能力	胡卫平（2021）	
形象思维	空间认知能力	胡卫平（2021）	
创造性人格	想象力、好奇心	Williams, F.（1980）	1. 想象力（科学想象量表）；2. 好奇心（认知需求量表）

续表

领域	名称	参考文献	分量表
知识结构	概念图（星球）	胡卫平、张淳俊（2007）	
家庭	家庭创造量表	Kwasniewska 等（2018）	1. 鼓励体验多样性活动；2. 鼓励不循规蹈矩；3. 支持坚持不懈的创造性努力；4. 鼓励幻想
学校	学校创造气氛量表	刘云、石金涛（2009）	1. 同伴支持；2. 老师支持；3. 学校理念；4. 资源供应；5. 任务特性
社会	社交媒介科学传播调查问卷	和钰（2019）	

（二）调研对象

1. 地区分布

抽取省份：在中国七大地理分区分别抽样，在七大分区各自包含的省（自治区、直辖市）抽取一个省（自治区、直辖市）即可（见表2）。

表2　全国七大分区抽样省份

序号	区域	省（自治区、直辖市）
1	华北	北京、天津、河北、山西、内蒙古
2	华东	上海、安徽、江苏、浙江、山东、江西
3	东北	吉林、辽宁、黑龙江
4	华中	湖南、湖北、河南
5	华南	广西、广东、海南、福建
6	西南	重庆、四川、贵州、云南、西藏
7	西北	宁夏、陕西、甘肃、新疆、青海

抽取区域：抽取学校在所属城市下辖的行政区（县）无要求，以湖南省长沙市为例，学校分布在岳麓区、芙蓉区或其他区不作要求。

2. 学段分布

抽样学生：被抽取的每个省（自治区、直辖市）需抽取5个学段的学生（小学4年级、初中1年级、高中1年级、本科1年级、研究生1年级），且每个学段最少抽取80名学生，最多抽取100名学生。七大分区中，每个分区最少抽取学生400人，最多抽取500人，总计最少抽取2800人，最多抽取3500人。抽样学生的学段分布见表3。抽取具有科技创新潜质和丰富科技创新活动经验的学生，如参与“中学生英才计划”、“五大学科竞赛”、“青少年科技创新大赛”、“挑战杯”全国大学生系列科技学术竞赛、研究生创新实践系列竞赛的学生等（不局限于上述科技创新实践活动，但学生需具备科技创新潜质）。

表3　抽样学生的学段分布

序号	学段	学校数量	最少人数	最多人数
1	小学4年级	>2所	80人	100人
2	初中1年级	>2所	80人	100人
3	高中1年级	>2所	80人	100人
4	本科1年级	>2所	80人	100人
5	研究生1年级	>2所	80人	100人

抽样学校：为避免具有丰富科技创新活动经验的学生人数不足，建议被抽取省份在每一个学段选择至少2所学校，同时根据被抽取学校的具体情况可以适当增加学校数量。

抽样结果：共抽取2959名学生，其中小学生545人、初中生671人、高中生574人、本科生587人、研究生582人。男生1538人，女生1421人。学生抽样统计情况见表4。

表4 学生抽样统计表 单位：人

学段	男生	女生	总计
小学生	291	254	545
初中生	385	286	671
高中生	335	239	574
本科生	254	333	587
研究生	273	309	582
总计	1538	1421	2959

二、青少年科技创新能力培养的基本情况

（一）学校科学与工程技术类课程开设情况

中共中央、国务院《关于深化教育教学改革全面提高义务教育质量的意见》（2019年6月23日印发）提出，要提升智育水平。着力培养认知能力，促进思维发展，激发创新意识。严格按照国家课程方案和课程标准实施教学，确保学生达到国家规定学业质量标准。

项目对学校科学与工程技术类课程开设情况进行调查，包含科学课时/周、技工课时/周、实验课时/周、校科技活动/年。以选择某个频次的学生人数除以该学段学生的总人数，计算课程开设的占比情况。各学段学校科学与工程技术类课程开设情况见表5。

结果表明，在科学课时上，绝大部分小学生的科学课开设集中在2—5课时/周，大部分初中生、本科生、研究生的科学课开设集中在2—10课时/周，高中生的科学课在11—20课时/周偏多。在技工课时上，5个学段的大部分学生（尤其是小学生、初中生）技工课的开设集中在2—5课时/周。在实验课时上，5个学段的大部分学生实验课的开设集中在0—3课时/周。在校科技活动方面，5个学段的大部分学生科技活动的次数集中在1—2次/年。

表5　各学段学校科学与工程技术类课程开设情况

	课时	小学生	初中生	高中生	本科生	研究生
科学课时/周	2课时	51.927%	13.413%	10.087%	25.383%	27.148%
	3—5课时	40.367%	37.705%	15.304%	28.109%	28.522%
	6—10课时	4.220%	26.975%	16.348%	21.976%	19.416%
	11—15课时	0.550%	9.985%	20.348%	7.496%	6.186%
	15—20课时	0.917%	5.216%	20.348%	4.770%	6.186%
	20课时以上	2.018%	6.706%	17.391%	12.266%	12.543%
技工课时/周	2课时	71.743%	76.155%	78.783%	35.094%	33.333%
	3—5课时	22.385%	17.586%	13.043%	37.649%	31.271%
	6—10课时	3.670%	2.683%	2.957%	17.206%	21.306%
	10课时以上	2.202%	3.577%	5.043%	10.051%	14.089%
实验课时/周	0课时	19.266%	13.562%	18.609%	14.310%	18.213%
	1课时	32.661%	53.651%	56.000%	21.806%	22.680%
	2课时	32.110%	22.951%	17.043%	34.072%	27.491%
	3课时	7.523%	4.620%	2.087%	9.029%	6.529%
	3课时以上	8.440%	5.216%	6.087%	20.784%	25.086%
校科技活动/年	0次/学年	10.092%	9.091%	8.000%	9.540%	7.904%
	1次/学年	30.642%	36.364%	42.435%	21.806%	23.711%
	2次/学年	23.486%	30.700%	26.783%	27.768%	26.632%
	3次/学年	12.110%	6.110%	6.087%	8.348%	6.186%
	3次以上/学年	23.670%	17.735%	16.522%	32.538%	35.567%

项目对学校科学与工程技术类课程开设情况进行调查，包含5个维度：教学内容（如老师经常将课程内容与真实的科学与工程技术问题相联系）、教学方式（探究学习、合作学习、自主学习）、教学资源（如教师鼓励学

生运用多种学习资源比如图书馆、数据库等进行拓展学习）、教学评价策略（如教师常布置一些要求原创性、批判性思维的测验、活动或作业）、学习结果（问题解决策略）。得分越高代表学生感知到学校开设课程的情况越好。各学段学校科学与工程技术类课程开设情况见图1。

结果表明：初中生与小学生认为学校开设科学与工程技术类课程在5个维度的情况较好，高中生与研究生次之，本科生的情况较差。教学内容上，小学生和初中生差异不显著（$p > 0.05$），高中生和研究生差异不显著（$p > 0.05$），其他的两两对比差异显著（$ps < 0.05$）。教学方式上，小学生和初中生差异不显著（$p > 0.05$），高中生与研究生差异不显著（$p > 0.05$），其他的两两对比差异显著（$ps < 0.05$）。教学资源上，小学生和初中生差异不显著（$p > 0.05$），高中生与本科生差异不显著（$p > 0.05$），其他的两两对比差异显著（$ps < 0.05$）。教学评价策略上，小学生和初中生差异不显著（$p > 0.05$），高中生和研究生差异不显著（$p > 0.05$），本科生与研究生差异不显著（$p > 0.05$），其他的两两对比差异显著（$ps < 0.05$）。学习结果上，小学生和初中生差异不显著（$p > 0.05$），高中生和研究生差异不显著（$p > 0.05$），其他的两两对比差异显著（$ps < 0.05$）。

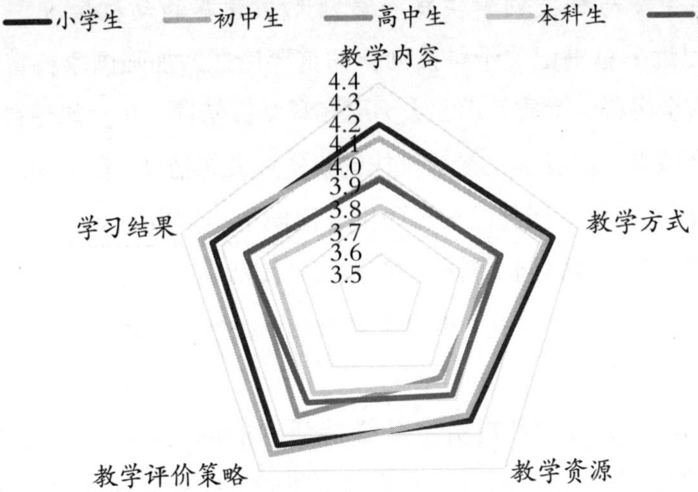

图1　各学段学校科学与工程技术类课程开设情况

各学段学校科学与工程技术类课程开设情况评价见表6。本科生认为学校科学与工程技术类课程开设情况较差。一方面，可能是由于本科阶段除学业课程之外，学生参加的其他各项活动更丰富。另一方面，随着学生思维能力的增长以及知识结构的完善，学生对课程和教师的要求更高，本科阶段科学与工程技术类的课程需求更高，而研究生阶段学生对课程的评价相对本科生升高，可能是由于研究生能够接触到专业领域内水平较高的导师、课程，因此该评价的得分相应升高。

表6　各学段学校科学与工程技术类课程开设情况评价

学段	教学内容	教学方式	教学资源	教学评价策略	学习结果
小学生	4.206	4.271	4.122	4.253	4.244
初中生	4.137	4.240	4.092	4.305	4.303
高中生	3.955	3.998	3.871	4.087	4.070
本科生	3.821	3.926	3.914	3.954	3.945
研究生	3.947	4.006	3.973	4.008	4.076

（二）学生参与科技创新实践教育活动 / 竞赛的动机情况

为落实习近平总书记关于科技创新的重要论述，加强国家科普能力建设，深入实施全民科学素质行动，大力弘扬科学家精神，树立热爱科学、崇尚科学的社会风尚，激发学生参与科技创新实践教育活动 / 竞赛的动机尤其重要。《教育部办公厅等四部门关于印发〈面向中小学生的全国性竞赛活动管理办法〉的通知》也强调了科技创新实践教育活动 / 竞赛对学生的示范引领作用。大家不仅认识到学习动机对于学习的重要性，更认识到其对学生心理健康的意义和价值。

动机（Motivation）是指引发并维持活动的倾向。项目对学生参加科技创新活动的动机进行调查，包含3个维度：成就动机（如受到科学家精神的感染和鼓舞、具有立志成长为国家创新人才的抱负）、内在动机（如在提出科学或工程问题过程中获得兴趣、希望获取前沿科技知识）和外在动机（如听从家长建议、听从老师建议、参照同学或学长经历）。得分越高代表学生的动机越高。各学段学生参加科技创新活动的动机见图2。

结果表明：随着学段的升高，学生参加科技创新教育实践活动的成就动机、内在动机和外在动机得分整体呈现下降的趋势。

成就动机和外在动机随着学段升高整体呈现下降趋势，本科生与研究生的成就动机和外在动机得分差异不显著（$p > 0.05$），初中生和高中生的成就动机和外在动机得分差异不显著（$p > 0.05$），成就动机和外在动机的其他两两对比的结果差异显著（$ps < 0.05$）。内在动机随着学段升高整体呈现下降趋势，初中生和高中生的内在动机差异不显著（$p > 0.05$），其他的两两组别差异显著（$ps < 0.05$）。

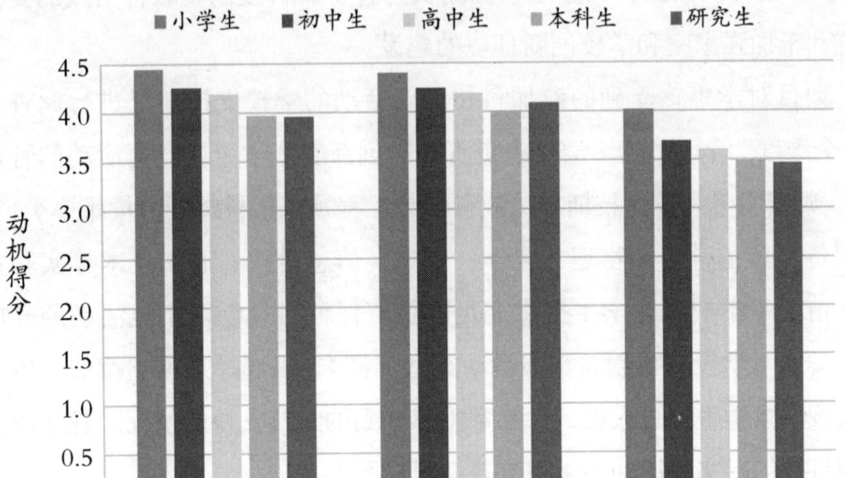

图2　各学段学生参加科技创新活动 / 竞赛的动机

随着学段升高，参与科技创新教育实践活动的动机下降的原因可能是学生的学业负担不断升高。此外，科学家精神宣讲活动有83.81% 的活动对象包括小学生，面向本科生和研究生的活动明显偏少，因此省级部门和组织机构在科技创新教育实践过程中对不同学段的影响作用可能不同。值得注意的是，研究生相对本科生参加竞赛/活动的内在动机有小幅提升（p = 0.072），后续调研结果发现研究生阶段的学生家长支持度较高，批判性思维倾向以及社交媒体传播对研究生的影响有所提升，这可能与研究生内在动机的提升有关。

（三）科技创新实践教育的学校、家长支持情况

2006年4月，《教育部关于大力加强中小学校园文化建设的通知》提出，校园文化是学校教育的重要组成部分，是全面育人不可或缺的重要环节。2015年10月，教育部印发《教育部关于加强家庭教育工作的指导意见》。全国妇联联合教育部等多部委颁布《关于指导推进家庭教育的五年规划（2016—2020年）》《关于指导推进家庭教育的五年规划（2021—2025年）》等文件。因此，调查学校和家长对青少年科技创新教育实践的支持程度有利于加强家庭和学校创新环境的建设。

项目对学生感受到的参加科技创新活动的学校支持情况进行调查，包含5个维度：管理团队（学校有负责科技创新实践学习或竞赛活动的管理团队）、师资力量（校科技辅导员或科学与工程领域学科师资力量雄厚）、实验室配备（具备科学如物理、化学、生物、信息科技、通用技术等实验室）、物资情况（学校能为学生提供充足的物资保证科技创新实践活动的开展）、活动类型（学校科技创新实践活动类型丰富）。以选择某项支持的学生人数除以该学段学生的总人数，计算学生感知到的学校支持的情况。各学段学生参加科技创新实践活动的学校支持情况见图3。

结果表明，初中学段的学生相对于其他学段的学生认为学校对于自身参加科技创新实践活动的支持较好，高中生、本科生、研究生依次递减。相对于其他学段，小学学段的学生认为学校对参加科技创新实践活动/竞赛的支持相对较差，但小学学段有较高比例的学生（超过70%）认为学校提供了丰富的科技活动类型。

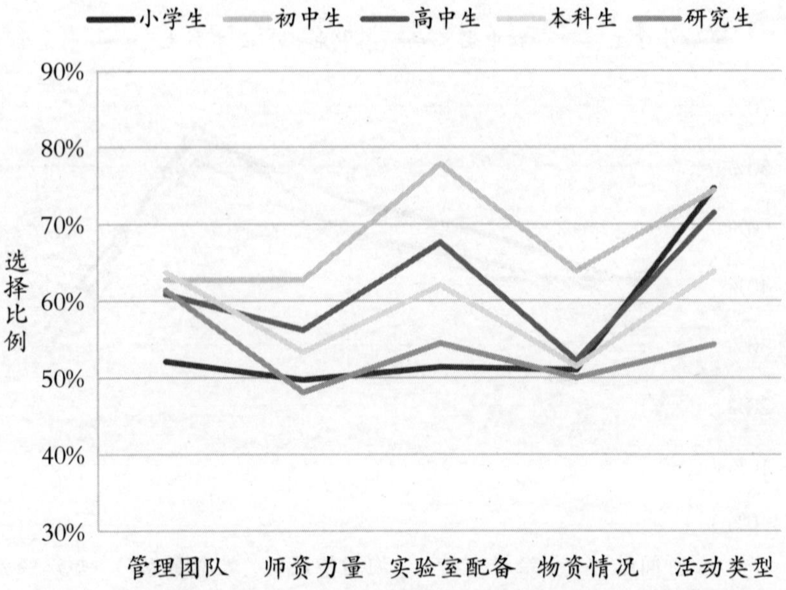

图3　各学段学生参加科技创新实践活动的学校支持情况

项目对学生感受到的参加科技创新活动的家长支持情况进行调查，包含5个维度：时间陪伴（父母有大量时间陪伴参加或准备科技创新实践活动）、经济支持（父母能为参加科技创新实践活动提供较大的经济支持）、沟通情况（关于科技创新实践活动，父母能和学生进行充分沟通）、鼓励帮助（在学生参加科技创新实践活动过程中，父母能以客观和理性的方式给予鼓励和帮助）、知识经验（父母有丰富的科技领域相关知识和经验支持学生参加科技创新实践活动）。

以选择某项支持的学生人数除以该学段学生的总人数，计算学生感知到的家长支持的情况。各学段学生参加科技创新实践活动的家长支持情况见图4。

结果表明，5个学段都有较高比例的学生认为家长提供的鼓励帮助较好（超过60%），但仅有30%的学生认为家长有充足的知识经验。研究生学段的学生相对于其他学段的学生认为，家长对于参加科技创新实践活动的各方面支持较好，其他学段学生评价的家长支持情况基本持平。

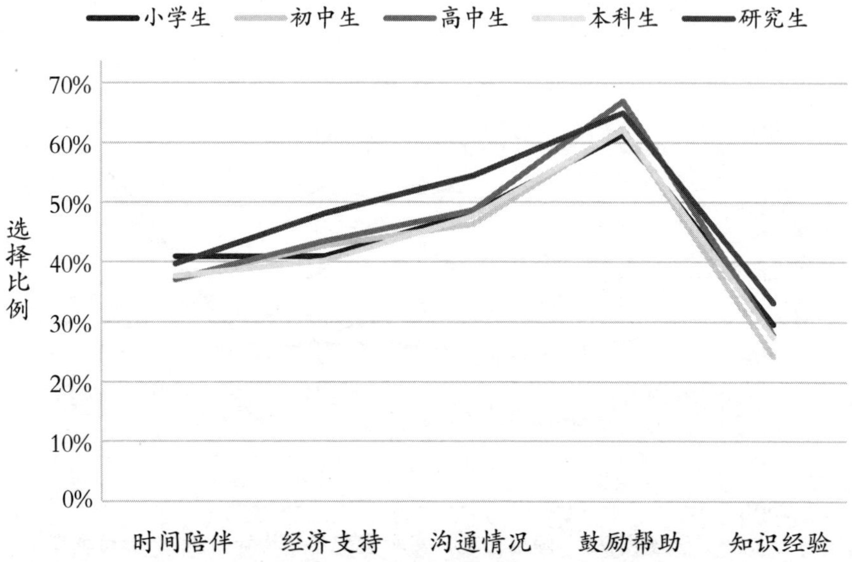

图4　各学段学生参加科技创新实践活动的家长支持情况

初中学段学生对家庭的依赖逐渐降低，同时在学校参与的活动类型、活动范围和活动形式逐渐增多，因此学生主观感受到的学校支持较多。与此对应的是初中生感受到的家长科技创新实践相关知识较少，这可能也与初中生自身处于“叛逆期”有关，无论是身体的二次发育还是心理的强烈变化都可能造成初中生对家庭的脱离。

三、青少年科技创新能力发展状况分析

（一）思维

2021年国务院印发的《全民科学素质行动规划纲要（2021—2035年）》强调指出，要激发青少年好奇心和想象力，增强科学兴趣、创新意识和创新能力，培育一大批具备科学家潜质的青少年群体，为加快建设科技强国夯实人才基础。

1. 创造性思维

创新是国家提升核心竞争力的关键，研究者一致认为创造性（Creativity）

是个体产生新颖且适宜的产品的能力。但目前我国青少年不仅创造性的发展现状不容乐观，从事创新行业的动机也亟待提高。

创造性科学问题提出能力测试（Creative Scientific Problem Finding，CSPF）是对被试进行创造性科学问题提出能力的测量，被认为是发现科学中创造性问题的能力，包括封闭问题和开放问题各一题。本实验只选取开放问题，以文字形式呈现，题目如下："现在假如允许你乘宇宙飞船去太空旅游，接近一个星球，也可以绕这个星球转动，你准备研究哪些与这个星球有关的科学问题？"各学段学生科学创造力得分情况见表7、图5。

表7　各学段学生科学创造力得分情况

学段	流畅性	灵活性	独创性
小学生	7.541	5.867	23.572
初中生	7.007	5.128	22.166
高中生	6.745	5.111	21.858
本科生	7.676	5.665	22.600
研究生	6.745	4.859	18.440

科学创造力得分情况表明：从小学到高中阶段，学生的科学创造力得分逐渐下降，本科阶段有回升，但研究生阶段科学创造力得分下降。流畅性上，小学生显著高于高中生（$p< 0.05$），小学生边缘显著高于研究生，高中生显著低于本科生（$p< 0.05$），本科生显著高于研究生（$p< 0.05$），其他两两对比差异不显著（$ps> 0.05$）。灵活性上，小学生显著高于初中生（$p< 0.05$）、高中生（$p< 0.05$）、研究生（$p< 0.05$）。初中生、高中生和研究生显著低于本科生（$ps< 0.05$），其他两两对比差异不显著（$ps> 0.05$）。独创性上，研究生显著低于其他学段（$p< 0.05$），其他两两对比差异不显著（$ps> 0.05$）。

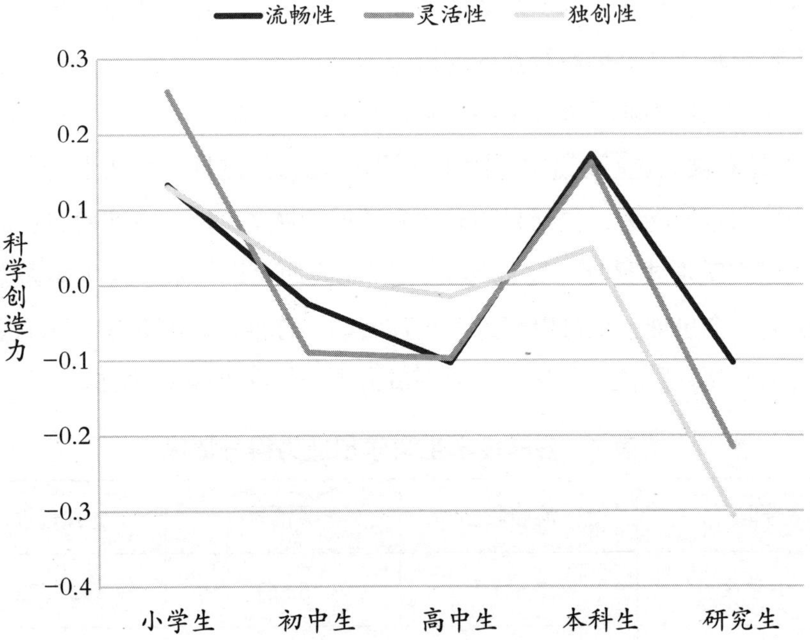

图5　各学段学生科学创造力得分情况

技术创造力的测量采用“创意文具”设计：“你将如何设计一个可以存放笔的文具呢？请记住，结合越多科学的想法越好，想法越新奇越好！请把你所设计的文具画在下面的大方框中，写出可能使用的材料，并且给你所设计的文具起一个名字。”第一部分考察文具设计的外观造型独特性、精细性、材料应用独创性，第二部分要求学生把设计文具的独特功能写出来，包含3个维度：流畅性、灵活性和独创性。各学段学生技术创造力（第一部分）的得分情况见表8、图6。

技术创造力测试第一部分的结果表明：学生技术创造力的总体趋势下降，初中阶段有一个技术创造力的“低谷”，但是初中生更关注技术产品设计的精细性。外观造型独特性上，小学生显著高于初中生和研究生（$ps< 0.05$），高中生显著高于初中生和本科生（$ps< 0.05$），本科生显著高于研究生（$p< 0.05$），其他两两对比差异不显著（$ps> 0.05$）。精细性上，初中生显著高于研究生（$p< 0.05$），高中生边缘显著高于研究生（$p= 0.063$），其他两

两对比差异不显著（$ps > 0.05$）。材料应用独创性上，研究生显著低于小学生和高中生（$ps < 0.05$），其他两两对比差异不显著（$ps > 0.05$）。

表8　各学段学生技术创造力（第一部分）的得分情况

学段	外观造型独特性	精细性	材料应用独创性
小学生	3.323	2.887	3.246
初中生	2.896	3.104	3.004
高中生	3.204	2.892	3.160
本科生	3.086	2.686	3.114
研究生	2.739	2.270	2.694

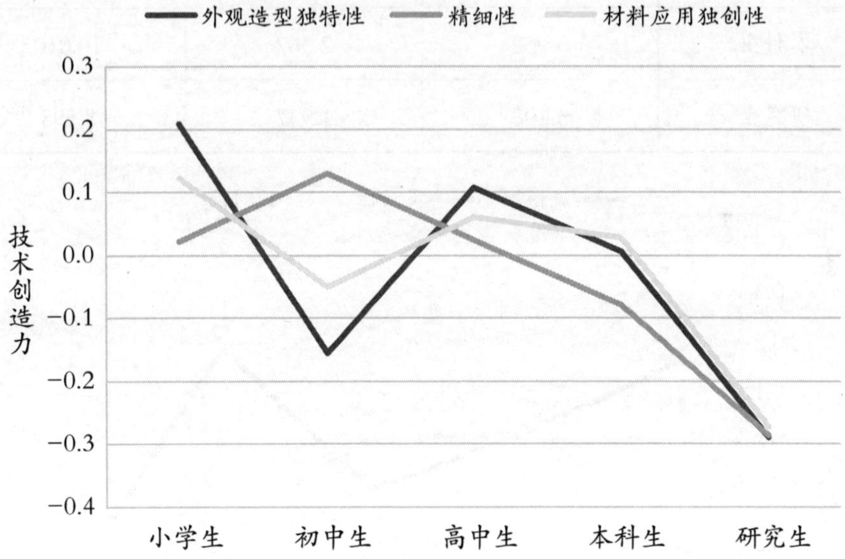

图6　各学段学生技术创造力（第一部分）的得分情况

各学段学生技术创造力（第二部分）的得分情况见表9、图7。

技术创造力测试第二部分的结果表明：学生技术创造力的总体趋势下降，本科生在流畅性上有所提升。流畅性上，小学生和本科生显著高于研究生（$ps < 0.05$），其他两两对比差异不显著（$p > 0.05$）。灵活性上，小学生显著高于其他学段学生（$ps< 0.05$），初中生和高中生显著高于研究生（$ps< 0.05$），其他两两对比差异不显著（$ps> 0.05$）。独创性上，小学生显著高于初中生和研究生（$ps< 0.05$），高中生显著高于研究生（$p< 0.05$），其他两两对比差异不显著（$ps> 0.05$）。

表9　各学段学生技术创造力（第二部分）的得分情况

学段	流畅性	灵活性	独创性
小学生	3.892	3.010	12.191
初中生	3.632	2.601	10.202
高中生	3.434	2.586	10.859
本科生	3.962	2.362	10.010
研究生	3.108	1.937	8.595

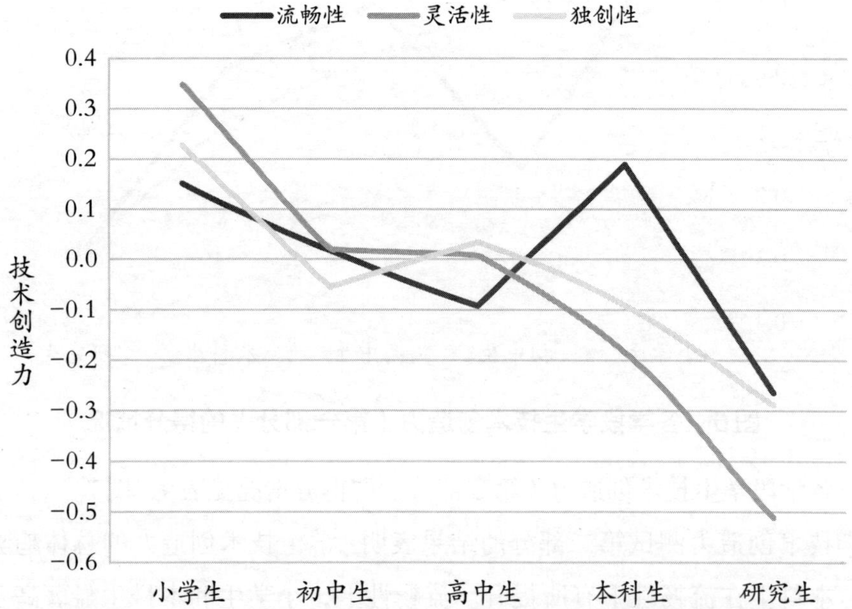

图7　各学段学生技术创造力（第二部分）的得分情况

小学生和本科生的技术创造力相对较高，可能由于这两个学段课业压力相对较轻，而且学生的生活环境相对宽松、自由。此外，小学阶段学生接触到的科技创新实践活动也更加丰富。创新能力在本科阶段出现回升，体现出大学阶段学生知识完善对潜在的创新能力发展的促进作用，在大学阶段注重学生科学与技术创造力相关科技创新教育活动的宣传和开展有利于更有针对性地提升学生创新能力。

2. 批判性思维

批判性思维（Critical Thinking）就是通过一定的标准评价思维，进而改善思维，是合理的、反思性的思维，既是思维技能，也是思维倾向。最初的起源可以追溯到苏格拉底。在现代社会，批判性思维被普遍确立为教育特别是高等教育的目标之一。

CTDI–CV 量表是彭美慈等（2004）在 CCTDI（加利福尼亚批判性思维倾向测验）基础上经过本土化修订而成，是目前最常用的中文版本的批判性思维倾向测量工具，包括寻找真相、开放思想、分析能力、系统能力、批判自信、求知欲、认知成熟度7个维度。CDTI–CV 对量表总分作了明确的划分：低于210分表示与批判性思维倾向相矛盾，210—280分表示批判性思维倾向处于中等水平，高于350分表示批判性思维倾向较强。各学段学生批判性思维倾向总分情况见图8。

结果表明，整体来讲，5个学段的学生批判性思维倾向处于中等水平。从初中开始到本科阶段，学生的批判性思维倾向有下降的趋势，初中生与研究生的批判性思维倾向较高。具体而言，初中生显著高于高中生和本科生（$ps < 0.05$），小学生显著高于本科生（$p < 0.05$），本科生显著低于研究生（$p < 0.05$），其他两两对比差异不显著（$ps > 0.05$）。初中生有叛逆倾向，反对父母、老师的权威，随着心智成熟以及逻辑思维的发展，到本科生阶段批判性思维逐渐平和，研究生阶段可能处于相对主义批判的阶段。

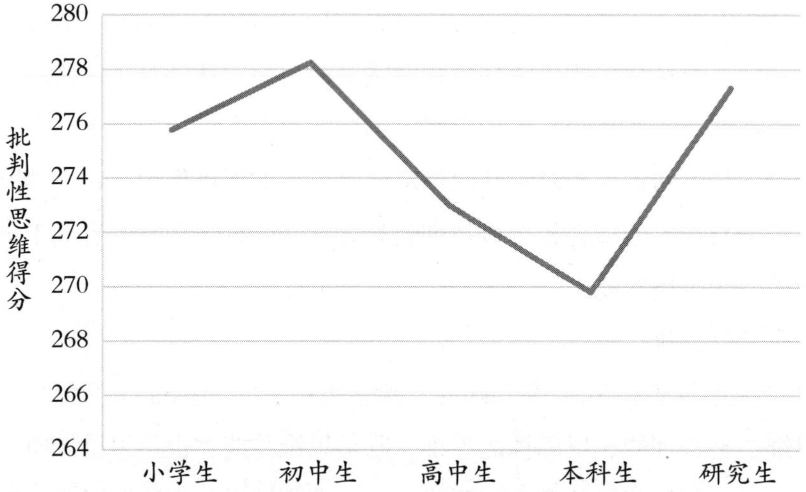

图8　各学段学生批判性思维倾向总分情况

各个分维度的得分情况见图9。结果表明：小学生的认知成熟和寻找真相的倾向较低，但求知欲以及批判自信的倾向得分较高。研究生的认知成熟、寻找真相和开放思想倾向较高。寻找真相倾向上，小学生显著低于其他4个组（$ps < 0.05$），研究生显著高于其他4个组（$ps < 0.05$），其他两两对比差异不显著（$ps > 0.05$）。开放思想倾向上，小学生显著低于其他4个学段（$ps < 0.05$），研究生显著高于小学生和初中生（$ps < 0.05$），其他两两对比差异不显著（$ps > 0.05$）。分析能力倾向上，小学生显著高于高中生、本科生、研究生（$ps < 0.05$），初中生显著高于高中生、本科生、研究生（$ps < 0.05$），高中生显著高于本科生（$p < 0.05$），本科生显著低于研究生（$p < 0.05$），其他两两对比差异不显著（$ps > 0.05$）。系统能力倾向上，小学生显著高于高中生、本科生（$ps < 0.05$），初中生显著高于高中生、本科生（$ps < 0.05$），本科生显著低于研究生（$p < 0.05$），其他两两对比差异不显著（$ps > 0.05$）。批判自信倾向上，小学生显著高于其他学段（$ps < 0.05$），初中生显著高于高中生、本科生和研究生（$ps < 0.05$），高中生显著高于研究生（$p < 0.05$），其他两两对比差异不显著（$ps > 0.05$）。求知欲倾向上，小学生显著高于其他学段（$ps < 0.05$），初中生显著高于本科生和研究生（$ps < 0.05$），高中生显

著高于本科生（$p< 0.05$），其他两两对比差异不显著（$ps> 0.05$）。认知成熟度倾向上，小学生显著低于其他学段（$ps< 0.05$），研究生显著高于其他学段（$ps< 0.05$），其他两两对比差异不显著（$ps> 0.05$）。

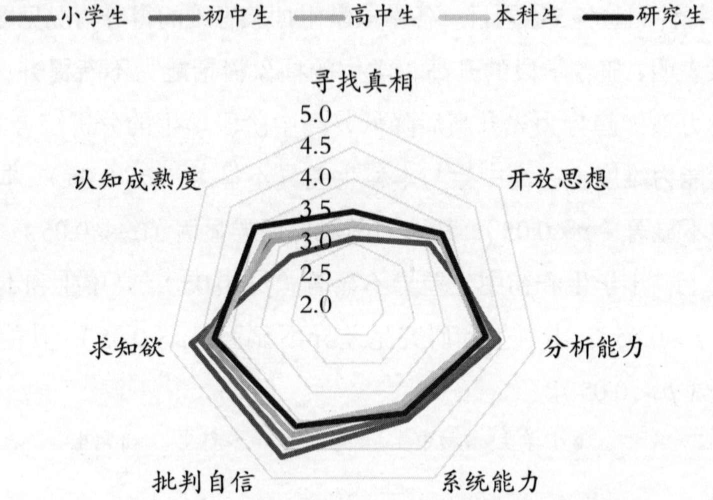

图9　各学段学生批判性思维分维度得分情况

各学段学生批判性思维分维度得分情况见表10。总体来讲，低学段学生虽然在求知欲、批判自信等倾向得分较高，但是在寻找真相、认知成熟度等维度上得分较低，因此低学段学生的批判性思维倾向相对高学段学生表现为动机较强但系统性不足。

表10　各学段学生批判性思维分维度得分情况

学段	寻找真相	开放思想	分析能力	系统能力	批判自信	求知欲	认知成熟度
小学生	3.065	3.570	4.394	3.985	4.633	4.662	3.269
初中生	3.275	3.734	4.339	3.905	4.415	4.498	3.659
高中生	3.268	3.778	4.213	3.770	4.251	4.387	3.630
本科生	3.293	3.756	4.091	3.710	4.121	4.243	3.766
研究生	3.485	3.822	4.180	3.873	4.099	4.276	3.995

3. 抽象思维

抽象思维测验采用了文字、数字、图形3种测试材料，共10道题目，采用4选1的选择题题型。测验分为两个分测验，分别为抽象概括测验、分析综合测验，每种测验各5道题目。各学段学生抽象思维的得分情况见图10。

结果表明：随着学段的升高，学生的抽象概括能力不断提升；学生的分析综合能力整体趋势为先升高后降低，高中阶段学生的分析综合能力最强。抽象概括能力维度上，高中生与本科生差异不显著（$p > 0.05$），本科生和研究生差异不显著（$p > 0.05$），其他两两对比差异显著（$ps < 0.05$）。分析综合能力维度上，小学生和初中生差异不显著（$p > 0.05$），高中生和本科生差异不显著（$p > 0.05$），本科生和研究生差异不显著（$p > 0.05$），其他两两对比差异显著（$ps < 0.05$）。

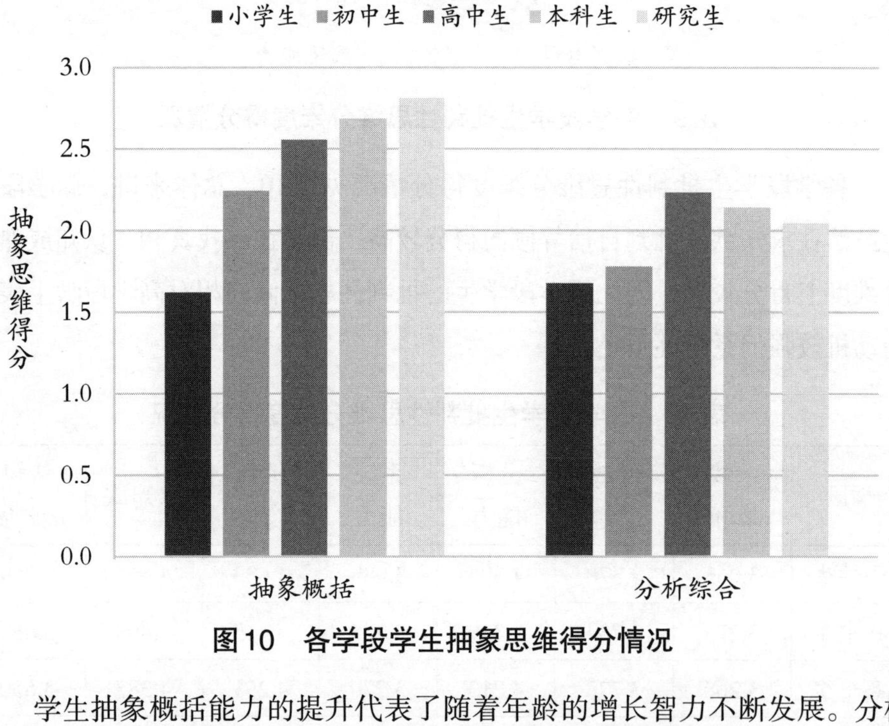

图10　各学段学生抽象思维得分情况

学生抽象概括能力的提升代表了随着年龄的增长智力不断发展。分析综合能力在高中阶段最高，这与后文知识结构相关的结果对应，高中阶段是个体学习多学科知识的巅峰，各个领域内交叉并综合分析的能力可能最强。

4. 形象思维

形象思维测验主要包括空间认知能力测验。空间认知能力测验由5道单选题组成，每题有正确答案；得分越高，表明个体的空间认知能力越强。各学段学生形象思维的得分情况见图11。

结果表明：随着学段的升高，学生的形象思维能力不断提升，高中生与本科生的形象思维能力基本持平。高中生与本科生差异不显著（$p > 0.05$），本科生和研究生差异不显著（$p > 0.05$），其他两两对比差异显著（$ps < 0.05$）。

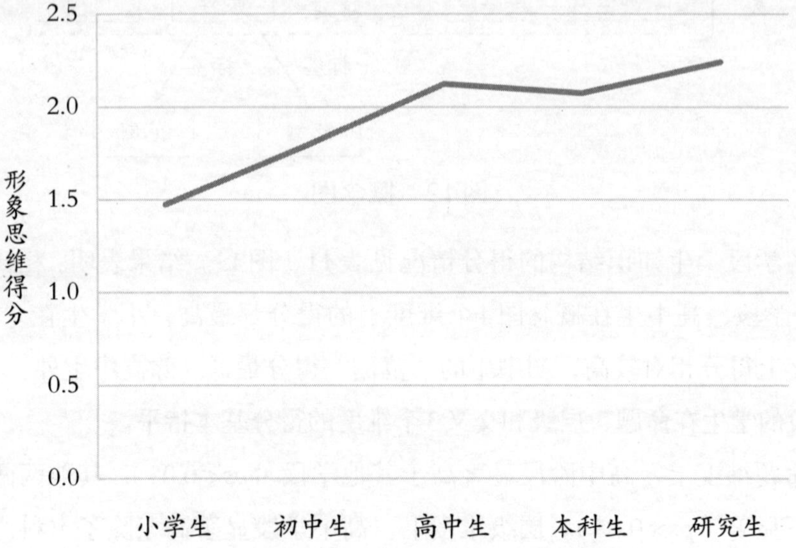

图11　各学段学生形象思维得分情况

（二）知识结构

概念图（Concept Map）是一种用节点代表概念、连线表示概念间关系的图示法。可以用来帮助我们对知识进行组织。它包括3个部分：概念（通常用方框包围）、连接线（表示两个概念之间的联系）和连接短语即标签（说明两个概念之间的关系）（如图12）。概念图创作能力的评分项目包括命题、层级、交叉和范例4个维度，每个有效项目的得分分别为1分、5分、10分、15分。概念图创作能力4个维度的得分是学生在3个任务中各个维度得分的平均数，不考虑单个概念图的得分。项目要求学生完成一个以“星球”为主题概念的概念图。

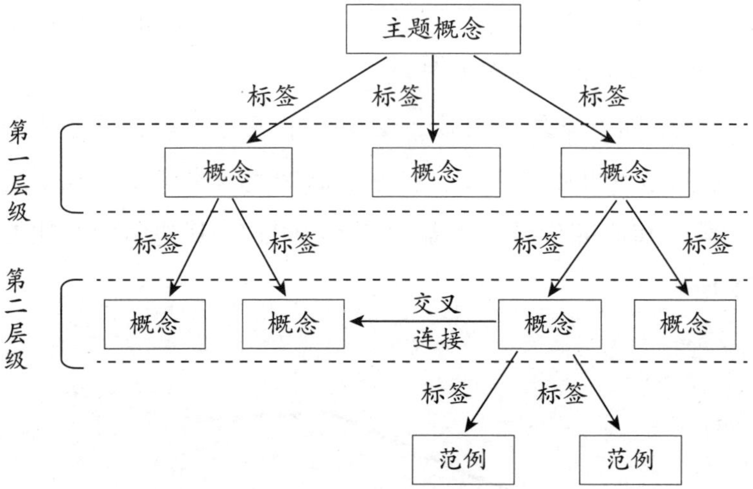

图12　概念图

各学段学生知识结构的得分情况见表11、图13。结果表明：相比于其他4个学段，高中生在概念图4个维度上的得分都最高，小学生在“范例”分维度上得分相对较高，初中生的“范例”得分最低。除高中生外，其他4个学段的学生在命题、层级和交叉3个维度的得分基本持平。

命题维度上，高中阶段显著高于其他学段（$ps< 0.05$），其他两两对比差异不显著（$ps> 0.05$）。层级维度上，高中学段显著高于除了本科之外的3个学段（$ps< 0.05$），本科学段显著高于小学和初中学段（$ps< 0.05$），其他两两对比差异不显著（$ps> 0.05$）。交叉维度上，高中阶段显著高于其他学段，其他两两对比差异不显著（$ps> 0.05$）。范例维度上，小学学段显著高于初中和本科学段（$ps< 0.05$），可能更偏向于形象思维。高中学段显著高于除了小学学段之外的其他学段（$ps< 0.05$），可能代表了知识巅峰。初中学段显著低于其他所有学段（$ps< 0.05$），可能代表了初中生在形象思维和逻辑思维的转变阶段不倾向于使用逻辑思维进行判断，其他两两对比差异不显著（$ps> 0.05$）。

表11　各学段学生知识结构的得分情况

学段	命题	层级	交叉	范例
小学生	11.246	12.152	10.205	2.427
初中生	10.626	12.332	14.763	0.716
高中生	14.485	15.565	19.087	3.004
本科生	10.991	14.255	13.019	1.594
研究生	10.217	13.302	12.264	1.848

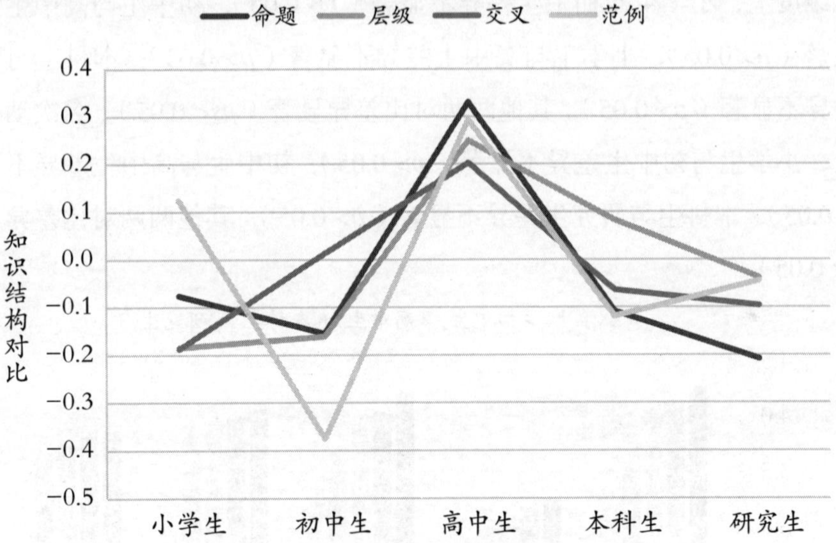

图13　各学段学生知识结构对比情况

相对于其他学段，高中生在知识结构的多个维度上的得分都较高，说明高中阶段学生涉及的知识面更广博，而且组织结构也更合理。

（三）动机

1. 科学动机

科学动机量表是通过对770名学生概念化其学习科学动机编制的问卷，这是一个30道题目的李克特式的测量工具，旨在为科学教育研究人员和科学教师提供关于学生学习科学动机的信息。该量表从5个维度概念化学生的科学动机：内部动机、效能焦虑、自我决定、职业动机和名次动机。

各学段学生的科学动机得分见图14。结果表明：随着学段的升高，学生的各项科学动机得分都在逐渐降低。本科生和研究生的5项科学动机得分基本持平，研究生的科学动机有小幅提升。内部动机维度上，本科生与研究生差异不显著（$p > 0.05$），其他两两对比差异显著（$ps < 0.05$）。效能焦虑维度上，本科生与研究生差异不显著（$p > 0.05$），其他两两对比差异显著（$ps < 0.05$）。自我决定维度上，本科生与研究生差异边缘显著（提升），其他两两对比差异显著（$ps < 0.05$），此结果与学生参加活动的动机是对应的。职业动机维度上，小学生与初中生差异不显著（$p > 0.05$），初中生与高中生差异不显著（$p > 0.05$），小学生与高中生差异不显著（$p > 0.05$），本科生与研究生差异不显著（$p > 0.05$），其他两两对比差异显著（$ps < 0.05$）。名次动机维度上，小学生与初中生差异不显著（$p > 0.05$），初中生与高中生差异不显著（$p > 0.05$），本科生与研究生差异不显著（$p > 0.05$），其他两两对比差异显著（$ps < 0.05$）。

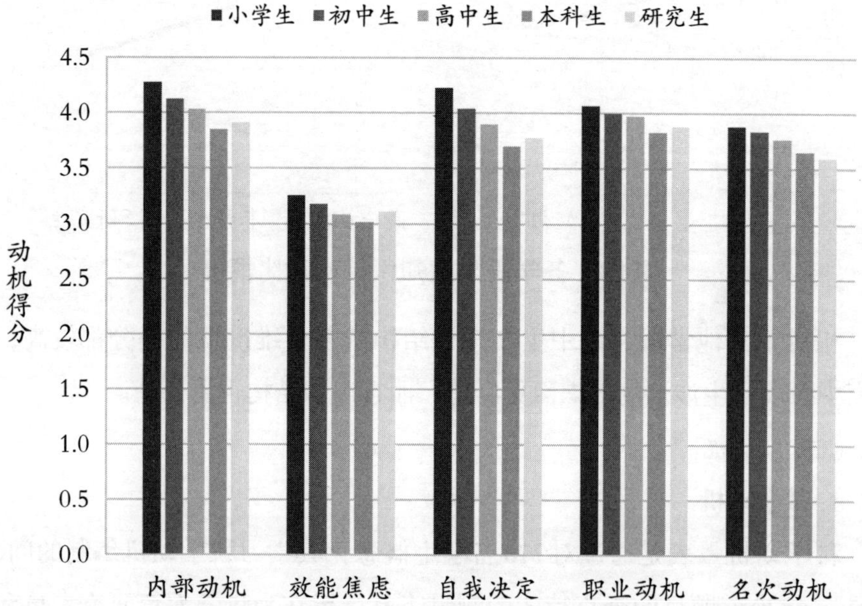

图14　各学段学生的科学动机得分

与学生参加科技创新活动的动机对应，随着学段升高，学生的科学动机不断下降。一方面，学生的学业负担不断加重，科学类课程的难度也不断增加，造成了学生科学动机不足，自我效能感下降；另一方面，社会环境可能对本科生和研究生影响不够，科学家精神宣讲活动有83.81%的活动对象包括小学生，面向本科生和研究生的活动明显偏少。

2. 成就动机

成就动机指个体在完成某种任务时力图取得成功的动机。成就动机对个人的发展和社会的进步都具有重要作用，它好像一台强大的发动机那样，激励人们努力向上，在前进道路上取得一个又一个的成就。

成就动机量表（Achievement Motivation Scale，AMS）由挪威心理学家Gjesme, T. 和 Nygard, R. 于1970年编制，并几经修订，渐趋完善。中文版本为我国研究者叶仁敏和挪威专家 Hegtvet, K.A. 于1988年合作译制，并于1992年在大学生和中学生样本中进行了修订。此量表有两个分量表，奇数题是测定追求成功动机，偶数题是避免失败动机。成就动机的得分由追求成功动机得分减去避免失败动机得分。

各学段学生的追求成功与避免失败的动机情况见图15，各学段学生的成就动机情况见图16。

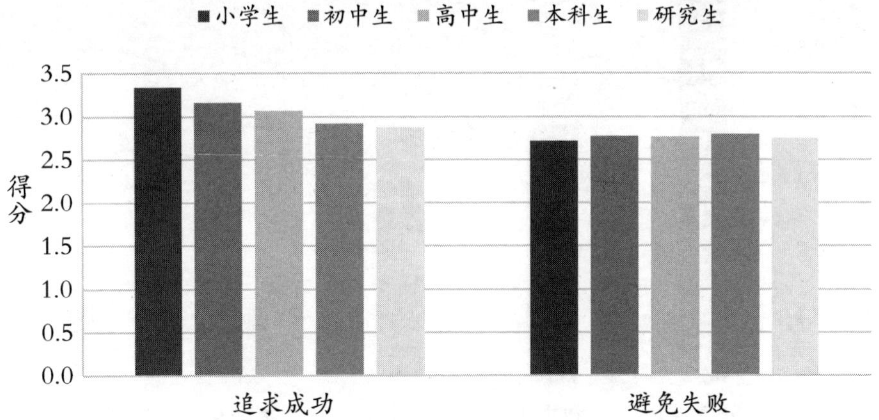

图15　各学段学生的追求成功与避免失败的动机情况

结果表明：随着学段的升高，学生追求成功的动机逐渐下降，各学段学生避免失败的动机基本持平。成就动机的得分随着学段的升高逐渐下降。追求成功维度上，本科生与研究生差异不显著（$p > 0.05$），其他两两对比差异显著（$ps < 0.05$）。避免失败维度上，两两对比差异不显著（$ps > 0.05$）。成就动机整体结果上，本科生与研究生差异不显著（$p > 0.05$），其他两两对比差异显著（$ps < 0.05$）

影响成就动机的因素主要有：一是成就动机的高低与童年所接受的家庭教育关系密切。父母的价值观、父母的成就动机、父母对子女的要求和教育方式都影响儿童的成就动机。而青少年感受到的家庭支持科技创新活动的水平随着学段的升高不断降低，这可能与学生的成就动机的降低密切相关。二是个人对工作难度的看法影响成就动机。个人如果认为工作过难或过易，都不易激发成就动机；认为工作难度适中，成功和失败的可能性各占一半时，成就动机最强烈。随着年龄的升高，不同学段的学生对自身学业能力水平可能具有更清醒的认识。三是个体的成就动机与环境的社会文化条件有关。当国家繁荣兴旺时，人民的成就动机就会提高。

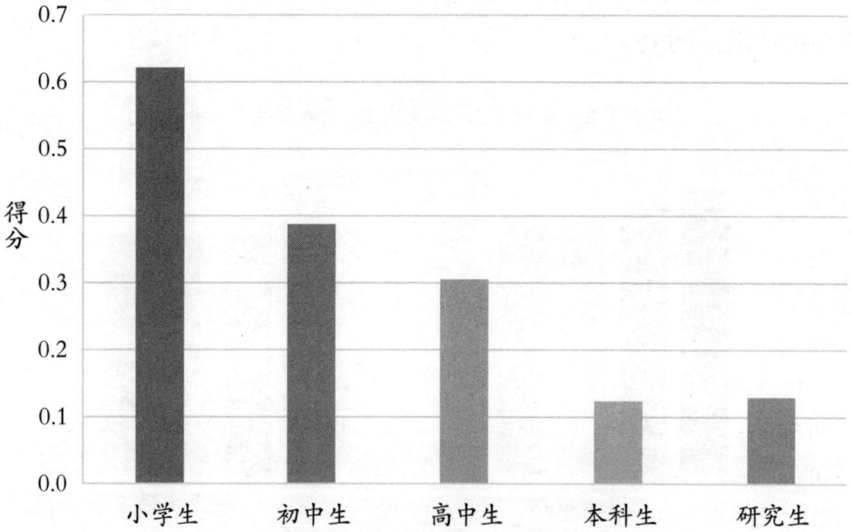

图16　各学段学生的成就动机情况

（四）创造性人格

采用Mun（2015）等开发的科学想象量表（Scientific Imagination Inventory，SII），包含6个分量表：情感理解、想象体验、多样性、独创性、创造与繁殖、科学现实感。

各学段学生创造性人格（想象力、好奇心）的得分情况见图17，想象力分维度的得分情况见图18。

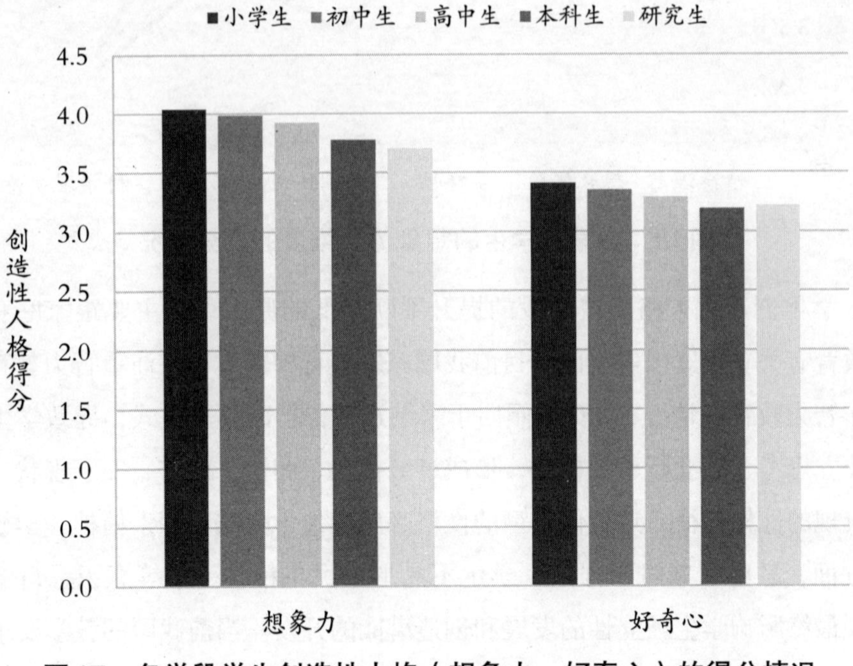

图17　各学段学生创造性人格（想象力、好奇心）的得分情况

结果表明：随着学段的升高，学生的想象力和好奇心的得分都有下降的趋势。想象力维度上，小学生和初中生差异不显著（$p > 0.05$），初中生和高中生差异不显著（$p > 0.05$），本科生和研究生差异不显著（$p > 0.05$），其他两两对比差异显著（$ps < 0.05$）。好奇心维度上，小学生和初中生差异不显著（$p > 0.05$），本科生和研究生差异不显著（$p > 0.05$），其他两两对比差异显著（$ps < 0.05$）。此外，科学想象力量表各个分维度的得分结果也表明随着学段的提升学生的想象力得分有所下降。

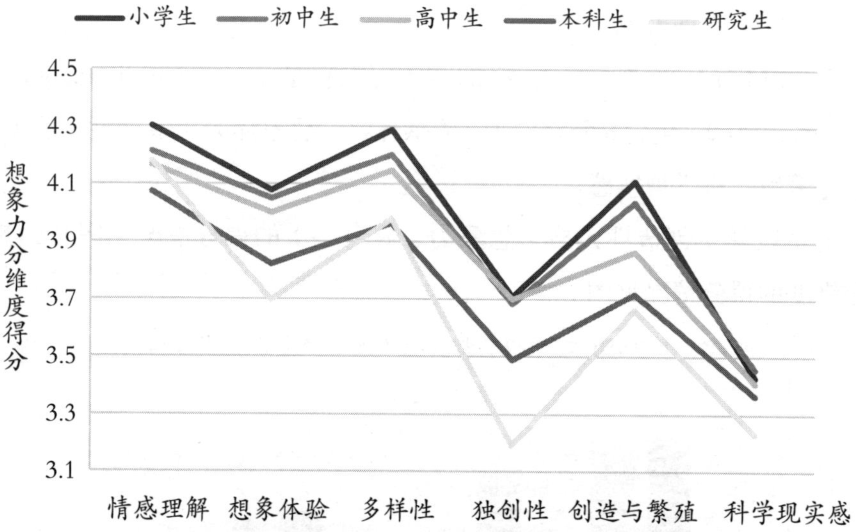

图18　各学段学生的想象力分维度的得分情况

学生创造性人格随着学段的提升不断降低的原因可能主要跟家庭和学校教育有关。家庭因素方面，目前我国家庭教育中普遍存在注重智力教育轻视非智力教育的情况；家长还倾向于采纳过度保护的养育方式，导致学生缺少独立思考、独立行事的机会，形成过分依赖、胆怯、保守、安于现状、墨守成规的性格特征，这种保守型的性格必然导致学生缺乏探索精神。学校因素方面，教师权威过于强大，学生不易形成民主精神、平等意识、自主意识，最终影响学生独立性的发展和创造潜能的开发。当前我国的教学要求学生理解教材里的知识，并通过反复做习题而熟记这些知识，我国各类课程的教学训练都过度追求正确率，不能容忍学生在学习中出现错误。过度追求正确率使学生在害怕出错的同时，也使学生天然的好奇心、求知欲及大胆尝试的探索意识慢慢减弱。

四、青少年科技创新能力发展的影响因素分析

（一）家庭环境

家庭环境中的诸多因素都直接或间接地对青少年科学创造力的发展起

到一定的作用，其中主要影响因素包括早期的引导、教育方式、家庭氛围、家庭成员间的关系等。

家庭创新环境问卷采用的是波兰学者 Kwasniewska 等（2018）设计编制的家庭创造性氛围问卷。该问卷由24个小题组成，包括鼓励体验多样性活动、鼓励不循规蹈矩、支持坚持不懈的创造性努力、鼓励幻想 4 个维度，各维度得分越高，表示家庭创造性氛围越好。

各学段学生家庭创新氛围的得分情况见图19。结果表明：小学生、初中生、高中生感受到的家庭创新氛围更强，本科生、研究生较低。本科生和研究生差异不显著（$p > 0.05$），其他两两对比差异显著（$ps < 0.05$）。

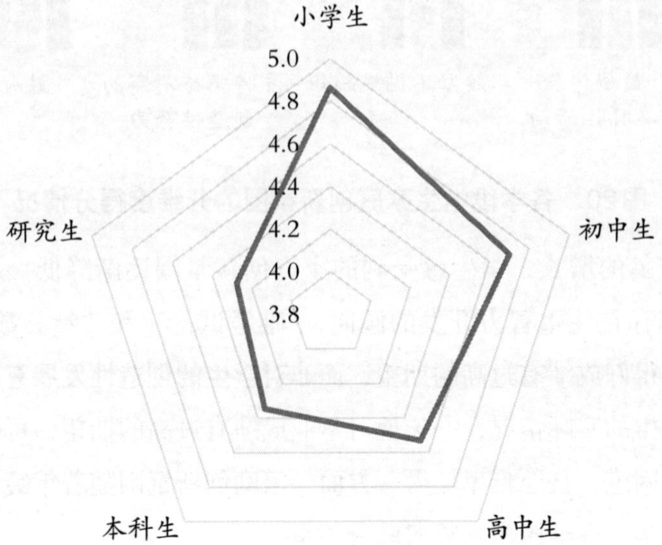

图19 各学段学生家庭创新氛围的得分情况

家庭创新氛围的分维度得分情况见图20。分维度得分结果表明，学生感受到的鼓励体验多样性活动、支持坚持不懈的创造性努力、鼓励幻想随着学段的升高不断降低，鼓励不循规蹈矩分维度的得分随着学段的升高不断增高。

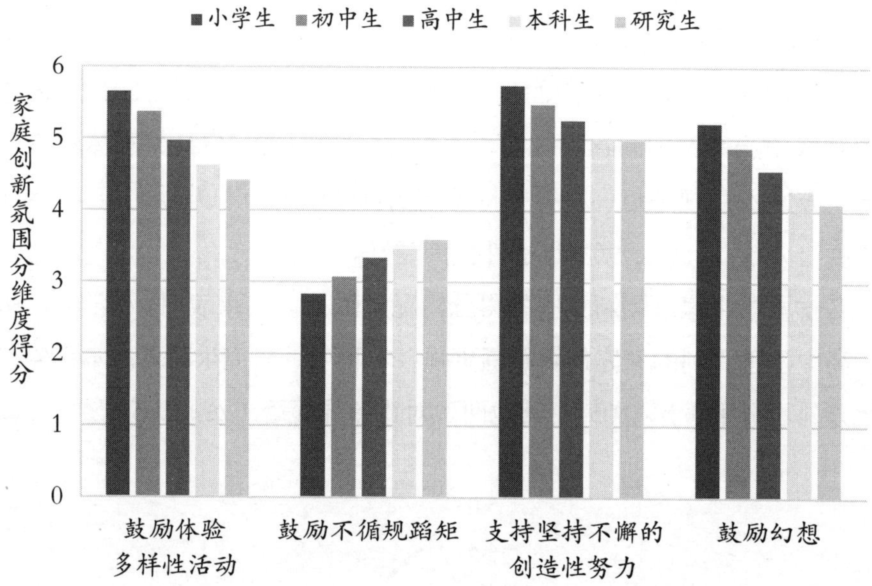

图20　各学段学生家庭创新氛围的分维度得分情况

随着年龄的增长，学生感受到的家庭创新氛围逐渐降低。一方面，我国家长普遍存在注重智力开发的倾向，“唯考试论”和“唯分数论”盛行，家长对于取得好成绩有过高的期望，而非对学生的创造性发展有所期望，如果不考虑学生的实际情况，一味地对学业成绩有过高的期望，可能会使学生感到压力、困惑，甚至自卑。另一方面，家庭创新氛围随着年龄增长不断降低可能也与学生逐渐脱离家长权威有关系。

（二）学校环境

本研究采用了刘云和石金涛在KEYS量表基础上修改的创新氛围量表，涵盖同伴支持、老师支持、学校理念、资源供应、任务特性等5个维度。

各学段学生学校创新环境总分情况见图21。结果表明：小学生、初中生感受到的学校创新氛围更高，高中生次之，本科生、研究生较低。小学生和初中生差异不显著（$p > 0.05$），本科生和研究生差异不显著（$p > 0.05$），其他两两对比差异显著（$ps < 0.05$）。

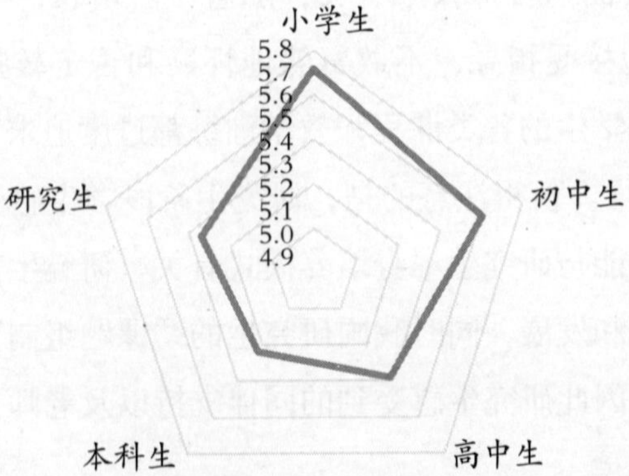

图21 各学段学生学校创新环境总分情况

各学段学生学校创新氛围的分维度得分情况见图22。分维度得分结果表明，高中生、本科生、研究生感受到的创新相关的资源供应以及任务相关的创新特性较低。

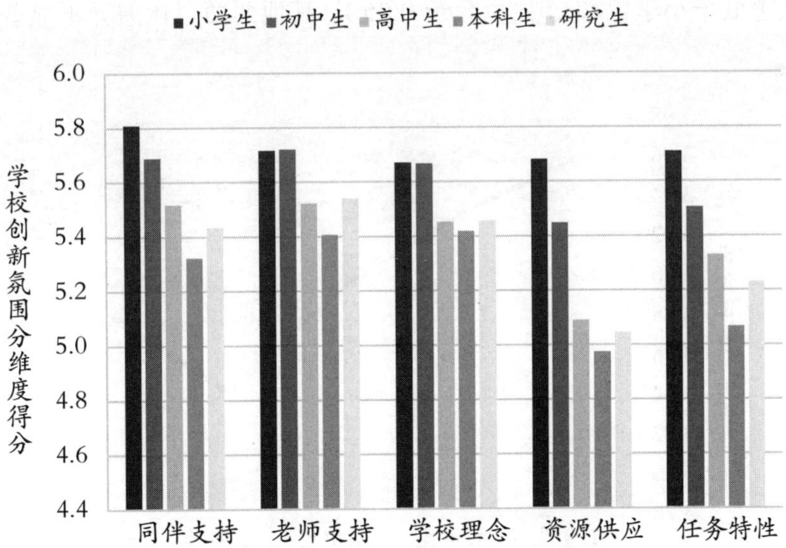

图22 各学段学生学校创新氛围的分维度得分情况

与家庭创新氛围类似，随着年龄的增长，学生感受到的学校创新氛围逐渐降低，这一方面与教师权威有关，随着年龄增长，学生习惯于盲从教师，习惯于被动地接受指导，不敢贸然地怀疑和否定教师的观点。另一方面，我国学校培养学生的各类课程和教学训练都过度追求正确率，注重培养学生的“考试能力”。值得注意的是，研究生阶段学生感受到的学校创新氛围有所提升，这可能与研究生本身培养模式有关，研究生需要推进专业领域内研究课题的创新和发展，同时我国研究生的“课题组制”也会增加同伴互动以及老师互动，因此研究生感受到的同伴支持以及老师支持也较高。

（三）社会环境

媒介对科学知识的传播、扩散起到了重要作用，是当今科学传播的主要手段。社交媒介基于移动或网络终端技术，以交互为核心，通过用户对科学知识与科学信息内容的分享、协同创造、讨论以及修正等一系列行为，建构了科学传播的新平台。

各学段学生社交媒介传播影响的得分见图23。结果表明：从小学到大学4个阶段社交媒介对学生的影响逐渐下降，研究生阶段有小幅上升。本科生显著低于小学生和初中生（$p< 0.05$），其他两两对比差异不显著（$ps> 0.05$）。

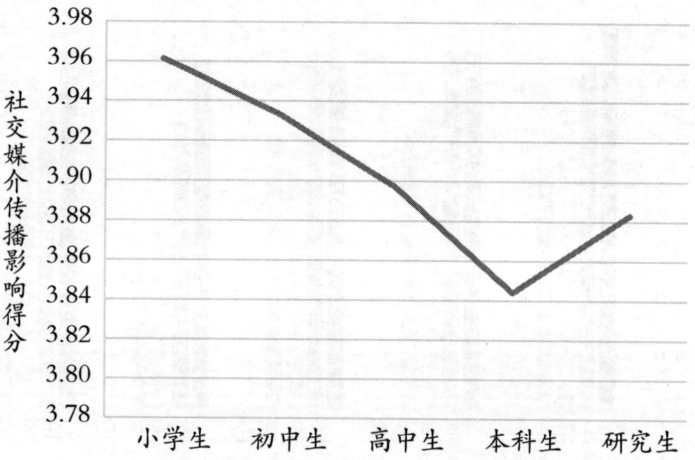

图23　各学段学生社交媒介传播影响的得分

省级部门在宣传和推广青少年科技创新实践教育工作方面使用大众传播媒介排在前三名的分别是网站、公众号和视频号。相对于基础教育阶段的学生，高等教育阶段学生接触网站、公众号和视频号的频率更高、范围更大，但是科学传播媒介对本科生和研究生的影响却较低。这可能是由于基础教育阶段有学校专门提供相应的传播媒介，而本科生和研究生相对缺乏。

五、青少年科技创新能力发展的影响机制探究

相关分析结果表明，除抽象思维与技术创造力、抽象思维与家庭环境之外，其他变量之间两两正相关显著（$ps<0.05$）。创新人才必备特征和早期发展影响因素的相关分析见表12。

表12　创新人才必备特征和早期发展影响因素的相关分析

	1	2	3	4	5	6	7	8	9	10	11	12
1. 科学创造力	1											
2. 技术创造力	0.394**	1										
3. 批判性思维	0.331**	0.150**	1									
4. 抽象思维	0.108**	0.006	0.274**	1								
5. 形象思维	0.173**	0.062*	0.316**	0.448**	1							
6. 知识结构	0.268**	0.250**	0.198**	0.141**	0.198**	1						
7. 内在动机	0.196**	0.139**	0.442**	0.099**	0.181**	0.112**	1					

续表

	1	2	3	4	5	6	7	8	9	10	11	12
8. 成就动机	0.254**	0.165**	0.631**	0.064*	0.107**	0.111**	0.542**	1				
9. 创造性人格	0.244**	0.168**	0.563**	0.152**	0.191**	0.137**	0.632**	0.584**	1			
10. 家庭环境	0.158**	0.113**	0.324**	0.035	0.072**	0.077**	0.478**	0.419**	0.583**	1		
11. 学校环境	0.172**	0.105**	0.396**	0.120**	0.157**	0.121**	0.550**	0.389**	0.665**	0.643**	1	
12. 社会环境	0.068**	0.068**	0.193**	0.057*	0.091**	0.069**	0.457**	0.208**	0.473**	0.429**	0.664**	1

* 代表 p 值的显著程度，下同。

（一）影响因素通过必备特征对创造力的影响

1. 家庭环境通过动机和知识结构影响科学创造力

以家庭创新环境为自变量，内在动机和成就动机为第一中介变量，知识结构为第二中介变量，科学创造力得分作为因变量，构建以“家庭→动机→知识→科学创造力”为核心路径的多重中介模型（见图24）。

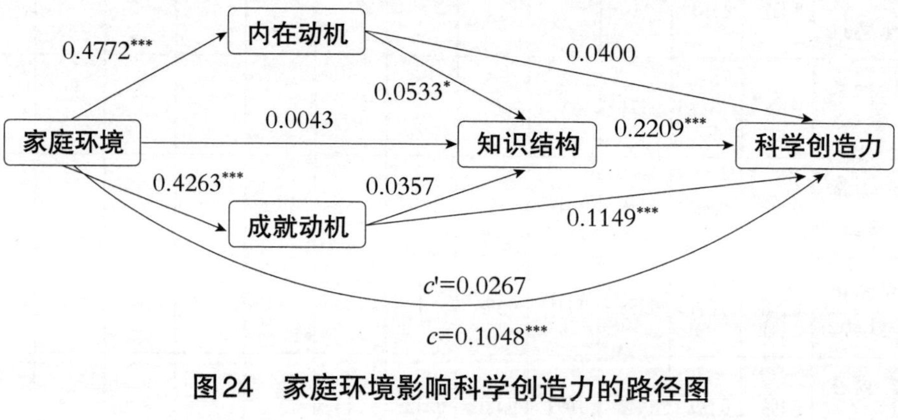

图24　家庭环境影响科学创造力的路径图

结果表明，家庭创新环境主要通过以下路径间接地影响学生的科学创造力状况：

（1）家庭创新环境通过影响学生的成就动机，进而影响学生的科学创造力。

（2）家庭创新环境通过影响学生的内在动机以及知识结构，进而影响学生的科学创造力。

以上各路径的路径系数见表13。从表13可以看出，家庭环境主要通过学生的成就动机影响科学创造力，且该间接路径在总间接效应的占比为62.821%，因此在家庭教育中应重点注意学生成就动机的培养，以提高家庭创新环境对科学创造力的影响作用。

表13　家庭环境影响科学创造力的机制模型

影响路径	标准化间接效应	效应量	区间下限	区间上限	间接效应与总效应之比
总效应	0.105	0.018	0.069	0.140	
直接效应	0.027	0.020	−0.013	0.066	
总间接效应	0.078	0.013	0.055	0.104	
间接效应1　家庭环境→内在动机→科学创造力	0.019	0.010	−0.001	0.039	
间接效应2　家庭环境→成就动机→科学创造力	0.049	0.010	0.030	0.070	62.821%
间接效应3　家庭环境→知识结构→科学创造力	0.001	0.006	−0.011	0.013	
间接效应4　家庭环境→内在动机→知识结构→科学创造力	0.006	0.002	0.001	0.010	7.179%
间接效应5　家庭环境→成就动机→知识结构→科学创造力	0.003	0.002	−0.001	0.008	

2. 家庭环境通过动机和知识结构影响技术创造力

以家庭创新环境为自变量，内在动机和成就动机为第一中介变量，知识结构为第二中介变量，技术创造力得分作为因变量，构建以“家庭→动机→知识→技术创造力”为核心路径的多重中介模型（见图25）。

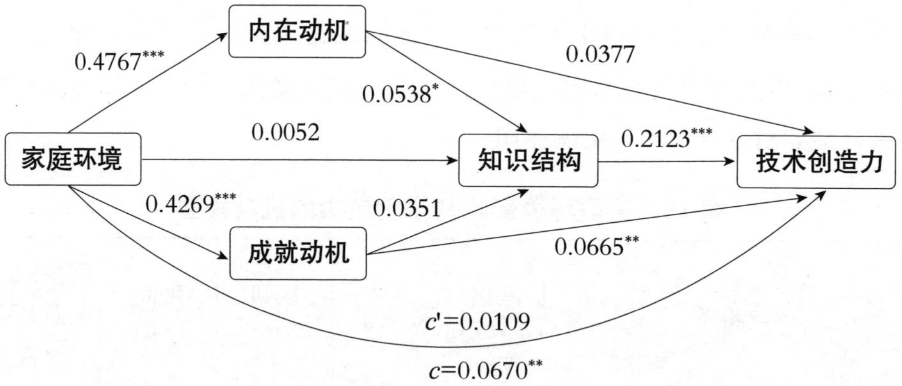

图25　家庭环境影响技术创造力的路径图

结果表明，家庭创新环境主要通过以下路径间接地影响学生的技术创造力状况：

（1）家庭创新环境通过影响学生的成就动机，进而影响学生的技术创造力。

（2）家庭创新环境通过影响学生的内在动机以及知识结构，进而影响学生的技术创造力。

以上各路径的路径系数见表14。从表14中可以看出，家庭环境主要通过学生的成就动机影响技术创造力，且该间接路径在总间接效应的占比为36.410%，因此在家庭教育中应重点注意学生成就动机的培养，以提高家庭创新环境对技术创造力的影响作用。

表14　家庭环境影响技术创造力的机制模型

影响路径	标准化间接效应	效应量	区间下限	区间上限	间接效应与总效应之比
总效应	0.067	0.018	0.031	0.103	
直接效应	0.011	0.021	−0.030	0.051	
总间接效应	0.056	0.013	0.032	0.082	
间接效应1　家庭环境→内在动机→技术创造力	0.018	0.011	−0.004	0.041	
间接效应2　家庭环境→成就动机→技术创造力	0.028	0.010	0.011	0.048	36.410%
间接效应3　家庭环境→知识结构→技术创造力	0.001	0.006	−0.010	0.013	
间接效应4　家庭环境→内在动机→知识结构→技术创造力	0.005	0.002	0.001	0.010	6.923%
间接效应5　家庭环境→成就动机→知识结构→技术创造力	0.003	0.002	−0.001	0.008	

3. 学校环境通过动机和知识结构影响科学创造力

以学校创新环境为自变量，内在动机和成就动机为第一中介变量，知识结构为第二中介变量，科学创造力得分作为因变量，构建以“学校→动机→知识→科学创造力”为核心路径的多重中介模型（见图26）。

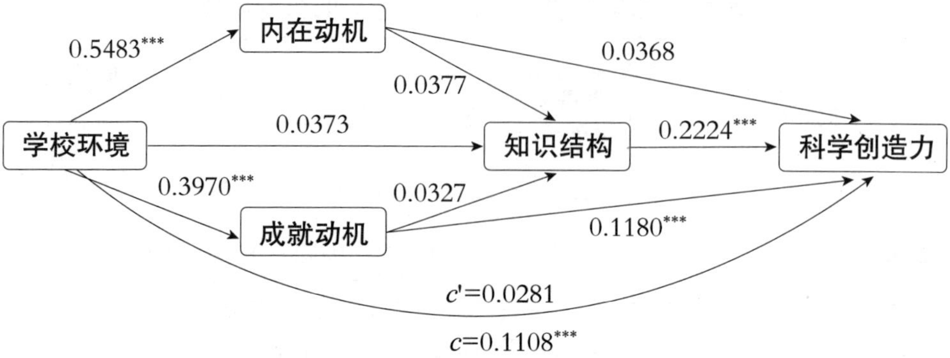

图26　学校环境影响科学创造力的路径图

以上各路径的路径系数见表15。结果表明，学校创新环境主要通过影响学生的成就动机，进而影响学生的科学创造力，且该间接路径在总间接效应的占比为60.128%，因此在学校教育中应重点注意学生成就动机的培养，以提高学校创新环境对科学创造力的影响作用。

表15　学校环境影响科学创造力的机制模型

影响路径	标准化间接效应	效应量	区间下限	区间上限	区间效应与总效应之比
总效应	0.111	0.018	0.075	0.146	
直接效应	0.028	0.021	−0.013	0.069	
总间接效应	0.083	0.013	0.058	0.110	
间接效应1　学校环境→内在动机→科学创造力	0.020	0.013	−0.004	0.045	
间接效应2　学校环境→成就动机→科学创造力	0.047	0.010	0.029	0.067	60.128%
间接效应3　学校环境→知识结构→科学创造力	0.008	0.005	−0.001	0.020	

续表

影响路径	标准化间接效应	效应量	区间下限	区间上限	区间效应与总效应之比
间接效应4　学校环境→内在动机→知识结构→科学创造力	0.005	0.003	−0.001	0.010	
间接效应5　学校环境→成就动机→知识结构→科学创造力	0.003	0.002	−0.001	0.007	

4. 学校环境通过动机和知识结构影响技术创造力

以学校创新环境为自变量，内在动机和成就动机为第一中介变量，知识结构为第二中介变量，技术创造力得分作为因变量，构建以“学校→动机→知识→技术创造力”为核心路径的多重中介模型（见图27）。

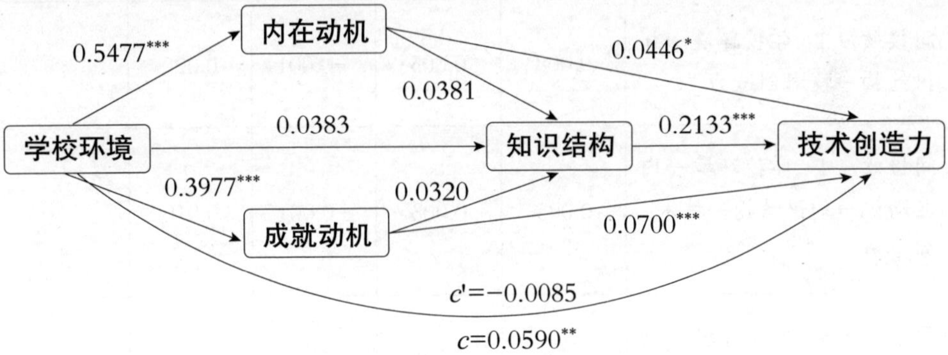

图27　学校环境影响技术创造力的路径图

以上各路径的路径系数见表16。结果表明，学校创新环境既通过成就动机又通过内在动机影响学生的技术创造力，且两条间接路径在总间接效应的占比分别为36.095% 和35.641%，因此在学校教育中应重点注意学生内在动机和成就动机的培养，以提高学校创新环境对技术创造力的影响作用。

表16 学校环境影响技术创造力的机制模型

影响路径	标准化间接效应	效应量	区间下限	区间上限	间接效应与总效应之比
总效应	0.059	0.018	0.023	0.095	
直接效应	−0.009	0.021	−0.050	0.033	
总间接效应	0.068	0.014	0.042	0.098	
间接效应1 学校环境→内在动机→技术创造力	0.024	0.013	0.000	0.053	36.095%
间接效应2 学校环境→成就动机→技术创造力	0.028	0.009	0.011	0.045	35.641%
间接效应3 学校环境→知识结构→技术创造力	0.008	0.005	−0.001	0.020	
间接效应4 学校环境→内在动机→知识结构→技术创造力	0.005	0.003	−0.001	0.010	
间接效应5 学校环境→成就动机→知识结构→技术创造力	0.003	0.002	−0.001	0.007	

5. 社会环境通过动机和知识结构影响科学创造力

以社会创新环境为自变量，内在动机和成就动机为第一中介变量，知识结构为第二中介变量，科学创造力得分作为因变量，构建以“社会→动机→知识→科学创造力”为核心路径的多重中介模型（见图28）。

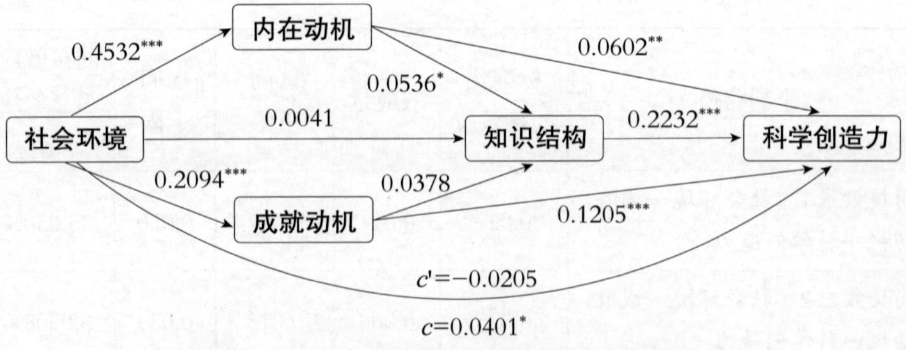

图28　社会环境影响科学创造力的路径图

结果表明，社会环境主要通过以下路径间接地影响学生的科学创造力状况：

（1）社会环境通过影响学生的内在动机，进而影响学生的科学创造力。

（2）社会环境通过影响学生的成就动机，进而影响学生的科学创造力。

（3）社会环境通过影响学生的内在动机以及知识结构，进而影响学生的科学创造力。

（4）社会环境通过影响学生的成就动机以及知识结构，进而影响学生的科学创造力。

以上各路径的路径系数见表17。因此在社会环境塑造中应重点注意学生内在动机和成就动机的培养，并注重学生知识的积累和结构完善，以提高社会环境对科学创造力的影响作用。

表17　社会环境影响科学创造力的机制模型

影响路径	标准化间接效应	效应量	区间下限	区间上限	间接效应与总效应之比
总效应	0.040	0.018	0.005	0.076	
直接效应	−0.021	0.019	−0.058	0.017	
总间接效应	0.061	0.012	0.039	0.084	

续表

影响路径	标准化间接效应	效应量	区间下限	区间上限	间接效应与总效应之比
间接效应1　社会环境→内在动机→科学创造力	0.027	0.011	0.007	0.050	45.050%
间接效应2　社会环境→成就动机→科学创造力	0.025	0.006	0.015	0.039	32.308%
间接效应3　社会环境→知识结构→科学创造力	0.001	0.004	−0.008	0.010	
间接效应4　社会环境→内在动机→知识结构→科学创造力	0.005	0.002	0.001	0.010	8.911%
间接效应5　社会环境→成就动机→知识结构→科学创造力	0.002	0.001	0.000	0.004	2.970%

6. 社会环境通过动机和知识结构影响技术创造力

以社会创新环境为自变量，内在动机和成就动机为第一中介变量，知识结构为第二中介变量，技术创造力得分作为因变量，构建以“社会→动机→知识→技术创造力”为核心路径的多重中介模型（见图29）。

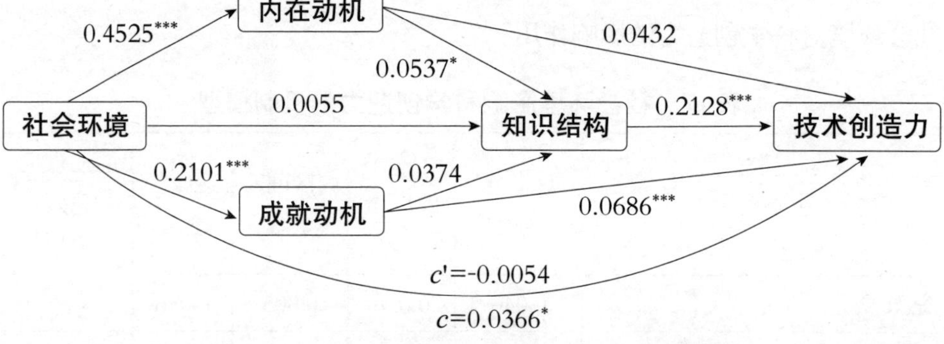

图29　社会环境影响技术创造力的路径图

结果表明，社会环境主要通过以下路径间接地影响学生的技术创造力状况：

（1）社会环境通过影响学生的成就动机，进而影响学生的技术创造力。

（2）社会环境通过影响学生的内在动机以及知识结构，进而影响学生的技术创造力。

（3）社会环境通过影响学生的成就动机以及知识结构，进而影响学生的技术创造力。

以上各路径的路径系数见表18。因此在社会环境塑造中应重点注意学生成就动机的培养，并注重学生知识的积累和结构完善，以提高社会环境对技术创造力的影响作用。

表18 社会环境影响技术创造力的机制模型

影响路径	标准化间接效应	效应量	区间下限	区间上限	间接效应与总效应之比
总效应	0.037	0.018	0.001	0.072	
直接效应	−0.005	0.020	−0.044	0.033	
总间接效应	0.042	0.012	0.020	0.067	
间接效应1 社会环境→内在动机→技术创造力	0.020	0.012	−0.003	0.044	
间接效应2 社会环境→成就动机→技术创造力	0.014	0.005	0.006	0.025	18.462%
间接效应3 社会环境→知识结构→技术创造力	0.001	0.004	−0.007	0.010	
间接效应4 社会环境→内在动机→知识结构→技术创造力	0.005	0.002	0.001	0.010	12.411%
间接效应5 社会环境→成就动机→知识结构→技术创造力	0.002	0.001	0.000	0.004	4.057%

（二）学段对必备特征影响创造力的调节作用

1. 对科学创造力的调节作用

由上述多重中介模型可知，动机与知识结构可能是影响科学创造力和技术创造力的重要路径，因此本研究重点探讨基础教育阶段和高等教育阶段动机通过知识结构影响科学创造力和技术创造力的具体结果。学段调节内在动机影响科学创造力的路径见图30，学段调节成就动机影响科学创造力的路径见图31。

第一，以内在动机为自变量、知识结构为中介变量、科学创造力为因变量、学段为调节变量构建模型。结果表明，一方面，相对于高等教育阶段的学生，基础教育阶段学生的内在动机越高，科学创造力越高；另一方面，相对于基础教育阶段的学生，高等教育阶段学生的知识结构越好，科学创造力越高。

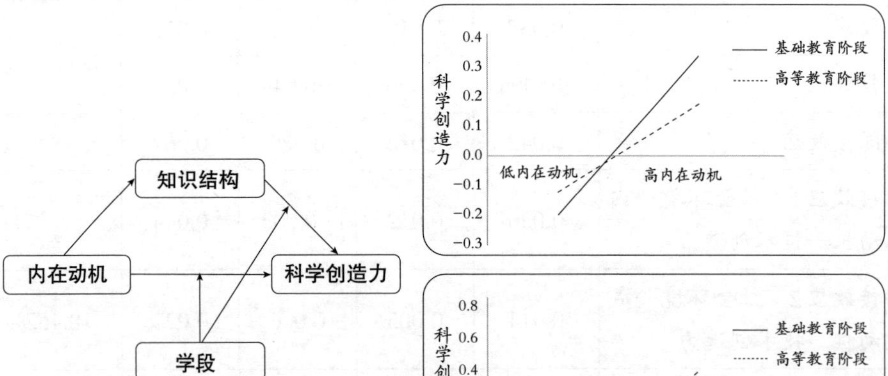

图30　学段调节内在动机影响科学创造力的路径图

第二，以成就动机为自变量、知识结构为中介变量、科学创造力为因变量、学段为调节变量构建模型。结果表明，一方面，相对于高等教育阶段的学生，基础教育阶段学生的成就动机越高，科学创造力越高；另一方面，相对于基础教育阶段，高等教育阶段学生的知识结构越好，科学创造力越高。

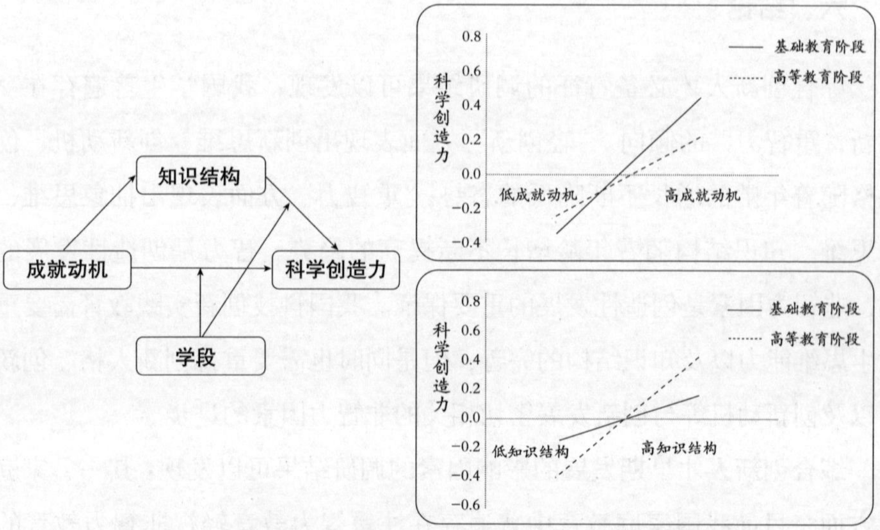

图31　学段调节成就动机影响科学创造力的路径图

2. 对技术创造力的调节作用

以成就动机为自变量、知识结构为中介变量、技术创造力为因变量、学段为调节变量构建模型。学段调节成就动机影响技术创造力的路径见图32。结果表明，相对于基础教育阶段的学生，高等教育阶段的学生知识结构越好，技术创造力越高。

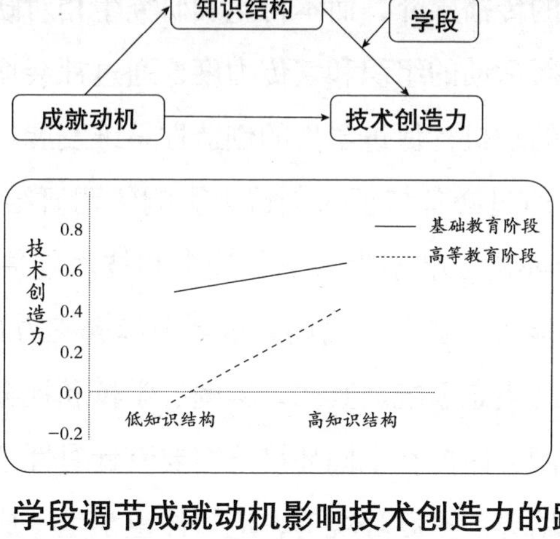

图32　学段调节成就动机影响技术创造力的路径图

六、结论

综合创新人才必备特征的调研结果可以发现，我国学生普遍存在“轻创新，重智力”的倾向。“轻创新”方面表现出创新思维、创新动机、创新人格随着年龄的增长不断降低的态势；“重智力”方面表现出抽象思维、形象思维、知识结构随着年龄增长不断提高的趋势。智力是创造性发展的基础，非智力因素是创造性发展的重要保证。我国科技创新实践教育需要重视学生思维能力以及知识结构的完善，但是同时也需要重视创新人格、创新思维以及创新动机等与创新发展密切相关的非智力因素的进步。

综合创新人才早期发展的影响因素的调研结果可以发现：其一，家庭环境方面，目前我国家庭教育中普遍存在注重智力教育轻视非智力教育的情况，可能导致学生缺少独立思考、独立行事的机会，形成过分依赖、胆怯、保守、安于现状、墨守成规的性格特征，这种保守型的性格必然导致学生缺乏探索精神。其二，学校环境方面，教师权威过于强大以及过度追求正确率使学生在害怕出错的同时，也使学生天然的好奇心、求知欲及大胆尝试的探索意识慢慢减少。其三，社会环境方面，相对于基础教育阶段的学生，科学传播媒介对本科生和研究生的影响较低。这可能是由于基础教育阶段学生有学校专门提供相应的传播媒介，而本科生和研究生相对缺乏。应该加大对高等教育阶段科技创新活动的组织和宣传力度，通过社会途径调动学生参加科技创新活动和竞赛的动机，促进学生的创造性思维发展。

综合影响因素通过必备特征对创造力影响的调研结果可以发现：其一，家庭、学校和社会都是影响学生科学创造力和技术创造力的重要因素。因此，促进学生创新能力、创新人格的发展需要综合三方面影响因素的作用，建立培养创新人才的生态系统。其二，家庭、学校和社会影响科学和技术创造力的路径有所不同，因此在不同环境下需要有针对性地采取不同方式对学生创造力进行有效培养。家庭环境下，应该注重学生“成就动机”以及“内在动机→知识结构”两条路径的作用；学校环境下，应该注重“成就动机”和“内在动机”的培养；社会环境下，需要综合考虑“成就动机”和“内在动机”以及“内在动机→知识结构”和“成就动机→知识结构”的影响。

综合学段对必备特征影响创造力的调节作用的分析结果可以发现：其一，内在动机和成就动机都会通过知识结构来影响创造力。因此在家庭和学校教育以及社会文化的塑造中不仅需要注重学生动机的激发和保持，而且需要不断完善学生的知识结构，为学生科学创造力和技术创造力的发展提供土壤和养分。其二，基础教育阶段和高等教育阶段影响学生创造力的路径有所不同。对基础教育阶段的学生而言，提升学生的内在动机或者成就动机会更有利于提升两种创造力的水平；对于高等教育阶段的学生而言，完善学生的知识结构更有利于提升学生的两种创造力的水平。

青少年科技创新实践教育现状分析*

本调研以各级科学技术协会及各类学校和科研机构组织开展的科技创新实践教育活动为主要对象，通过资料分析、问卷、访谈等方法，分别从区域和学生两个视角，调研了2019—2022年我国青少年科技创新实践教育现状。其中主要调查不同区域的省级科学技术协会（主要是各省青少年科技中心和科技馆）以及其他社会参与主体代表（包括各类学校和科研机构、科技企业、各类媒体、广大科技工作者等）的工作开展情况，共调查省级部门单位38个、其他社会参与主体71个，回收问卷109份。本调研的设计与前文《青少年科技创新能力发展状况调研》第一部分所述相同，不再重复。通过调研分析，得到如下结果。

一、省级部门开展科技创新实践教育情况分析

（一）科技创新实践教育的价值引领分析

1. 落实立德树人根本任务，强化青少年价值引领情况

落实立德树人根本任务要求把思想教育与价值引领作为工作主线贯穿科技创新实践教育的全过程，而科学与科学家精神是科技创新实践教育的价值内核。在科技创新教育实践活动中积极弘扬科学家精神，不仅可以提高我国创新人才苗子的科学素质，改善精神面貌，同时也是营造全社会传

* 本文由辛兵、孙华共同撰写，数据来源于中国科协青少年科技中心课题“中国青少年科技创新实践教育现状研究”。

承和发展新时代中国特色科学家精神的重要路径。各省科协青少年科技活动部门单位（以下简称省级部门）以及相关部门在科技创新教育中大力弘扬科学家精神。自2019年以来，组织了诸如“科学家精神宣讲团活动”“大手拉小手”“科学精神进校园”“院士专家进校园”“科学家精神主题展全国巡展”“光影科学梦——年度科学家精神电影全国科普场馆巡映”等系列活动。2020年以来“高校科学营”活动线上线下参与累计达2亿人次。2020年发起成立科学家科普报告团的联盟——“大手拉小手科普报告汇”，由52家高校、科研院所、全国学会、地方科协、科技企业中有影响力的科普演讲团共同组成。2022年组织600余人次科技工作者开展5000余场校园巡讲，惠及150万人次。

第一，在青少年科技创新教育实践过程中，省级部门和其他社会参与主体联合开展践行科学家精神价值引领活动的面向人群情况如图1所示。

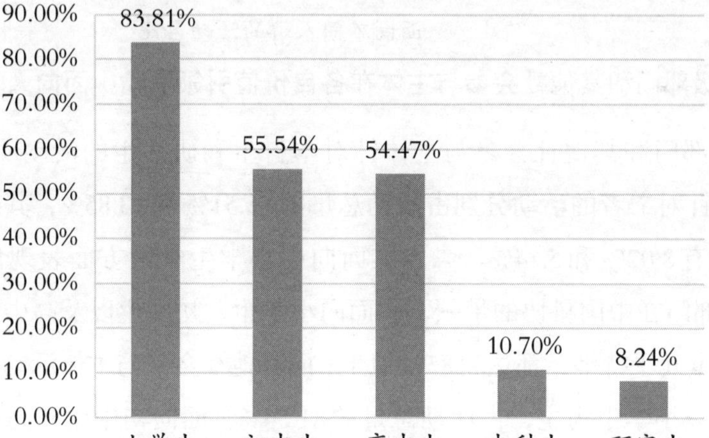

图1　省级部门和其他社会参与主体联合开展价值引领活动的面向人群情况

可以看出，价值引领活动的面向人群主要集中在小学生、初中生和高中生3个学段，其中83.81%的活动对象包含小学生，约一半以上的活动面向中学生，其中初中生和高中生占比基本相当，但是面向本科生和研究生的活动明显偏少，分别仅占活动总量的10.70%和8.24%。

第二，进一步分析省级部门和其他社会参与主体各自活动的面向人群，结果如图2所示。

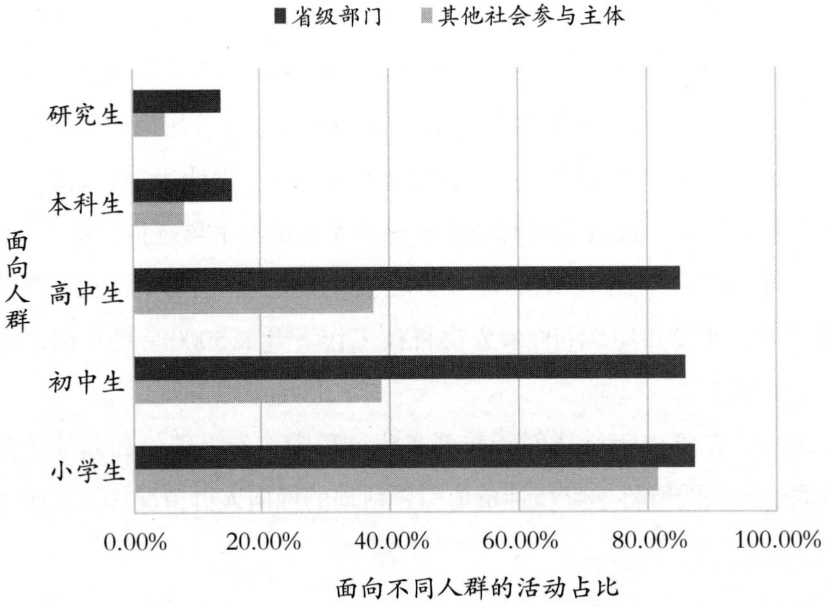

图2　省级部门和其他社会参与主体在各自价值引领活动中面向人群的情况

省级部门和其他社会参与主体针对本科生和研究生的活动明显偏少，省级部门针对二者的活动分别占活动总量的15.51%和13.85%，其他社会参与主体仅有8.02%和5.14%。二者在面向中小学生学段方面表现出明显差异：省级部门在中国科协的带领下，面向小学生、初中生以及高中生3个学段的活动量几乎持平，都达到85%以上；而其他社会参与主体活动的面向人群则明显以小学生为主，占活动总量的81.54%，面向初中生和高中生的活动数量相当，占比分别是38.73%和37.52%。这可能与面向不同阶段青少年开展科技创新实践教育的难度、可供给专家量、专业覆盖面及专业化程度不同有关。

第三，因为在统计中发现有相当比例的活动在面向人群方面涉及多个学段，因此对面向人群的跨学段活动数量进行了统计，结果如图3所示。

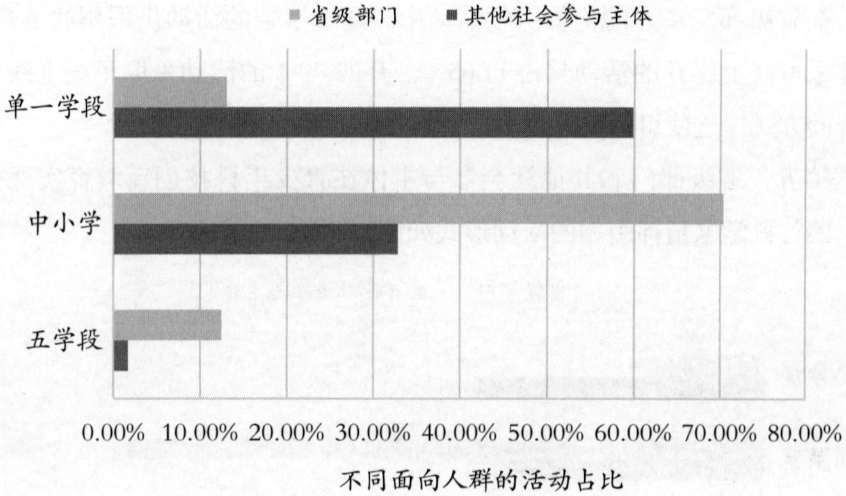

图3　省级部门和其他社会参与主体面向人群的跨学段情况

在面向人群是否跨学段的指标中发现，省级部门显示出明显优势，表现为70.36%的活动同时面向中小学生，甚至有12.47%的活动达到大中小学生一体化设计，仅有13.02%的活动针对单一学段。而其他社会参与主体中有近60%的活动只针对单一学段，在中小学中跨学段展开的活动有32.83%，能做到大中小学生一体化设计的活动仅占活动总量的1.66%。

第四，省级活动采取的媒介如图4所示。

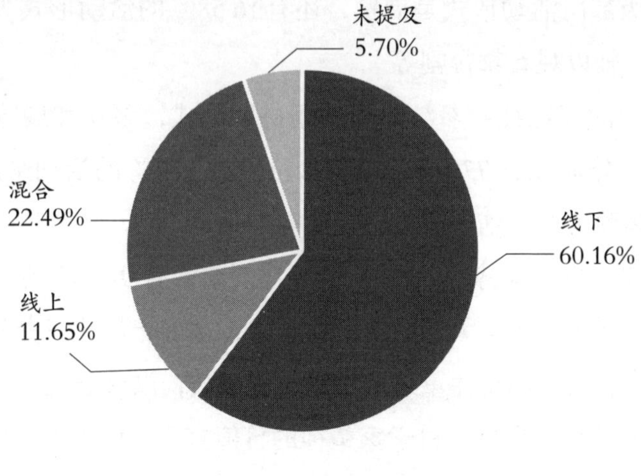

图4　省级活动采取的活动媒介情况

在省级部门举办的价值引领活动中，超过半数的活动仍采用线下媒介，全部采取线上媒介的活动只占11.65%，有22.49%的活动采取了线上线下相结合的方式，这使得活动开展方式更灵活，惠及人群也更多。

第五，省级部门和其他社会参与主体在青少年科技创新教育实践过程中，践行科学家精神引领的活动形式如图5所示。

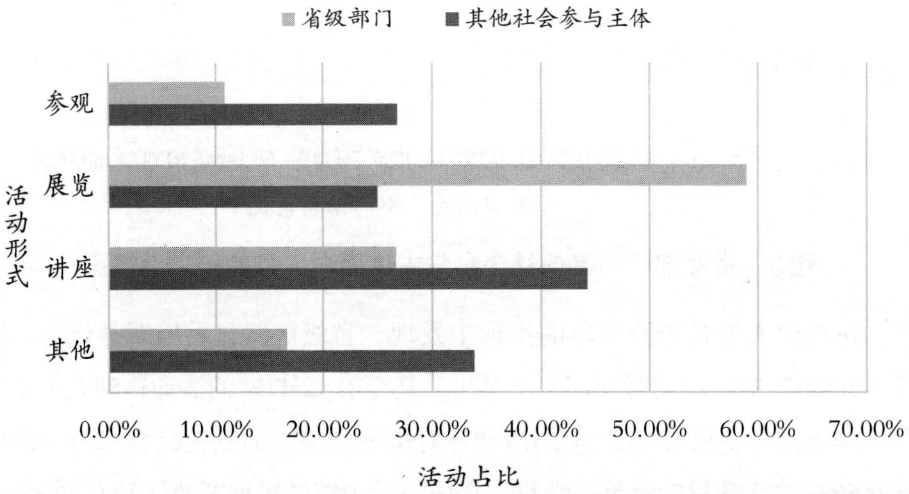

图5　省级部门和其他社会参与主体在价值引领活动中的活动形式情况

调查发现，在价值引领活动中采取频率较高的形式是讲座和展览，半数以上的省级部门活动形式是展览，还有16.58%的活动形式为其他，主要以竞赛为主，辅以观看舞台剧等。

将近一半的其他社会参与主体采用讲座形式，参观和展览类的活动占比基本持平，分别占26.77%和24.97%，还有33.84%的活动采用了其他类，主要以动手体验为主，辅以研学、竞赛等方式。

可以看出，在科学家精神引领的科技创新教育实践活动中，部门和其他社会参与主体采取了不太相同的教育模式，这可能与其职责分工、人员场地优势有关。省级部门更注重采取专题教育模式，以更宏观、更直接、更系统的方式对大中小学生进行科学家精神的价值宣讲；而其他社会参与主体则更多地采取渗透式教育模式，更微观、更间接、更细节地在每一次具体活动中，对大中小学生群体完成科学家精神育人的价值引领工作。两者产生了较好的优势互补效果。

2. 科学与科学家精神引领的重点活动开展情况

（1）科学（家）精神宣讲报告团建立的基本情况。

中国科协积极组织开展“中国科学家精神宣讲团”“科学家精神报告团”“百馆千场万人科学家精神宣讲”等一系列活动，重点面向青年学生和一线科研人员，讲好科学家故事，引导广大青年学生担当民族复兴大任，引领广大科技工作者心怀“国之大者”，产生了较为广泛的影响。

调查结果如表1所示，“科学家精神报告团”深入22省（自治区、直辖市）的59个地级市，走进342所大中小学、科研院所、央企国企、党政机关等，举办报告会342场，近20万名师生、科技工作者、党政干部聆听了报告会。截至2022年12月底，已有20多个省（自治区、直辖市）成立科学家精神宣讲团，开展了党领导下的科学家主题展览、“星辰大海　逐梦起航”科学家精神专题展、“共和国的脊梁——科学大师名校宣传工程”等主题明确、形式多样的价值宣讲活动，覆盖4亿余人，并建立了科学家精神宣讲团官方网站，集中展现各地开展活动的进展和专家风采，实现宣讲资源的共建、共享和共用。

表1　各省科学（家）精神宣讲报告团（组织）成立情况

序号	区域	已成立的	尚未成立的	备注
1	华北	北京、天津、内蒙古	河北、山西	
2	华东	上海、江苏、浙江、山东、江西		安徽未测
3	东北	吉林、辽宁		黑龙江未测
4	华中	湖南、湖北	河南	
5	华南	广西、海南	广东、福建	
6	西南	重庆、四川、云南	贵州、西藏	
7	西北	甘肃、新疆、宁夏	青海、陕西	

（2）“大国重器”相关的科技创新教育活动情况。

“大国重器”包括决定国家生存与发展的国家重大科技基础设施、关键核心技术、重大装备及其生产研发载体，以重大装备为直接表现，以关键技术、核心人才为推动力量，以生产研发载体为基础平台。“大国重器”是我国科技自立自强的实践抓手和落脚点，在科技创新教育实践过程中，如果青少年能够以线上或线下等方式走近“大国重器”，引导中小学生在真实科研场景中学习科学知识，体悟创新精神，涵养家国情怀，无疑会极大增强对创新人才苗子的精神引领，激发其家国情怀，鼓励中小学生勤于探索、勇于实践。

中国科协积极推动“大国重器”开放工作，2022年，联合国家天文台面向全国中小学生开放中国天眼（FAST）1% 观测时间，联合中国科学院组织“实验6号”海洋科考船、上海同步辐射光源等开展“大国重器”直播互动。表2显示了各省（自治区、直辖市）与“大国重器”相关的科普宣传活动情况。

表2　各省（自治区、直辖市）“大国重器”相关科普宣传活动情况

举办频次	相关省（自治区、直辖市）
较少（3次以下）	河北、湖南、宁夏、山西、四川、云南、广东、重庆、湖北、江苏、青海、西藏、浙江、天津、辽宁、河南、陕西
中等（3—6次）	贵州、福建、江西、内蒙古、吉林、海南、山东
较多（6次以上）	北京、甘肃、广西、上海、新疆

举办“大国重器”相关的科普宣传活动次数较多的省（自治区、直辖市）（达到6次以上）有北京市、甘肃省、广西壮族自治区、上海市、新疆维吾尔自治区；举办次数中等的省（自治区、直辖市）（介于3次到6次之间）有贵州省、福建省、江西省、内蒙古自治区、吉林省、海南省、山东省；举办次数较少的省（自治区、直辖市）（3次以下）有河北省、湖南省、宁夏回族自治区、山西省、四川省、云南省、广东省、重庆市、湖北省、江苏省、

青海省、西藏自治区、浙江省、天津市、辽宁省、河南省、陕西省。

总的来看，绝大多数省（自治区、直辖市）都举办了“大国重器”相关的科普宣传活动，但次数不多。

（3）特色活动之港澳台大学生暑期科技创新实践活动。

2022年，中国科协和教育部共同举办了港澳台大学生暑期实习活动（以下简称实习活动）。实习活动在北京、天津、上海、江苏、浙江、福建、广东、四川8个省（自治区、直辖市）的10个城市进行试点，以科技创新教育为载体，形成科技特色突出、实习内容多元、情感交流深入的品牌活动，在科技创新实践中强化对港澳台青年思想价值引领。

各地对港澳台青年实习活动的满意度调查显示，港澳台青年对活动高度认可，满意度为94.56%。来自南京中医药大学的一位台湾学生表示，实习结束最不舍得她的实习导师，不仅教了她临床上的东西，更在生活中对她照顾有加，不吝鼓励，传授心得，使她更坚定通过考研究生成为一名临床中医师的想法。

（二）科技创新实践教育的投入保障分析

1. 科技创新实践教育的多元主体参与机制分析

（1）省级科协的管理保障政策分析。

在中共中央办公厅、国务院办公厅印发的《关于新时代进一步加强科学技术普及工作的意见》中明确要求各级科学技术协会要发挥科普工作主要社会力量作用，履行全民科学素质行动牵头职责。

本课题调查了2019—2022年，各省（自治区、直辖市）科协对科技创新教育实践活动出台激励措施的现状。各省（自治区、直辖市）科协大都积极响应国家号召，不仅出台了一系列对接中国科协的“接棒”政策，还主动出台了适应本省（自治区、直辖市）具体情况的个性化措施。如天津市颁布了《关于加强天津市青少年科技教育工作的意见》，浙江省颁布了山区26县和海岛县“县中崛起”行动计划，陕西省颁布了青少年科技创新大赛市（区）级竞赛组织单位管理规定，为推动本省（自治区、直辖市）青少年科技创新实践教育有效开展发挥了积极作用。

省级部门对本省（自治区、直辖市）颁布的科技创新教育相关政策文件进行满意度评价，满意度如图6所示。

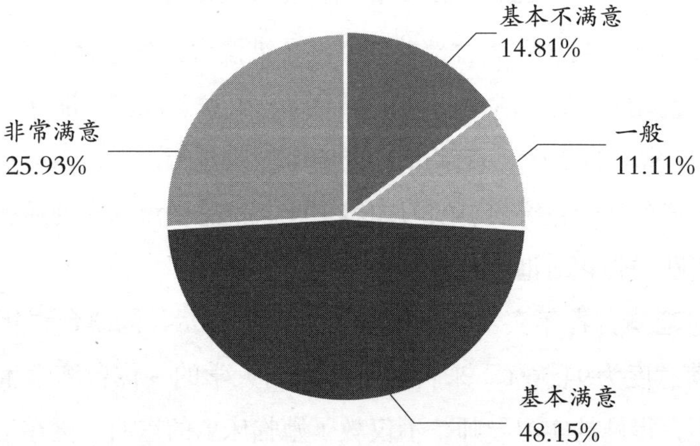

图6　省级部门对本省（自治区、直辖市）出台的科技创新教育政策的满意度

70%以上的省（自治区、直辖市）对当前政策持满意态度，其中25.93%的省（自治区、直辖市）认为目前颁布的相关政策已经完全满足青少年科技创新实践教育工作开展的需求。持中间态度和基本不满意的省（自治区、直辖市）占比分别是11.11%和14.81%，且主要集中在西部地区。这可能是由于西部地区经济社会发展不充分，开展青少年科技创新实践教育工作的主动性不高，因此对相关政策的依赖性更大，期望更高。

（2）科技创新教育的宣传媒介与效果分析。

大众传媒传播具有速度快、范围广、影响大等特点，并且兼具宣传引导、营造文化氛围、舆论监督等功能，对青少年科技创新实践教育工作的顺利开展具有重要意义。

第一，本课题组调查了青少年科技创新教育的宣传媒介类型及其满意度。发现在宣传和推广青少年科技创新实践教育工作方面，省级部门经常使用的宣传媒介排在前三的分别是网站、公众号和视频号，接下来依次是电视、报刊、广播、书籍、博客、电影以及电子杂志，具体见图7。

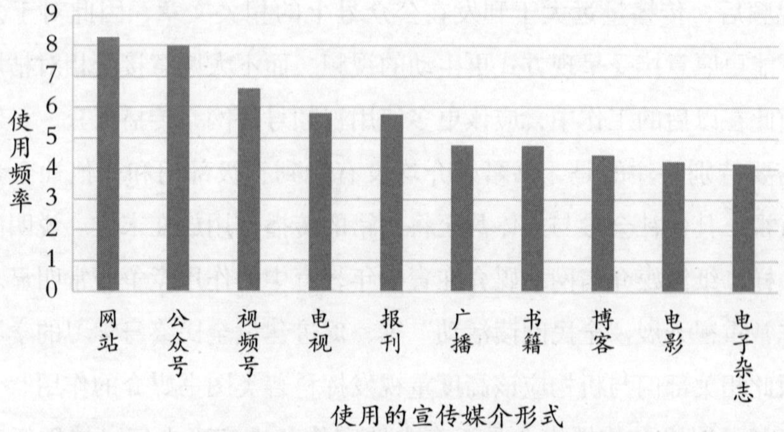

图7　省级部门在宣传和推广科技创新实践教育工作中使用的宣传媒介

而其他社会参与主体在宣传和推广青少年科技创新实践教育工作方面时，经常使用的宣传媒介排名与省级部门有所不同，排在前三的是公众号、视频号和网站，接下来依次是其他、电视、广播、报刊、电子杂志、电影、博客和书籍（见图8）。

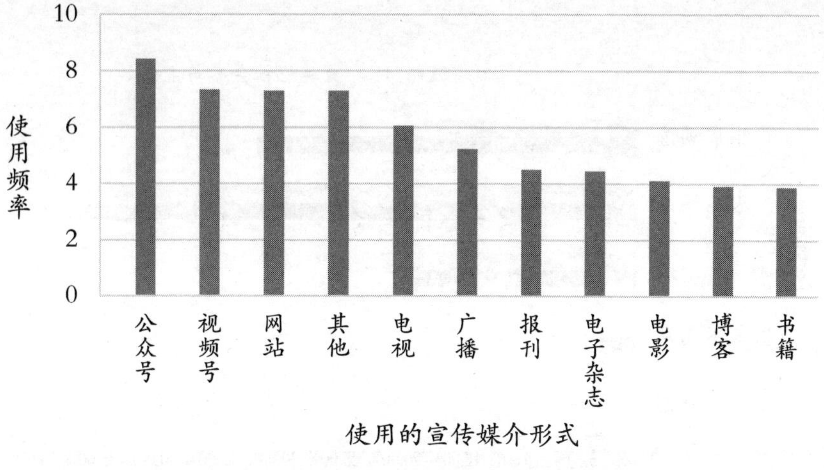

图8　其他社会参与主体在宣传和推广科技创新实践教育工作中使用的宣传媒介

总体来看，网站、公众号和视频号已经成为省级部门和其他社会参与主体使用频率最高的 3 种宣传媒介，说明网络已成为科技创新教育宣传和推广的主媒介。在实际工作中也发现，将青少年科技创新实践教育相关工作制作成视频后，传播量远大于刊发在公众号上的相关文章，因此对于公众来说，可能更愿意接受呈现方式更生动的视频，而不太愿意接受相对枯燥的文章。因此在以后的工作中，应该更多使用视频号等网络传播媒介。

需要特别关注的是，书籍媒介均没有受到省级部门和其他社会参与主体的重视，其他社会参与主体甚至将书籍的传播作用放在末位。说明同很多领域一样，纸制媒介与网络媒介在青少年教育中的作用竞争非常明显。我国一直非常重视开展“全民阅读活动”等，促进建设全民终身学习的学习型大国。因此相关部门与机构应该高度重视发挥科普类图书媒介的作用。

第二，对大众传播媒介是否有力地宣传和推广青少年科技创新实践教育工作进行了满意度调查（见图9），结果表明，省级部门对大众传播媒介满意的占60%以上，而其他社会参与主体对大众传播媒介总体满意的达到近80%，说明大众传播媒介的宣传推广作用总体上受到认可。省级部门对大众传播媒介作用的满意度略低于其他社会参与主体，可能是因为省级部门对标中国科协的具体要求，发现还有较大提升空间，因此评价相对保守。

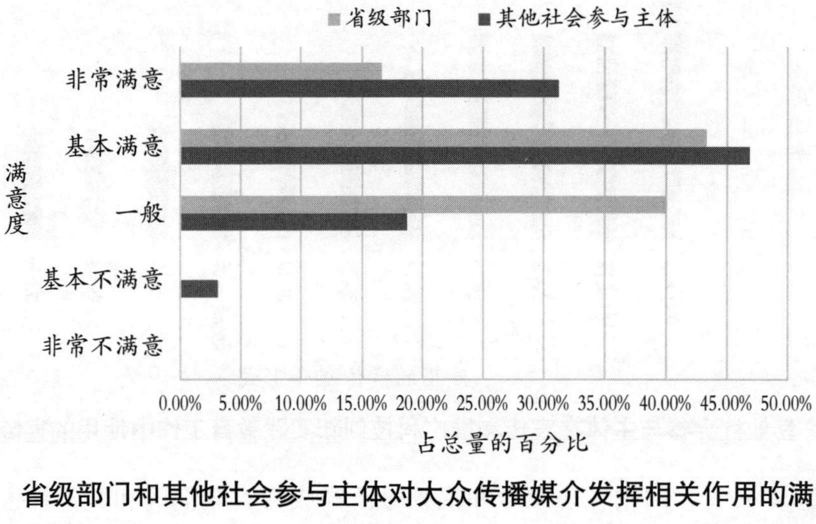

图9　省级部门和其他社会参与主体对大众传播媒介发挥相关作用的满意度

（3）社会文化环境的满意度分析。

社会文化环境影响创新人才的培养。在人类历史上，创新人才总是成长在开放、包容、指向未来的文化环境中，文化与创新人才苗子的成长息息相关。课题组调查了省级部门和其他社会参与主体对“目前本省已经建立了开放、包容、指向未来的社会文化环境”这一观点的满意度，具体情况如图10所示。

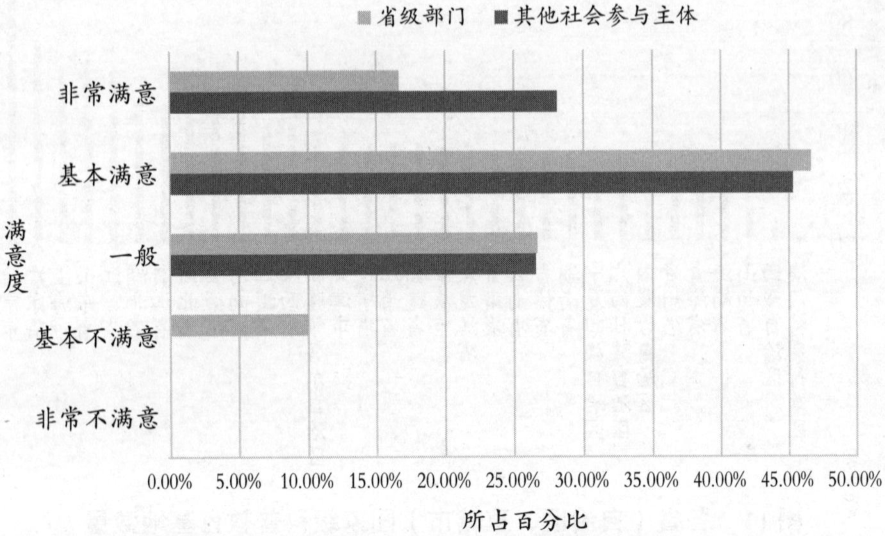

图10　省级部门和其他社会参与主体对社会文化环境的满意度

可以看出，省级部门和其他社会参与主体都对社会文化环境具有较高的满意度，省级部门对该观点满意的达60%以上，有46.67%的省级部门认为基本满意，16.67%的省级部门认为非常满意，但也有26.67%的省级部门持中立态度，甚至有10.00%的省级部门认为不太满意，希望社会文化环境朝着更好的方向发展。

相比较而言，其他社会参与主体对此观点持有较乐观的态度，只有26.56%的组织机构认为对开放、包容、指向未来的社会文化环境感受不太明显，45.31%和28.31%的其他社会参与主体对此分别持基本满意和非常满意的态度。

（4）全国科普基地的布局与职能分析。

本课题组搜集了中国科协认定的2021—2025年度全国科普教育基地，共1274家，各省（自治区、直辖市）统计结果如图11所示。

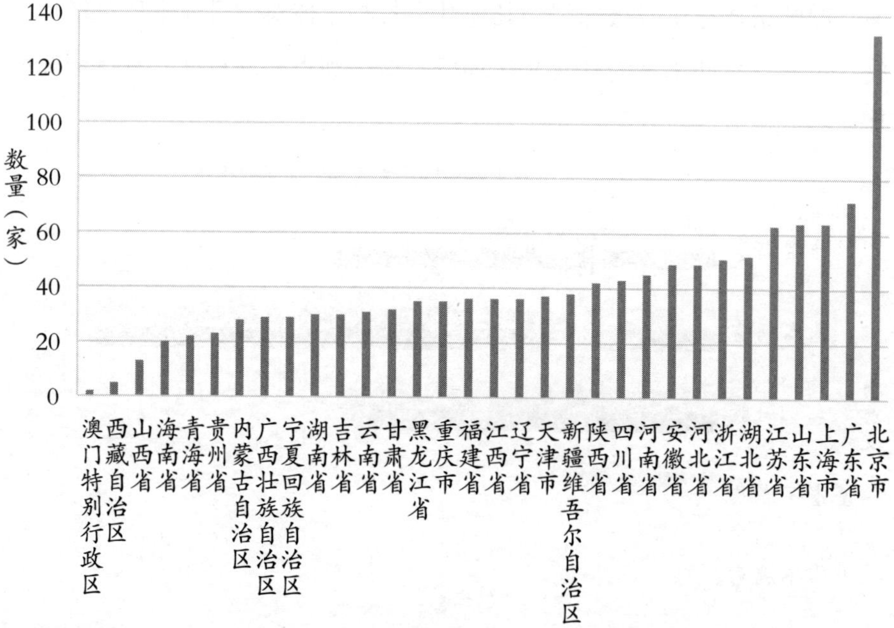

图11　各省（自治区、直辖市）国家级科普教育基地数量

第一，从区域差异来看，除港澳台地区外，国家级科普教育基地东部地区有690家，中部地区有225家，西部地区有357家。从省（自治区、直辖市）来看，全国科普教育基地认定数量居前列的是北京市、广东省、上海市、山东省和江苏省，相对集中于京津冀、长三角和粤港澳等区域，充分支撑了国家创新人才高地建设战略。同时，数量相对较少的省（自治区、直辖市）是西藏自治区、山西省和海南省，是我国科普基地建设的薄弱地区。

第二，从科普教育基地的行业类型来看，教育科研与重大工程类、科技场馆类最多，而企业类、"三农"类和自然资源类行业相对较少，说明目前科普教育基地主要集中于科教行业，而高科技工农企业相对较少（见图12）。

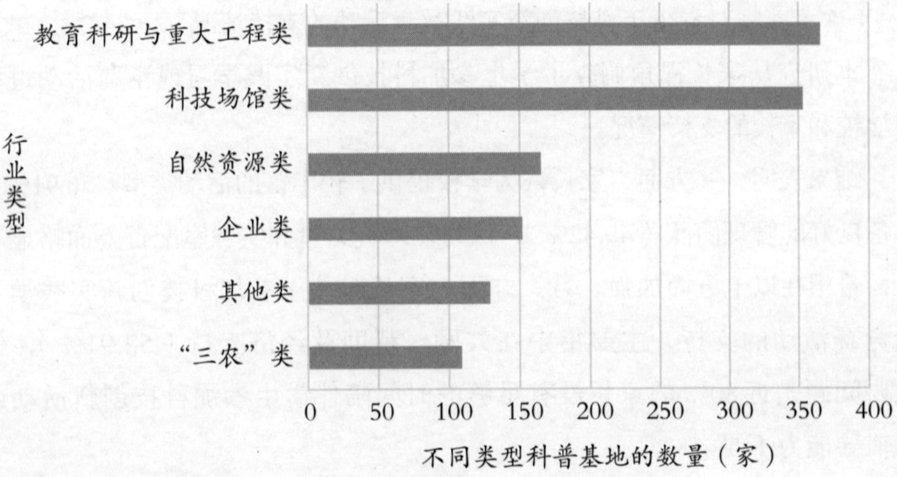

图12　全国科普教育基地的行业类型分布

第三，全国科普教育基地职能分析见图13。分析表明，我国科普教育基地具有多种职能，且主要集中在科普展示和科普讲座两项，科普咨询和应急演练次之，深度探究、文化体验相对较少。说明科普教育基地的科技创新活动主要以覆盖面广、时效性和灵活性强的讲座展示类活动为主。科普研学和文化体验较之传统科技创新实践教育模式，近几年得到快速发展，尤以科普研学为代表。在后续工作中应该重视探究实操类活动的开展，真正让学生在“做中学”“用中学”“创中学”。

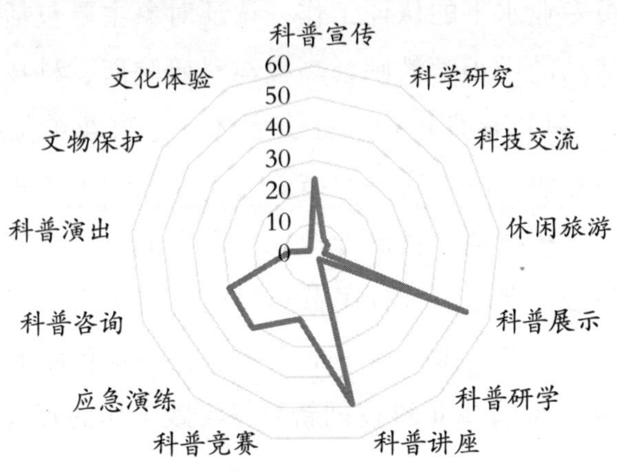

图13　全国科普教育基地职能分析

（5）家庭对青少年科技创新实践教育活动的支持情况。

本研究从家长视角调查了学生参加科技创新实践学习或竞赛活动过程中学校和家长的支持情况。

结果表明，一方面，家长认为学校提供了较丰富的活动类型（56.91%）、具备良好的管理团队（49.42%），认为在师资力量和实验室配备方面略显不足，希望在以上方面加强。另一方面，家长对孩子参加科技创新实践学习或竞赛活动的支持，主要集中在鼓励、帮助及经济支持（52.91%），但主要问题是近80%的家长没有足够的时间陪伴学生参加科技创新活动或者辅导能力不足。

2. 科技创新实践教育中的教师队伍建设分析

目前从事青少年科技教育活动的队伍严重不足，可以从两方面的数据反映：一是据统计，2022年小学专任科技教师24万人，校均科学教师为1.61人，数量严重不足。二是可以通过科技辅导员的数量反映。本研究主要以各省（自治区、直辖市）认证的科技辅导员为代表，分析目前我国科技创新实践教育中的教师队伍现状。

（1）各省（自治区、直辖市）已认证的科技辅导员现状分析。

中国青少年科技教育工作者协会自2018年以来每年面向全国开展青少年科技辅导员专业水平的认证工作。认证对象主要包括组织和指导青少年科技教育活动的中小学教师，高校与科研院所、科技场馆、青少年宫（活动中心）、科技教育机构、社会团体、企事业单位中从事青少年科技辅导工作的专业人员。这一举措着力于加强青少年科技辅导员队伍建设，提升青少年科技辅导员的专业水平和职业认同感，在“双减”中做好科学教育加法。课题组统计了截至目前各省（自治区、直辖市）开展青少年科技辅导员专业水平认证的人数，在一定程度上可以反映各省（自治区、直辖市）对青少年科技创新教育实践工作的师资投入水平（见图14）。

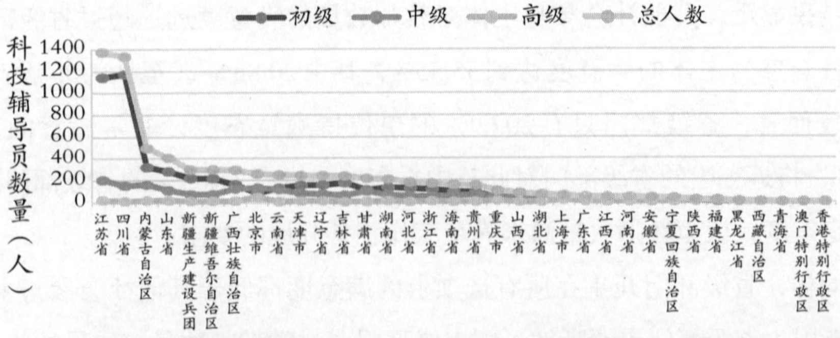

图14　各省（自治区、直辖市）科技辅导员数量汇总

总的来看，我国绝大部分省（自治区、直辖市）都建立了一定规模的科技辅导员队伍，其中，江苏省和四川省的科技辅导员数量更是远超其他省份，达到近1400人。后续的访谈发现，江苏省科技辅导员队伍建设成绩突出反映了长三角地区在科技创新教育师资队伍建设上的典型经验。

需要指出的是，当前各省（自治区、直辖市）科技辅导员队伍依然以初级科技辅导员为主。在下一步工作中，应结合国家政策加大科技辅导员认证推广工作力度，提高科技辅导员队伍层次水平，这是提升科技创新教育师资队伍建设质量的重要途径。

（2）对教师数量的满意度分析。

本调查要求各省级部门和其他社会参与主体对“目前本省（自治区、直辖市）科技教师的数量满足了青少年科技创新实践教育工作开展的需求”这一观点进行评价，得到对教师数量满意度的相关信息（见图15）。

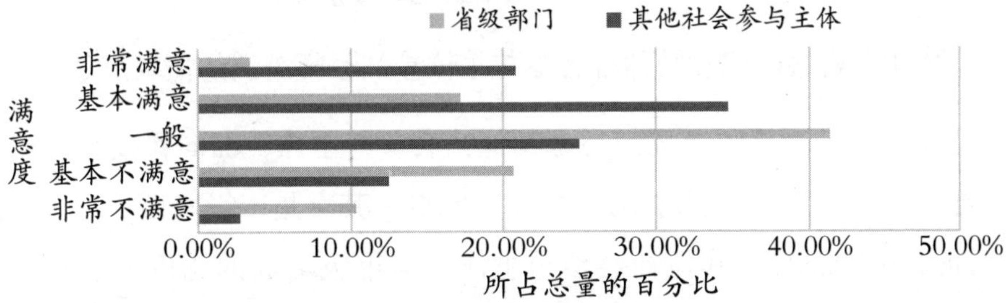

图15　省级部门和其他社会参与主体对本省（自治区、直辖市）教师数量的满意度

结果显示，其他社会参与主体对教师数量的满意度远远超过省级部门，其他社会参与主体的满意度达到55.55%，其中20.83%甚至认为非常满意。相比较而言，省级部门只有20.69%的单位持满意态度，非常满意的只有3.45%，将近一半的省级部门对此持中立态度，也有31.03%的省级部门对此持否定态度，认为教师数量尚未满足工作正常开展的要求。

同样，省级部门几乎在所有选项上的满意度都低于其他社会参与主体，这可能因为省级部门更清晰地了解上级部门对科学教师数量与质量的相关要求，同时对自身的工作要求也较高，更清楚地了解与目标之间的差距。而其他社会参与主体在实际工作中会通过专兼结合、跨单位使用等多种途径，灵活解决师资问题，因此对教师数量的满意度略高。

（3）教师培训现状分析。

组织青少年科技创新教育实践活动教师培训情况见图16。

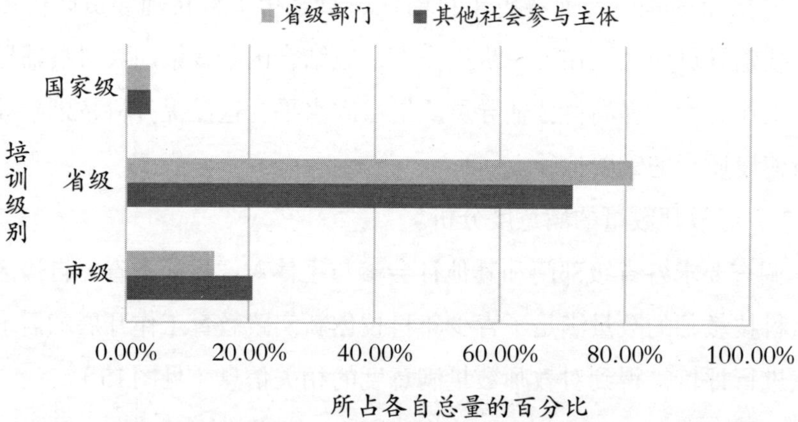

图16　省级部门和其他社会参与主体参加教师培训的情况汇总

可以看出无论是省级部门还是其他社会参与主体，面向科技教师的培训主要以省级为主，分别占81.22%和71.57%；其次是市级培训，占比分别是14.36%和20.59%，其他社会参与主体参与市级培训的比例大于省级部门；最少的是国家级培训，省级部门和其他社会参与主体分别占比3.87%和3.92%。因此接下来应该注重多级联动的科技教师培训体系的建立，用线下和线上相结合的方式完成培训。

3. **科技创新实践教育的经费投入满意度分析**

本次调查要求对“相关的财政拨款或专项资金满足了开展青少年科技创新实践教育工作的需求”进行评价，结果见图17。

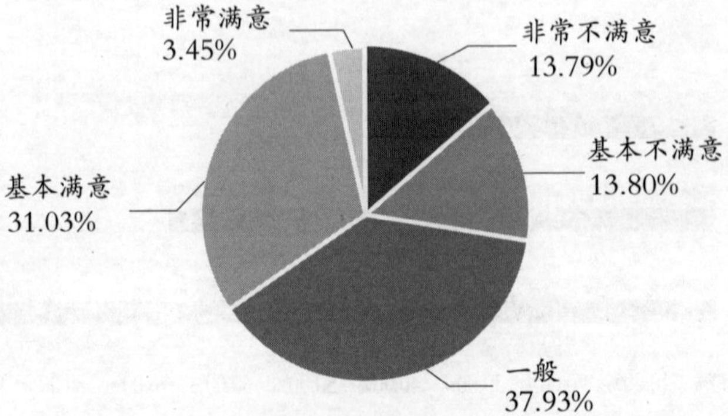

图17　省级部门对资金投入的满意度

结果显示，各省级部门对经费投入的满意度并不太理想，有31.03%的单位选择了基本满意，只有3.45%的单位认为非常满意，有37.93%的单位持中立态度，也有近30%的单位对经费投入持不满意的态度。

（三）科技创新实践教育的活动过程分析

1. **科技创新实践教育中“三类”活动的开展情况**

“三类”活动是对我国青少年科技创新教育实践活动的归纳概括，包括以广泛激发兴趣为目的的普及式科技活动、以针对有科技创造力潜质的青少年培养为目的的常态化培养、以拔尖人才的发现和选拔为目的的竞赛类活动三类活动模式。

省级部门组织的活动参与人数达2300多万人，其他社会参与主体组织活动的参与人数达170多万人。从区域特点来看，参与人数位居前列的，既有北京和浙江等发达省（自治区、直辖市），也有四川、湖南、甘肃等中西部省（自治区、直辖市）。

各省级部门和其他社会参与主体开展“三类”活动面向人群的统计分析情况如图18所示。

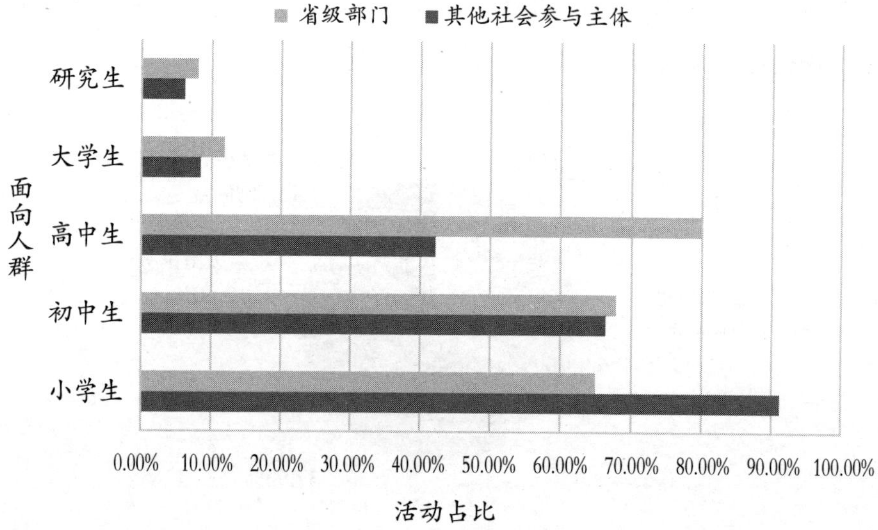

图18　省级部门和其他社会参与主体开展“三类”活动的面向人群分布

可以看出，“三类”活动更多的是面向中小学生，其中省级部门活动面向人群最多的是高中生，占活动总量的79.95%，其次是初中生和小学生，分别占67.87%和64.98%，大学生和研究生的比例相对较低。其他社会参与主体举办的“三类”活动中面向人群最多的是小学生，占比高达91.22%，其次是初中生和高中生，占比分别是66.38%和42.18%，面向大学生和研究生的活动依然最少。省级部门和其他社会参与主体面向初中生和大学生举办的活动数量差异不大。

调查中多次发现，与中小学生的活动数量相比，针对大学生和研究生的活动比较少，这可能与大学生年龄特征和专业门槛有关系，因此集合更优质的团队来举办符合大学生创新特征的科技创新实践教育活动，增加面向大学生的科技项目，是未来工作的一个重要方向。

对省级部门和其他社会参与主体举办的“三类”活动类型进行统计，如图19所示。

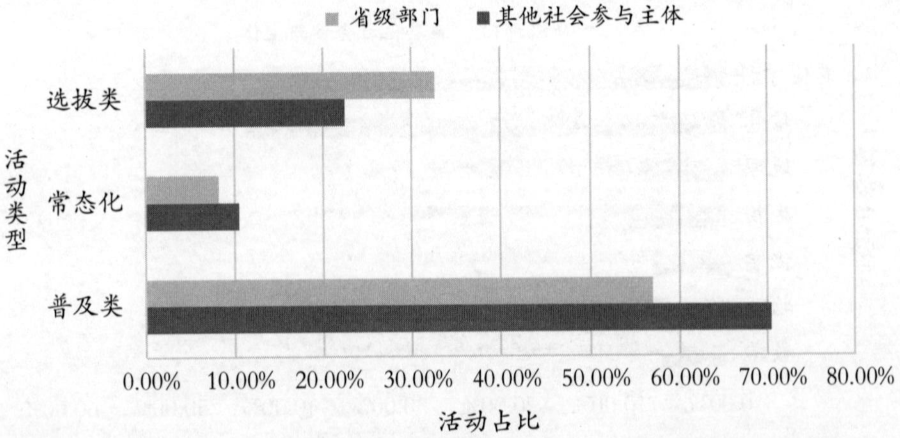

图19　省级部门和其他社会参与主体开展“三类”活动的类型情况

可以看出，省级部门和其他社会参与主体开展活动的类型基本一致，普及类活动较多，选拔类次之，常态化活动最少。其中省级部门开展的普及类活动占比是57.00%，选拔类活动占32.61%，常态化活动占8.21%；其他社会参与主体开展的普及类活动占比是70.45%，选拔类活动占22.48%，常态化活动占10.49%。说明较之其他两种活动，常态化活动数量较少。

常态化培养活动是普及类活动的人才出口，也是选拔类活动的人才基础，目标站位更高，主体协同更广，资源投入更多，开展困难更大。因此该类活动开展应坚持“精品”路线，提升多主体协同水平，增加资源投入，扩大活动覆盖面。

以常态化培养典型项目“中学生英才计划”为例，该计划是中国科协与教育部自2013年以来共同组织实施的一项中学生科技创新人才培养项目，旨在发现一批具有学科特长、创新潜质的优秀中学生，建立高校与中学联合发现和培养青少年创新人才的有效模式。截至2023年，项目正式实施高校增至58所，参与中学增加至283所，覆盖25个城市，选拔培养了9000余名品学兼优、学有余力、具有创新潜质的中学生，为国家输送了一批基础学科创新人才苗子。

最后，对“三类”活动面向的学科进行统计，结果如图20所示。

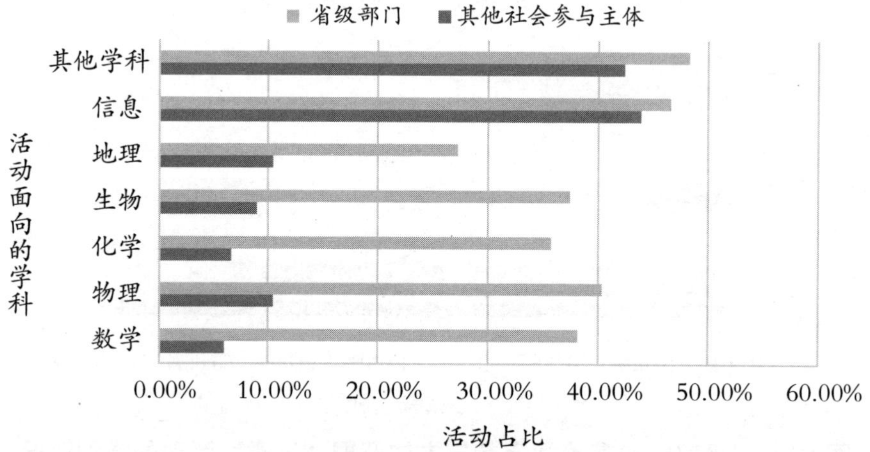

图20 省级部门和其他社会参与主体开展“三类”活动面向的学科情况

可以看出，在学科方面，省级部门和其他社会参与主体举办活动最多的均为信息、其他学科以及物理类，而其他学科涉及最多的是跨学科或STEAM（科学、技术、工程、艺术和数学）活动。但是省级部门举办的“三类”活动在学科倾向上相对均衡，没有明显的特异性倾向。而其他社会参与主体举办活动则明显偏向信息和其他类，对其余几个学科涉及不多。同时，目前省级部门和其他社会参与主体特别重视举办跨学科的科技实践教育活动，分别占到48.31%和42.40%，接近半数。

2. 科技创新教育实践中的部门协调机制分析

《关于新时代进一步加强科学技术普及工作的意见》要求各行业主管部门要履行科普行政管理责任。各级科学技术行政部门要强化统筹协调，切实发挥科普工作联席会议机制作用。各级各有关部门要加强行业领域科普工作的组织协调、服务引导、公共应急、监督考评等。因此本次调研对各政府部门之间的合作机制效果进行了调查。

（1）已经参与到相关工作中的合作部门。

省级部门与其他社会参与主体联合开展的青少年科技创新实践教育工作的情况如图21所示。

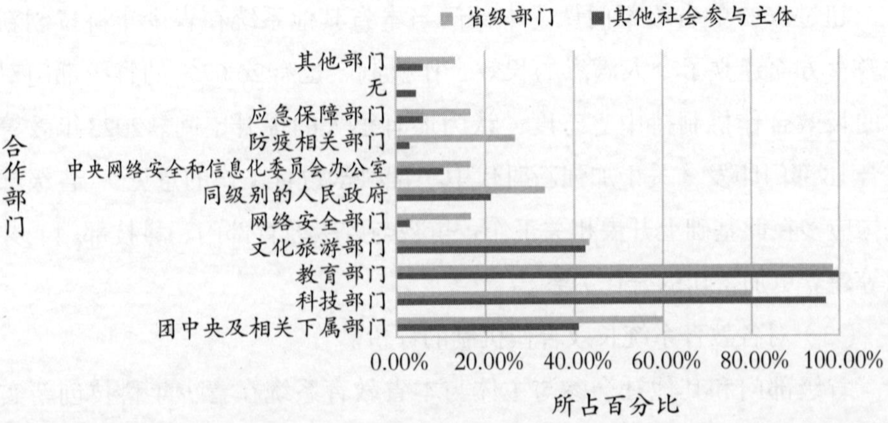

图21　省级部门与其他社会参与主体联合开展科技创新实践教育工作情况

在科技创新实践教育活动中，无论省级部门还是其他社会参与主体合作最多的部门都是教育部门、科技部门以及团中央及相关下属部门。具体来说，省级部门的合作单位更丰富，尤其表现在与团中央及其相关下属部门、同级别的人民政府、网络安全部门、防疫相关部门等单位的合作频率上，有4.55%的机构从未与任何政府部门合作开展活动。提及的“其他部门”主要是中央精神文明建设指导委员会办公室、中国关心下一代工作委员会、中华全国妇女联合会等单位。

（2）与其他系统长效合作机制的满意度。

省级部门与本省其他系统在青少年科技创新实践教育方面建立长效合作机制的满意度情况如图22所示。

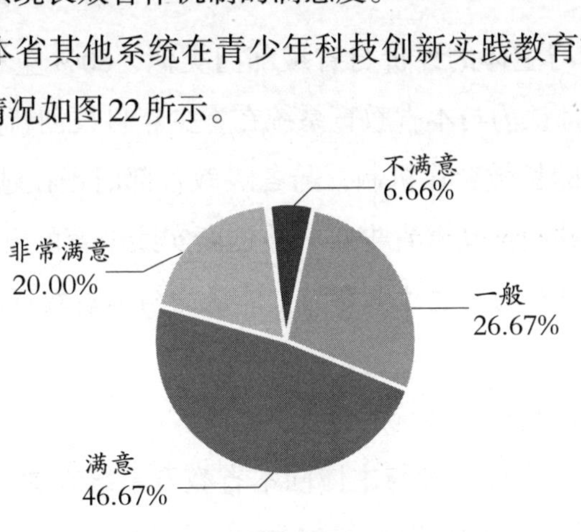

图22　省级部门和其他社会参与主体与其他系统建立合作机制的满意度情况

超过66%的省级部门认为本部门与本省其他系统在青少年科技创新实践教育方面建立了令人满意的长效合作机制，也有26.67%的省级部门对这样的长效合作机制持中立态度，认为还有很大的提升空间。2023年教育部联合18部门印发《关于加强新时代中小学科学教育工作的意见》，各级部门机构应多在此基础上开展相关工作，重视与各级教育部门、科技部门、共青团等建立更加密切的合作关系。

（3）对各教育系统长效合作机制的评价。

省级部门和其他社会参与主体与本省教育系统在青少年科技创新实践教育方面建立长效合作机制的满意度如图23所示。

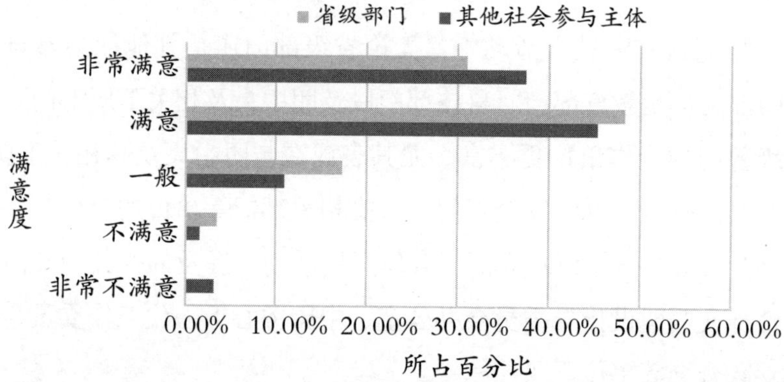

图23　省级部门和其他社会参与主体与各教育系统建立长效机制的满意度评价

其他社会参与主体的评价与省级部门类似，80%左右的省级部门或其他社会参与主体都认为与本省教育系统在青少年科技创新实践教育方面已经建立了令人满意的长效合作机制，与各级教育部门正在越来越紧密地合作，并根据各自优势共同推动着青少年科技创新实践教育的发展。但也有3.45%的省级部门和3.13%的其他社会参与主体认为与本省教育部门的长效合作机制尚未建立起来。

（4）省级部门与教育系统的合作方式。

省级部门和其他社会参与主体同本省教育系统在青少年科技创新实践教育方面展开合作方式的情况如图24所示。

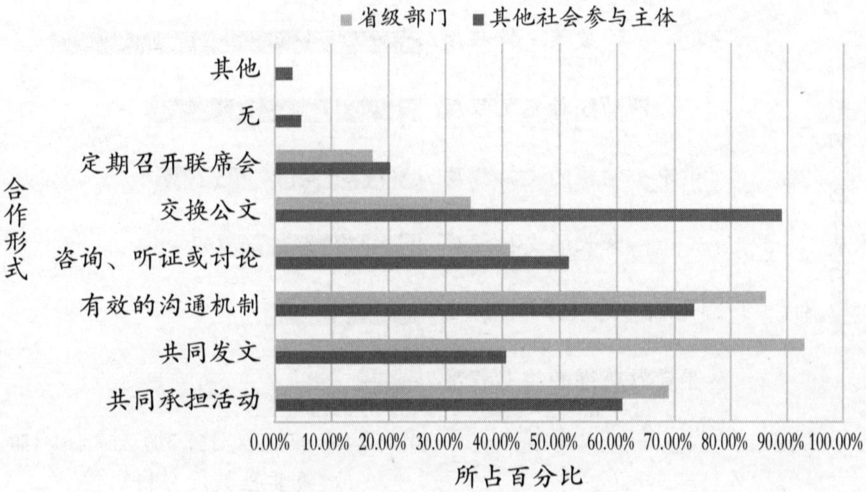

图24　省级部门和其他社会参与主体同教育系统合作的主要方式

省级部门与本省教育系统在青少年科技创新实践教育方面展开合作的方式主要是共同承担活动、有效的沟通机制和共同发文。其他社会参与主体与本省教育系统在青少年科技创新实践教育方面展开合作的方式主要是交换公文和有效的沟通机制。也有4.69%的其他社会参与主体报告没有与本省教育系统合作。

以多种形式进行合作有助于共同推进科技创新教育发展，不同部门间合作形式占比最多的是共同发文和建立沟通机制，其次是共同承担活动。例如湖南省教育厅鼓励其他社会参与主体联合学会、协会和研究会一起承办教育部白名单中的省级赛事，竞赛项目更丰富，增加了青少年参与创新实践活动的机会。简言之，鼓励其他社会参与主体等联合相关省级学会共同举行赛事推广活动，双方优势互补，共推创新教育，具有创新意味。

3. 科技创新实践教育开展的优势条件与困难分析

（1）开展科技创新实践教育的主要制约因素分析。

省级部门和其他社会参与主体在青少年科技创新教育实践过程中，对影响活动开展的因素重要性排名情况如图25、图26所示。

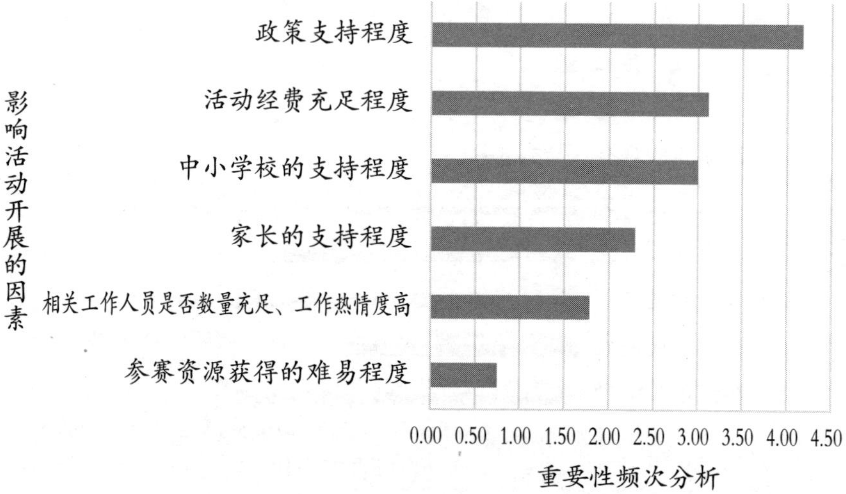

图25　省级部门对影响因素的重要性排序

省级部门认为影响因素重要性的排名依次是政策支持程度、活动经费充足程度、中小学校的支持程度、家长的支持程度、相关工作人员的数量和热情度，以及参赛资源获得的难易程度。

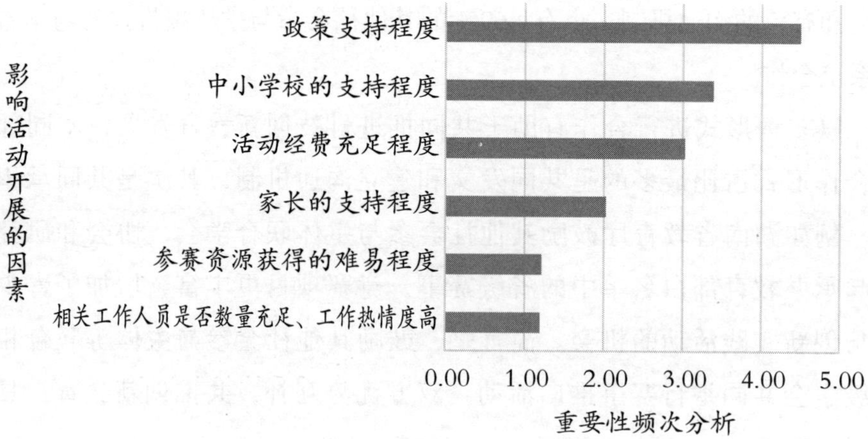

图26　其他社会参与主体对影响因素的重要性排序

其他社会参与主体认为影响因素重要性的排名如图26，依次是政策支持程度、中小学校的支持程度、活动经费充足程度、家长的支持程度、参赛资源获得的难易程度，以及相关工作人员是否数量充足、工作热情度高。

可以看出，无论是省级部门还是其他社会参与主体都认为影响活动开展的因素中，最重要的是政策支持程度，因此出台相应的政策文件是活动开展的根本保障；同时学校和家庭的支持是各学段学生积极参与科技创新教育实践活动的重要因素，因此提升教师和家长对相关项目的理解水平和重视程度是活动开展的重要保障；最后才是落实到活动开展具体环节的诸如工作人员或资源保障等因素。当然，从重要性排序中也可以看出，省级部门开展青少年科技创新教育实践活动的相关工作确实更依赖政策和资金优势，而其他社会参与主体则用人灵活，对生源的要求比较高，生源是提升活动质量的根本，因此更重视中小学校的支持程度。

（2）开展科技创新实践教育的优势条件分析。

省级部门及其他社会参与主体对开展青少年科技创新教育实践活动的优势条件按照从高到低的顺序排序后结果如图27、图28所示。

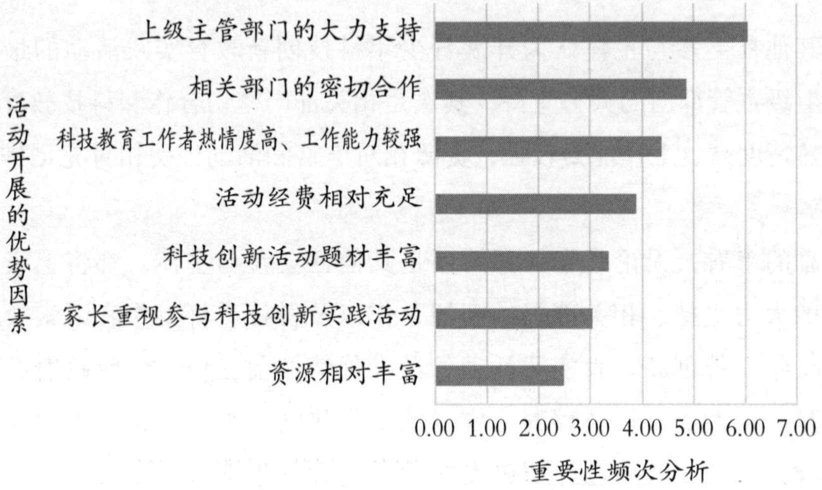

图27　省级部门开展活动的主要优势排序

省级部门认为开展青少年科技创新教育实践活动的最大优势条件是上级主管部门的大力支持，其次是相关部门密切合作和科技教育工作者热情度度高、工作能力强，家长重视参与科技创新实践活动、资源相对丰富排在后两位。

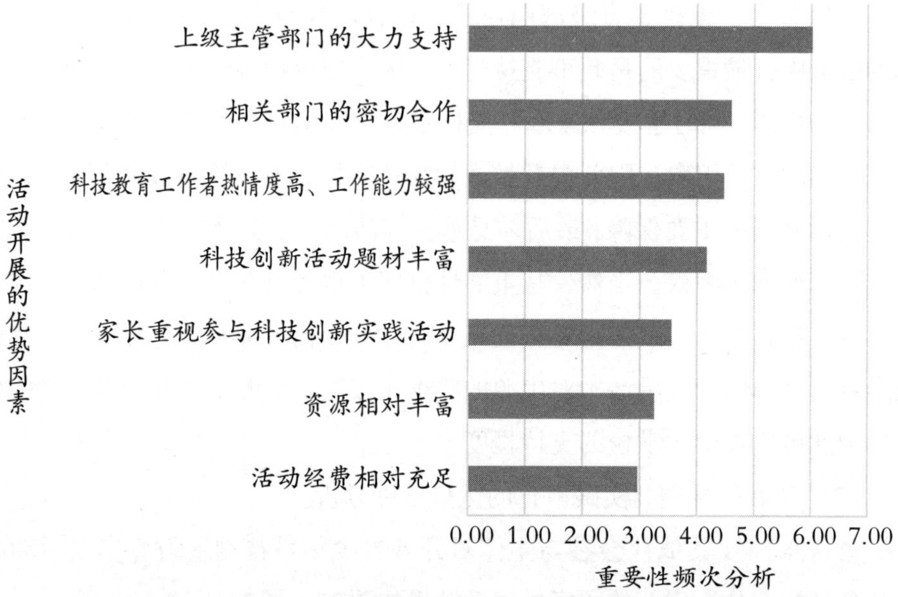

图28　其他社会参与主体开展活动的主要优势排序

其他社会参与主体认为开展青少年科技创新教育实践活动的最大优势是上级主管部门的大力支持，其次是相关部门密切合作和科技教育工作者的热情度高、工作能力较强，资源相对丰富和活动经费相对充足排在后两位。

总的来看，无论是省级部门还是其他社会参与主体，都将上级主管部门的大力支持、相关部门的密切合作以及科技教育工作者因素放在开展青少年科技创新教育实践活动的最大优势的前三位，说明政府的主导作用是决定性的，科技教育工作者的工作热情、水平和指导能力同样非常关键，因此在政府已经明确发文发力的大背景下，应该持续关注科学教师以及科技辅导员专业能力的培养、认证和提升工作，促进他们在工作中投入更大的热情。

（3）科技创新实践教育中面临的主要困难分析。

省级部门对青少年科技创新教育实践活动中面临的困难按照从高到低的顺序排序，如图29所示。

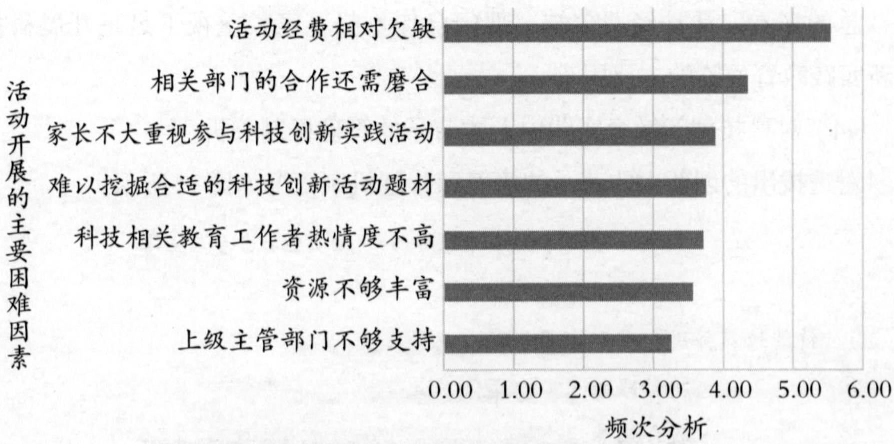

图29　省级部门开展活动的主要困难排序

省级部门的困难从高到低前三名分别是活动经费相对欠缺、相关部门的合作还需磨合、家长不大重视参与科技创新实践活动。说明省级部门还希望获得更多的经费支持，同时也渴望得到相关部门以及家长等多元主体更多的支持。

其他社会参与主体对青少年科技创新教育实践活动中面临的困难按照从高到低的顺序排序，如图30所示。

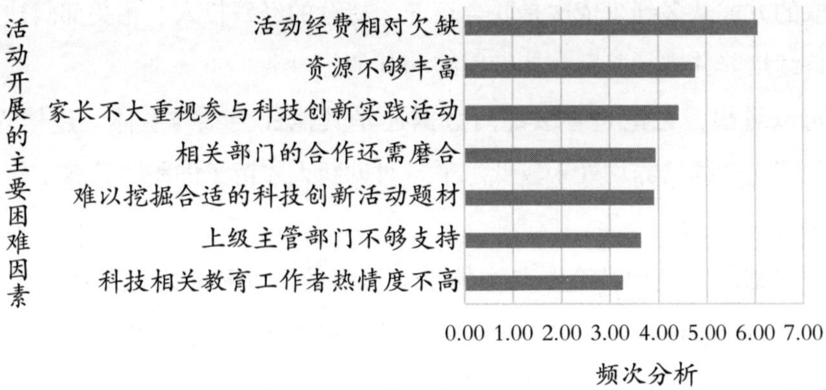

图30　其他社会参与主体开展活动的主要困难排序

其他社会参与主体的困难从高到低前三名分别是活动经费相对欠缺、资源不够丰富、家长不大重视参与科技创新实践活动。

总的来看，活动经费欠缺、部门合作不畅、家长重视不足是开展科技创新实践教育面临的主要困难。

（4）对科技创新教育实践中人才苗子的管理机制分析。

对选拔出的创新人才苗子的培养和管理机制情况如图31所示。

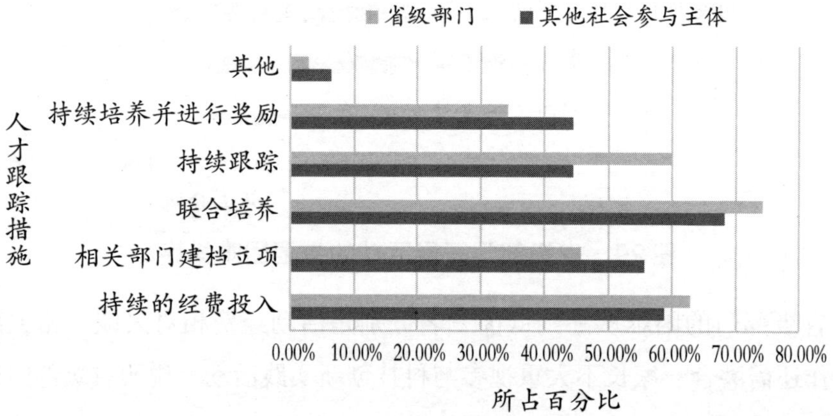

图31　省级部门和其他社会参与主体对创新人才苗子的培养和管理机制

省级部门采取的方式从多到少依次是联合培养、持续的经费投入、持续跟踪、相关部门建档立项、持续培养并进行奖励和其他。其他社会参与主体采取的方式从多到少依次是联合培养、持续的经费投入、相关部门建档立项、持续培养并进行奖励、持续跟踪和其他。

可以看出，无论是省级部门数据还是其他社会参与主体，建档立项、持续跟踪或持续培养均处于较低水平，对创新人才苗子的跟踪培养工作目前比较滞后。

省级部门和其他社会参与主体采取最多的培养和管理机制都是联合培养和持续的经费投入，从另一个侧面说明多主体之间的合作以及经费充足程度在创新人才苗子培养和管理上的重要性；但是相关部门建档立项和持续培养并进行奖励的相关工作相对薄弱，提示在进一步的工作中应该建立和完善创新人才苗子的档案管理和持续追踪工作，设立并管理好创新人才苗子的培养项目，整合和优化各种资源配置，确保高效产出。

（四）科技创新实践教育的成果分析

省级部门和其他社会参与主体对青少年科技创新教育实践活动的目标达成度进行评价，结果如图32所示。

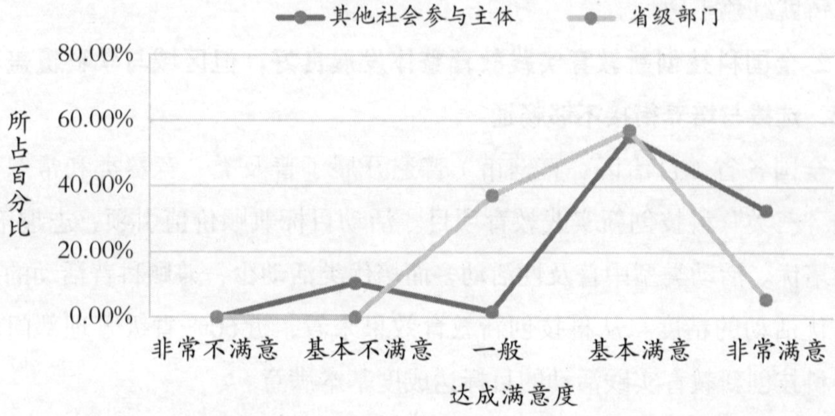

图32　省级部门和其他社会参与主体的活动目标达成满意度分析

总体来看，省级部门对青少年科技创新教育实践活动的目标达成的满意度略低于其他社会参与主体。

（五）小结

1. 全面落实立德树人根本任务，将价值引领作为工作主线贯穿科技创新实践教育“三类”活动，推动价值引领与科技创新能力培养融通

我国科技教育各主体均切实加强对广大青少年的思想价值引领，以培养和弘扬科学与科学家精神为主线，大力宣传我国科技事业发展成就，把思想教育与价值引领作为工作主线，贯穿科技创新实践教育“三类”活动，全心全意把青少年培养成为担当民族复兴大任的时代新人。

在普及型科技创新活动中，全国各省（自治区、直辖市）普遍开展了科学家精神宣讲团、“大国重器”类等主题明确、形式多样的价值引领科普教育活动。例如围绕国家科技发展热点，通过组织开展系列专题讲座、科学影像节、航天科普，参观国家重大科技基础设施、科技馆、科技企业等，引导青少年了解国家科技事业发展、培养学生的家国情怀，增强创新自信。在各类科技创新大赛中，在不断提高竞赛水平的同时，邀请竞赛选手与科学家面对面交流成长心得，竞赛的育人功能得到凸显。在创新人才苗子培养中，积极融入思想引领，组织学生开展理想信念教育，在参与体验中树立红色理想，铸就红色丰碑。

2. 全国科技创新教育实践教育整体发展良好，但区域与学科覆盖不够均衡，选拔与培养衔接不够畅通

全国各省（自治区、直辖市）普遍开展了普及类、竞赛类和常态化培养类“三类”科技创新实践教育项目。活动目标兼顾价值引领、志趣培育、能力培优。活动类型中普及性活动多而培优类活动少，兼顾科普活动的广度和培优活动的精度。从科技创新教育效果来看，近60%省级管理部门对青少年科技创新教育实践活动的目标达成度基本满意。

同时，当前科技创新教育项目开展主要存在以下问题：

（1）项目覆盖范围不易惠及科教资源薄弱和偏远地区学生。覆盖人数上，北京和江苏、浙江、四川、湖南等省（自治区、直辖市）较多，青海、西藏等边远地区参与人数较少，覆盖人数与所在省（自治区、直辖市）科教资源富集程度有一定关系。

（2）既有项目的学科涵盖面有限，活动覆盖的学科领域以物理、信息和跨学科为主，部分对其他学科感兴趣的学生难以找到合适项目。未来应将一些工程技术学科或应用学科囊括其中。

（3）对选拔出的创新人才苗子的持续性、常态化培养有待加强。竞赛选拔类活动与常态化培养类活动之间，以及各级各类创新人才培养项目或模式之间的衔接合作仍有待进一步深入，规范化、常态化的人才培养协同机制还需进一步健全。

3. 多元主体协同的科技创新实践教育生态初步构建，但科技企业和科技工作者参与深度不足，科教基地行业与区域分布不均

在青少年科技创新教育的全流程链中，政府承担着统筹规划、管理监督等方面的职责。在政府管理部门协作上，教育部门、科技部门和共青团部门协作最为密切，协作方式主要是共同发文和协同组织活动，合作长效机制总体满意。

在社会参与主体上，院所校企等普遍参与青少年科技创新教育事业初显成效。其中，以科教类事业单位为主，科研院所、大学与中小学间协作具有一定广度，但协作深度有待提升。“高精特新”等高科技企业参与数量和质量均有待提高。

科技工作者已具有一定参与意识，但依然存在部分科技工作者参与热情不高、参与能力不足等问题。这与当前科研评价体系偏重项目和论文等科研成果、科普激励机制不健全、缺乏有效的科普能力培训有关。

在科技创新教育基地平台建设上，全国普遍建立了国家科普教育基地。区域分布上东部多，中西部少，京津冀、长三角和粤港澳等区域分布优势明显，而西藏、山西和海南是我国科普基地建设的薄弱地区。行业分布上主要集中于科教行业，而高科技工农企业相对较少。职能分布上科普展示和讲座较多，深度探究和文化体验职能相对较少。

4. 开展科技创新实践教育的优势条件与制约因素明显

开展科技创新实践教育的优势条件与制约因素明显。科技创新实践教育开展主要受到上级部门支持程度、活动经费充足程度、学校和家长支持程度、科技工作者的参与水平等因素的影响。其中，上级主管部门的政策支持和相关部门的密切配合，是开展科技创新实践教育的主要优势条件，70%以上省（自治区、直辖市）对相关政策支持持满意态度。而活动经费欠缺、家长重视不足、课程资源不够丰富等是开展科技创新实践教育的主要制约因素。

在经费保障上，活动经费以政府财政投入为主，各类科教公共资源使用坚持公益性原则，科技资源科普化得到初步落实；全社会多主体多渠道投入的格局尚未充分形成。科技创新教育实践项目开展的资金制约明显，经费投入增长机制有待进一步明确。

在师资保障上，我国已建立了一支规模适度、素质优良、持续发展的青少年科技辅导员队伍。然而，按照“一校一科技辅导员”的要求来看，当前科技辅导员总体数量偏少，且区域分布不均衡。在队伍结构上，缺乏高级科技辅导员。在个人科学素质上，存在科学知识体系不够完备、科学探究体验不够丰富、科学本质把握不够深入问题。而培训内容以基本技能为主，缺乏科教活动设计等高阶能力培训，培训层级“省级多，市县少”，培训重心尚未充分下沉到科学教育一线，不能充分满足新时代科技创新实践教育需求。

在科技创新教育宣传和文化环境营造上，大众传播媒介的宣传推广作用总体上受到认可，对媒体宣传效果和科技创新文化环境的满意度均在60%以上。在多种宣传媒介类型中，网站、公众号和视频号等网络媒介已成为科技创新教育的主要宣传媒介，而书籍的作用受到忽视。

二、学生接受科技创新实践教育情况分析

（一）基本情况

青少年科技创新教育中学校科学与工程技术类课程开设情况，学生参与科技创新实践教育活动 / 竞赛的动机情况，科技创新实践教育的学校、家长支持情况见前文《青少年科技创新能力发展状况调研》第二部分“青少年科技创新能力培养的基本情况”相关内容，不再重复。

（二）科学与技术课程开设影响学习结果的机制

相关分析结果表明，教学内容、教学方式、教学资源、教学评价策略、成就动机、内在动机、外在动机和学习结果8个自变量之间两两正相关显著（*ps*<0.05）（见表3）。

表3　各个变量的相关分析

	1	2	3	4	5	6	7	8
1. 教学内容	1							
2. 教学方式	0.782**	1						

续表

	1	2	3	4	5	6	7	8
3. 教学资源	0.720**	0.836**	1					
4. 教学评价策略	0.711**	0.803**	0.832**	1				
5. 成就动机	0.550**	0.587**	0.559**	0.566**	1			
6. 内在动机	0.595**	0.641**	0.613**	0.617**	0.822**	1		
7. 外在动机	0.417**	0.442**	0.444**	0.414**	0.494**	0.518**	1	
8. 学习结果	0.634**	0.714**	0.734**	0.775**	0.537**	0.610**	0.383**	1

1. 教学内容影响学习结果的路径研究

以教学内容为自变量，成就动机、内在动机和外在动机为中介变量，学习结果作为因变量，构建以“教学内容→动机→学习结果”为核心路径的中介模型（见图33）。

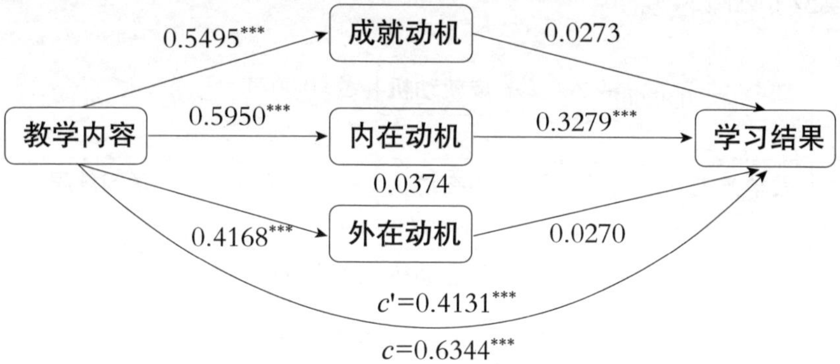

图33　教学内容影响学习结果的路径图

结果表明，内在动机的中介作用在总间接效应中占比为88.281%（见表4）。

表4　教学内容影响学习结果的路径效应

影响路径	标准化间接效应	效应量	区间下限	区间上限	间接效应与总效应之比
总效应	0.634	0.014	0.607	0.662	
直接效应	0.413	0.017	0.380	0.446	
总间接效应	0.221	0.017	0.188	0.252	
间接效应1　教学内容→成就动机→学习结果	0.015	0.017	−0.018	0.048	
间接效应2　教学内容→内在动机→学习结果	0.195	0.020	0.157	0.235	88.281%
间接效应3　教学内容→外在动机→学习结果	0.011	0.008	−0.004	0.025	

2. 教学方式影响学习结果的路径研究

以教学方式为自变量，成就动机、内在动机和外在动机为中介变量，学习结果作为因变量，构建以“教学方式→动机→学习结果”为核心路径的中介模型（见图34）。

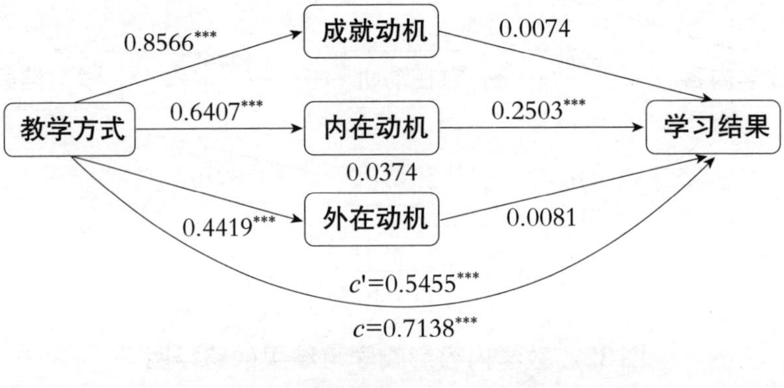

图34　教学方式影响学习结果的路径图

结果表明，内在动机的中介作用在总间接效应中占比为95.306%（见表5）。

表5　教学方式影响学习结果的路径效应

影响路径	标准化间接效应	效应量	区间下限	区间上限	间接效应与总效应之比
总效应	0.714	0.013	0.689	0.739	
直接效应	0.546	0.016	0.513	0.578	
总间接效应	0.168	0.016	0.140	0.200	
间接效应1　教学方式→成就动机→学习结果	0.004	0.017	−0.031	0.040	
间接效应2　教学方式→内在动机→学习结果	0.160	0.020	0.122	0.202	95.306%
间接效应3　教学方式→外在动机→学习结果	0.004	0.007	−0.010	0.017	

3. 教学资源影响学习结果的路径研究

以教学资源为自变量，成就动机、内在动机和外在动机为中介变量，学习结果作为因变量，构建以“教学资源→动机→学习结果”为核心路径的中介模型（见图35）。

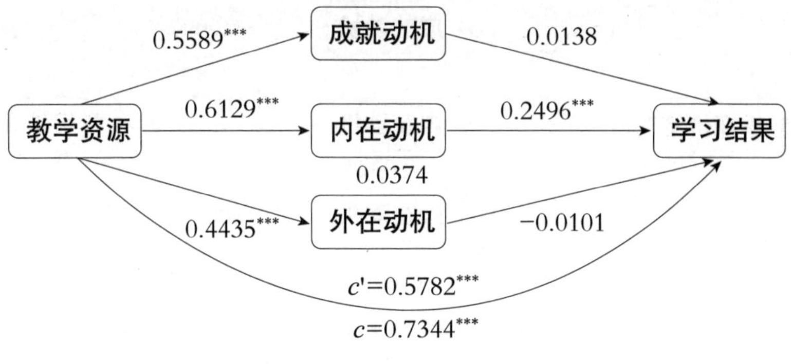

图35　教学资源影响学习结果的路径图

结果表明，内在动机的中介作用在总间接效应中占比为97.951%（见表6）。

表6　教学资源影响学习结果的路径效应

影响路径	标准化间接效应	效应量	区间下限	区间上限	间接效应与总效应之比
总效应	0.734	0.013	0.710	0.759	
直接效应	0.578	0.015	0.548	0.608	
总间接效应	0.156	0.015	0.128	0.183	
间接效应1　教学资源→成就动机→学习结果	0.008	0.015	−0.023	0.036	
间接效应2　教学资源→内在动机→学习结果	0.153	0.018	0.118	0.188	97.951%
间接效应3　教学资源→外在动机→学习结果	−0.005	0.007	−0.019	0.009	

4. 教学评价策略影响学习结果的路径研究

以教学评价策略为自变量，成就动机、内在动机和外在动机为中介变量，学习结果作为因变量，构建以“教学评价策略→动机→学习结果”为核心路径的中介模型（见图36）。

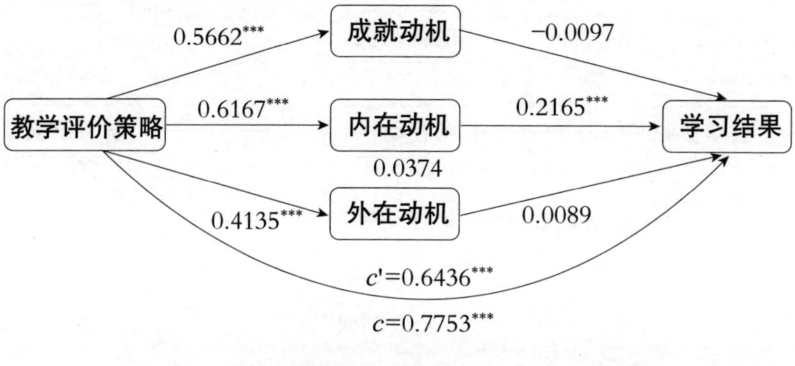

图36　教学评价策略影响学习结果的路径图

结果表明，内在动机的中介作用在总间接效应中占比为101.290%（见表7）。

表7　教学评价策略影响学习结果的路径效应

影响路径	标准化间接效应	效应量	区间下限	区间上限	间接效应与总效应之比
总效应	0.775	0.012	0.753	0.798	
直接效应	0.644	0.014	0.615	0.672	
总间接效应	0.132	0.014	0.105	0.162	
间接效应1　教学评价策略→成就动机→学习结果	−0.006	0.016	−0.037	0.026	
间接效应2　教学评价策略→内在动机→学习结果	0.134	0.019	0.098	0.173	101.290%
间接效应3　教学评价策略→外在动机→学习结果	0.004	0.006	−0.008	0.015	

（三）学段和性别调节科学与技术课程开设影响学习结果的机制

以学段（基础教育学段、高等教育学段）为自变量，课程开设情况、动机和学习结果等为因变量进行独立样本T检验。结果表明基础教育学段各个指标的得分高于高等教育学段（$p< 0.05$）（见表8）。

表8　学段影响各个变量的T检验

	学段	均值	标准差	*t*	*p*
教学内容	基础教育学段	4.0970	1.03970	5.656	0.000
	高等教育学段	3.8839	0.95047		
教学方式	基础教育学段	16.6771	3.53143	6.331	0.000
	高等教育学段	15.8551	3.35745		

续表

	学段	均值	标准差	t	p
教学资源	基础教育学段	16.1149	3.77804	2.529	0.011
	高等教育学段	15.7712	3.38061		
教学评价策略	基础教育学段	16.8695	3.61957	7.200	0.000
	高等教育学段	15.9186	3.37131		
成就动机	基础教育学段	12.8762	2.57440	10.063	0.000
	高等教育学段	11.8932	2.65272		
内在动机	基础教育学段	25.6425	5.04930	7.456	0.000
	高等教育学段	24.2432	4.94012		
外在动机	基础教育学段	15.0463	3.85386	8.301	0.000
	高等教育学段	13.8949	3.45392		
学习结果	基础教育学段	4.2080	0.98635	5.597	0.000
	高等教育学段	4.0085	0.89477		

以性别（男、女）为自变量，课程开设情况、动机和学习结果等为因变量进行独立样本T检验。结果表明除了教学方式得分之外，男生各个指标的得分高于女生（$p< 0.05$）（见表9）。

表9　性别影响各个变量的T检验

	性别	均值	标准差	t	p
教学内容	男	4.0629	1.03065	2.830	0.005
	女	3.9580	0.98608	2.834	0.005

续表

	性别	均值	标准差	t	p
教学方式	男	16.4189	3.56049	1.082	0.279
	女	16.2804	3.40322	1.084	0.278
教学资源	男	16.1375	3.68441	2.462	0.014
	女	15.8098	3.56115	2.465	0.014
教学评价策略	男	16.6148	3.60359	1.932	0.053
	女	16.3629	3.49373	1.934	0.053
成就动机	男	12.6764	2.67096	4.067	0.000
	女	12.2818	2.61200	4.070	0.000
内在动机	男	25.6141	4.96368	5.913	0.000
	女	24.5238	5.08532	5.908	0.000
外在动机	男	14.7588	3.82029	2.552	0.011
	女	14.4084	3.64977	2.557	0.011
学习结果	男	4.1861	0.95912	3.377	0.001
	女	4.0678	0.94880	3.378	0.001

由上述T检验结果可得，学段和性别可能是课程开设情况通过动机影响学习结果的重要调节变量，因此重点探讨在不同学段和不同性别条件下，课程开设情况通过动机影响学习结果的具体结果。

1. 学段和性别调节教学内容影响学习结果的机制研究

探究学段和性别对教学内容中介路径的调节作用（见图37）。结果表明，学段调节中介模型，一方面，相对于高等教育阶段的学生，基础教育阶段学生的教学内容越好，外在动机越高；另一方面，相对于高等教育阶段学生，基础教育阶段学生的外在动机越高，学习结果越好。性别调节中介模型，相对于男生，女生的外在动机越高，学习结果越好。

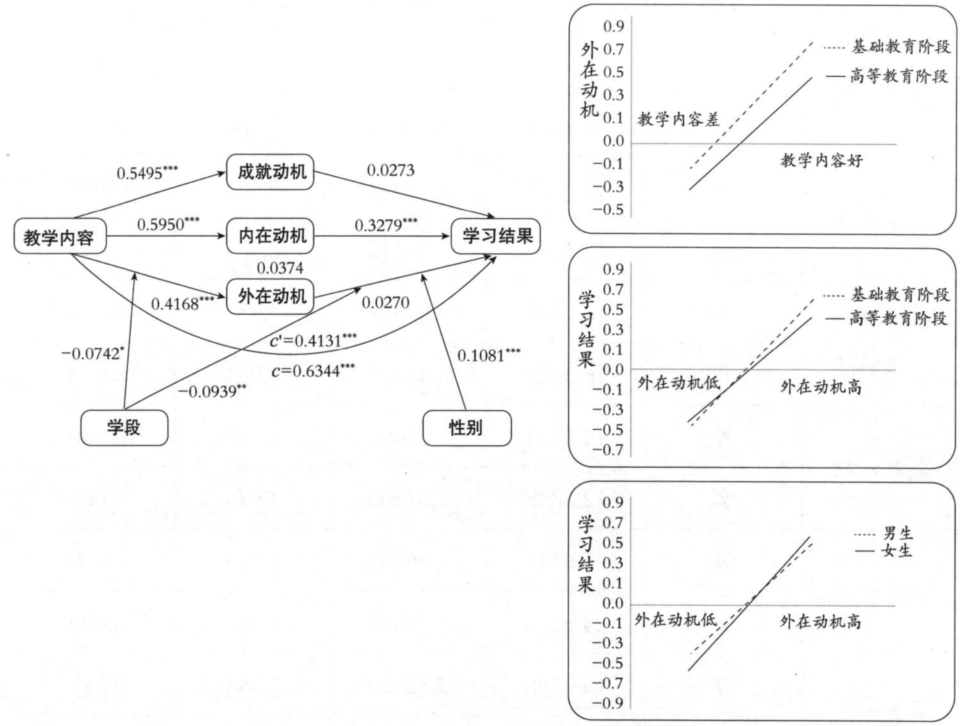

图37　学段和性别调节教学内容影响学习结果的路径图

2. **学段和性别调节教学方式影响学习结果的机制研究**

探究学段和性别对教学方式中介路径的调节作用（见图38）。结果表明，学段调节中介模型，一方面，相对于高等教育阶段的学生，基础教育阶段学生的教学方式越好，外在动机越高，成就动机也越高；另一方面，相对于高等教育阶段学生，基础教育阶段学生的外在动机越高，学习结果越好。性别调节中介模型，一方面，相对于男生，教学方式越好，女生的学习结果越好，内在动机也越高；另一方面，相对于男生，女生的外在动机越高，学习结果越好。

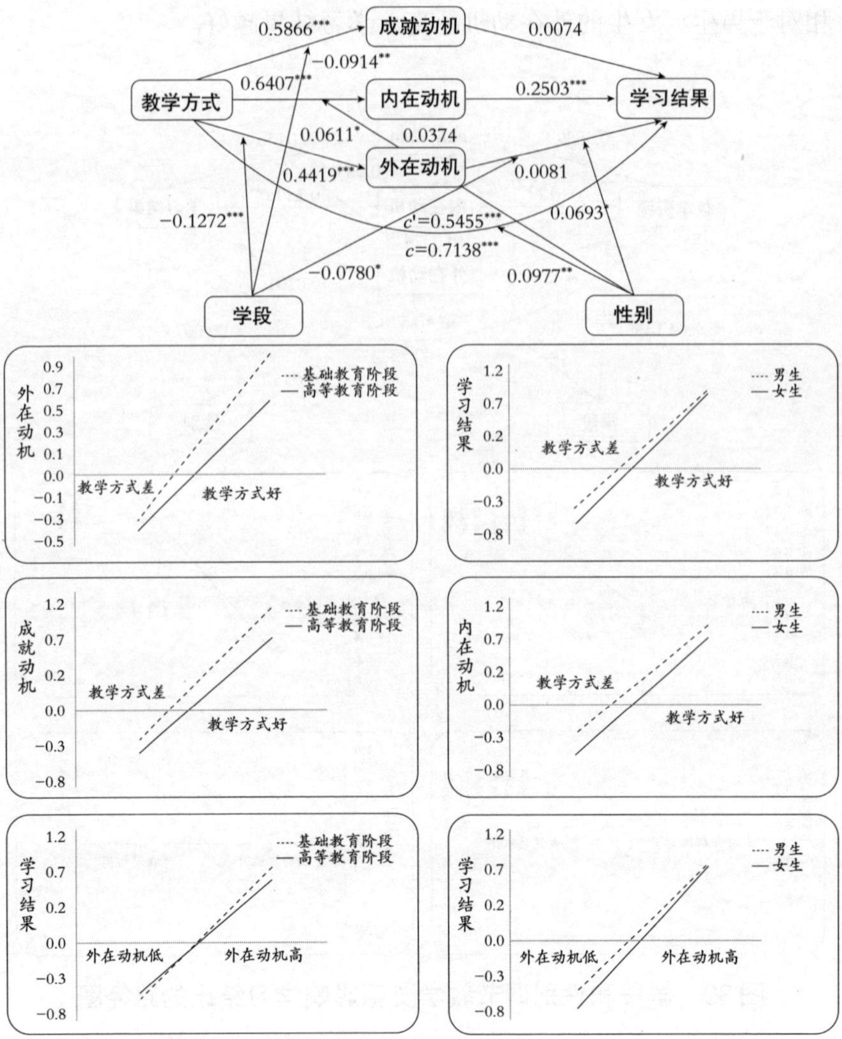

图38　学段和性别调节教学方式影响学习结果的路径图

3. 学段和性别调节教学资源影响学习结果的机制研究

探究学段和性别对教学资源中介路径的调节作用（见图39）。结果表明，学段调节中介模型，一方面，相对于高等教育阶段的学生，基础教育阶段学生的教学资源越好，外在动机越高；另一方面，相对于高等教育阶段学生，基础教育阶段学生的成就动机越高，学习结果越好。性别调节中介模型，一方面，相对于男生，教学资源越好，女生的学习结果越好；另一方面，相对于男生，女生的外在动机越高，学习结果越好。

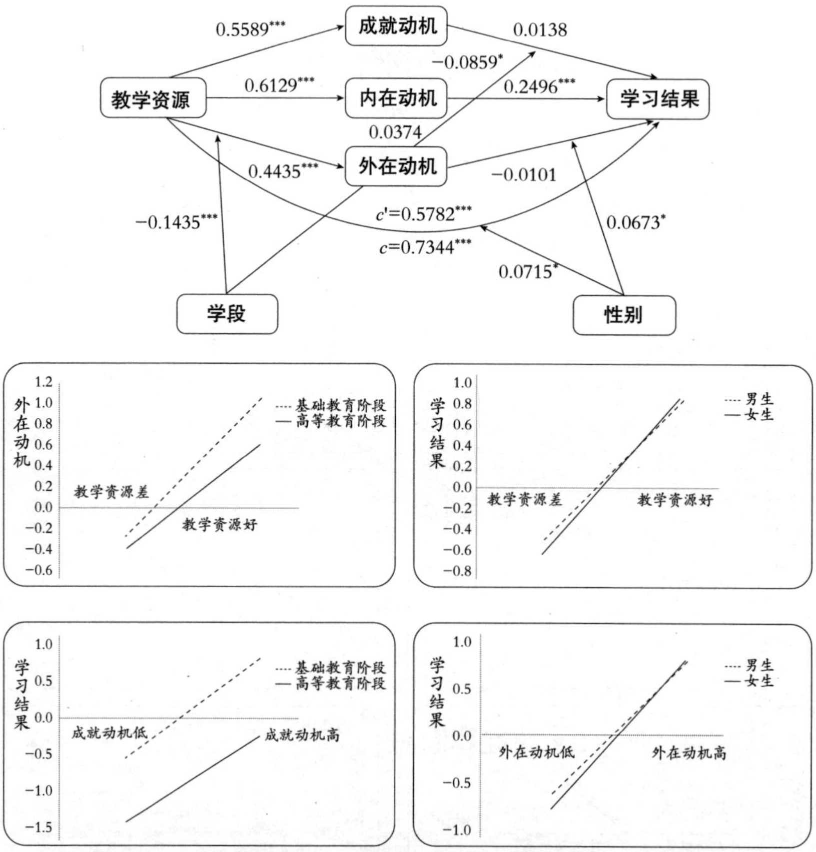

图39　学段和性别调节教学资源影响学习结果的路径图

4. 学段和性别调节教学评价策略影响学习结果的机制研究

探究学段和性别对教学评价策略中介路径的调节作用（见图40）。结果表明，学段调节中介模型，一方面，相对于高等教育阶段的学生，基础教育阶段学生的教学评价策略越好，外在动机越高；另一方面，相对于高等教育阶段学生，基础教育阶段学生的外在动机越高，学习结果越好。性别调节中介模型，一方面，相对于男生，教学评价策略越好，女生的学习结果越好；另一方面，相对于男生，女生的外在动机越高，学习结果越好。

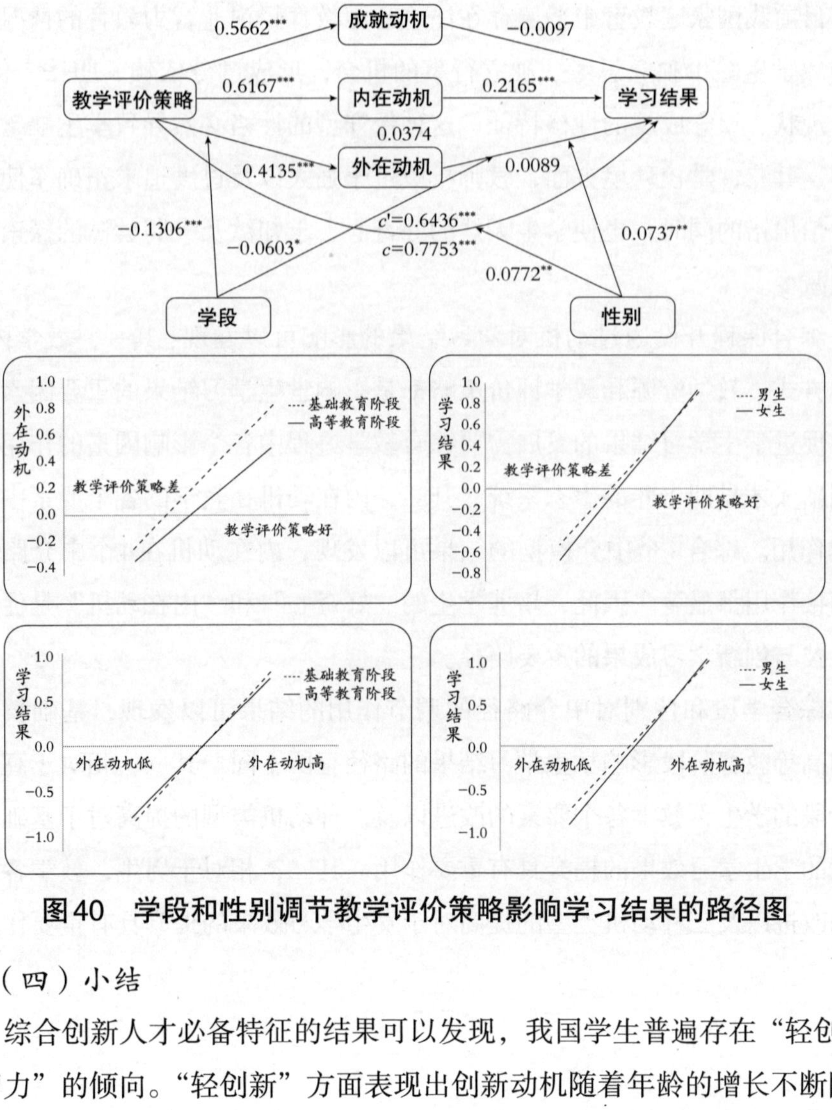

图40　学段和性别调节教学评价策略影响学习结果的路径图

（四）小结

综合创新人才必备特征的结果可以发现，我国学生普遍存在“轻创新，重智力”的倾向。“轻创新”方面表现出创新动机随着年龄的增长不断降低的态势；“重智力”方面表现出科学和工程相关课程随着年龄增长不断提高的趋势。智力是创造性发展的基础，非智力因素是创造性发展的重要保证。我国科技创新实践教育需要重视学生思维能力以及知识结构的完善，但是同时也需要重视创新人格、创新思维以及创新动机等与创新发展密切相关的非智力因素的进步。

综合创新人才早期发展影响因素的结果可以发现：其一，家庭环境方面，目前我国家庭教育中普遍存在注重智力教育轻视非智力教育的情况，可能导致学生缺少独立思考、独立行事的机会，形成过分依赖、胆怯、保守、安于现状、墨守成规的性格特征，这种保守型的性格必然导致学生缺乏探索精神。其二，学校环境方面，教师权威过于强大以及过度追求正确率使学生在害怕出错的同时，也使学生天然的好奇心、求知欲及大胆尝试的探索意识慢慢减少。

综合课程开设通过动机对学习结果的影响可以发现：其一，教学内容、教学方式、教学资源和教学评价策略都是影响学生学习结果的重要因素。因此，促进学生学习结果的发展需要综合教学过程中各个影响因素的作用，建立创新人才早期培养的生态系统。其二，内在动机在教学的各个要素中起到关键作用。综合4个中介模型的结果可以发现，内在动机在4个中介路径中的间接作用都显著。因此，培养学生的“好奇心”和“内在动机”是促进学生科技与创新学习成果的重要路径。

综合学段和性别对中介路径的调节作用的结果可以发现，基础教育阶段和高等教育阶段影响学生学习结果的路径有所不同。其一，相对于高等教育阶段的学生，教学各个要素的改进以及三种动机类型的提高对于基础教育阶段的学生学习效果的提升具有重要作用。其二，相对于男生，教学各个要素的改进以及三种动机类型的提高对于女生学习效果的提升具有重要作用。

青少年科技创新实践教育的问题与对策*

青少年科技创新实践教育是指以全社会（如各级党委和政府、各行业主管部门、各级科学技术协会、各类学校和科研机构、科技企业、各类媒体、广大科技工作者等）组织开展的科技实践类活动为主要途径，以提升青少年科技创新实践能力为目的的各类教育活动，旨在培养一大批具有科学家潜质的青少年群体，并为培养、选拔愿意投身科学事业的力量奠定基础。在科技创新成为大国博弈主战场的时代背景下，我国要成为世界主要科学中心和创新高地、实现高水平科技自立自强、建成科技强国，迫切需要加强青少年科技创新实践教育。

具体调研情况见前两篇文章《青少年科技创新能力发展状况调研》《青少年科技创新实践教育现状分析》。下面，再从政府角度进行总结、反思。

一、调研发现的问题

1. 全国各地积极落实立德树人根本任务，在科技创新实践教育全过程注重价值引领，但系统性不够

近三年，全国各省（自治区、直辖市）普遍开展了“科学家精神宣讲团”“大国重器”等主题明确、形式多样的价值引领科技创新实践教育活动。例如，中国科协积极组织开展重点面向青年学生和一线科研人员

* 本文由辛兵、孙华共同撰写。

的“中国科学家精神宣讲团”“科学家精神报告团”“百馆千场万人科学家精神宣讲”等一系列活动，旨在讲好科学家故事，引导广大青年学生担当民族复兴大任，引领广大科技工作者心怀“国之大者”，并产生了较为广泛的影响。“科学家精神报告团”深入22省（自治区、直辖市）的59个地级市，走进342所大中小学、科研院所、央企国企、党政机关等，举办报告会342场，近20万名师生、科技工作者、党政干部聆听了报告会。截至2022年12月底，已有20多个省（自治区、直辖市）成立科学家精神宣讲团，开展了党领导下的科学家主题展览、“星辰大海　逐梦起航”科学家精神专题展、“共和国的脊梁——科学大师名校宣传工程”等主题明确、形式多样的价值宣讲活动，覆盖4亿余人，并建立了科学家精神宣讲团官方网站，集中展现各地开展活动的进展和专家风采，实现宣讲资源的共建、共享和共用。同时在各类青少年科技创新大赛中，在不断提高竞赛水平的同时，还邀请竞赛选手与科学家面对面交流成长心得，竞赛的育人功能得到凸显。在创新人才早期培养中，往往积极融入思想引领，组织学生开展理想信念教育，在参与体验中树立红色理想，铸就红色丰碑。面向港澳台地区学生的暑期科技创新实践特色实习活动，积极强化了对港澳台青年思想价值引领。通过设计、组织丰富多彩的实习活动，引导港澳台青年增强对祖国的认同。江苏省组织学生参加“第八届海峡两岸暨港澳青年创新创业训练营”活动等，得到了一致好评。

在青少年科技创新实践教育中，各地、各学校积极落实立德树人根本任务，通过组织开展系列专题讲座，青少年与科学家面对面交流，参观校（院）史馆、爱国主义教育基地、国家重大科技基础设施、科技馆、科技企业等，培养学生的家国情怀，增强创新自信，把思想教育与价值引领贯穿创新人才早期培养的全过程。调查显示，在具体的活动过程中尚缺乏系统设计，宣讲和展示性活动多，参与体验性活动较少；面向中小学生活动较多，面向大学生、研究生的活动较少；线下活动较多，线上活动较少。因此，需要全面系统部署，加强顶层设计和谋划。

2. 全国青少年科技创新实践教育整体发展良好，但区域与学科覆盖不够均衡，“三类”活动中青少年英才的选拔与培养衔接不够畅通

全国各省（自治区、直辖市）普遍开展了普及类科技创新实践活动、竞赛类和常态化培养类“三类”科技创新实践教育项目。活动目标兼顾价值引领、志趣培育和能力培优。调查发现活动类型中普及性活动最多，而常态化培养活动最少，兼顾科普活动的广度和培优活动的精度。从科技创新教育效果来看，近60%的省级管理部门对青少年科技创新教育实践活动目标的达成度基本满意。

当前科技创新教育项目覆盖人数上，北京和江苏、浙江、四川、湖南等省（自治区、直辖市）较多，而青海、西藏等边远地区参与人数较少，项目覆盖范围不易惠及科教资源薄弱和偏远地区学生，可见覆盖人数与所在省（自治区、直辖市）科教资源的富集程度有很大关系；而且项目的学科涵盖面有限，活动覆盖的学科领域以物理、信息和跨学科为主，部分对其他学科感兴趣的学生难以找到合适的项目，如工程技术学科或应用学科。

研究发现，对选拔出的创新人才苗子的持续性、常态化培养有待加强。竞赛选拔类活动与常态化培养类活动之间，以及各级各类创新人才培养项目或模式之间的有机衔接和合作仍有待进一步深入，规范化、常态化的人才培养协同机制还需进一步健全。

常态化培养活动中较为突出的是“中学生英才计划”。2013年，中国科协和教育部共同启动“中学生英才计划”。10年多来，“中学生英才计划”实施规模不断扩大，截至2023年已经覆盖全国23个省（自治区、直辖市）、58所实施高校、283所参与中学。目前“中学生英才计划”已经选拔培养了9000余名品学兼优、学有余力、具有创新潜质的中学生，为国家输送了一批基础学科拔尖创新人才苗子，探索并建立了“兴趣导向、名师引领”“在科学家身边成长”的高校与中学联合发现和培养创新人才苗子的有效模式，积累了大量基础学科拔尖创新人才自主培养的有益经验，初步形成中学教育与大学教育联合培养机制。“中学生英才计划”先后被写入《关于实施基础学科拔尖学生培养计划2.0的意见》《国家“十四五”教育事业发展规划》《关于加强基础学科人才培养的意见》等文件，成为国家拔尖创新人才培养工作的重要组成部分。

与此同时，“中学生英才计划”还存在一些突出问题和矛盾，如学生选拔标准需进一步完善，精准性、科学性有待进一步提升，尤其是实施范围、培养规模同国家对基础学科拔尖创新人才的需求存在矛盾。这就需要推广利用各级各类创新人才早期培养项目产生的优质数字资源，为中西部和农村地区优秀中学生参与科技创新人才培养项目提供更多机会。

3. 多元主体协同的科技创新实践教育生态初步构建，但科技企业和科技工作者参与深度不足，科普教育基地区域分布不均衡

在青少年科技创新教育的全流程链中，政府承担着统筹规划、管理监督等方面的职责。在政府管理部门协作上，教育部门、科技部门和共青团部门协作最为密切，协作方式主要是共同发文和协同组织活动，合作长效机制总体满意。

在社会参与主体上，院所校企等普遍参与青少年科技创新教育事业初显成效。其中以科教类事业单位为主，科研院所、大学与中小学间协作具有一定广度，但协作深度有待提升。“高精特新”等高科技企业参与数量和质量均有待提高。

越来越多的科技工作者都愿意参与到科技创新实践教育中，但依然存在部分科技工作者参与热情不高、参与能力不足等问题。在社会层面上还没有完全形成普遍认同的科普激励机制。

在实践教育基地平台建设上，全国普遍建立了国家科普教育基地。调查发现区域分布上东部多，中西部少，京津冀、长三角和粤港澳等区域分布优势明显，而西藏、山西和海南是我国科普基地建设的薄弱地区。行业分布上主要集中于科教行业，而高科技工农企业相对较少。职能分布上科普展示和讲座较多，深度探究和文化体验职能相对较少。

4. 开展科技创新实践教育的优势条件与制约因素明显

开展科技创新实践教育的优势条件与制约因素明显。青少年科技创新实践教育开展主要受到上级部门支持程度、活动经费充足程度、学校和家长支持程度、科技工作者的参与水平等因素的影响。其中，上级主管部门的政策支持和相关部门的密切配合，是开展科技创新实践教育的主要优势条件，70% 以上省（自治区、直辖市）对相关政策支持持满意态度。而活动经费欠缺、家长重视不足、课程资源不够丰富等是开展科技创新实践教育的主要制约因素。

在经费保障上，活动经费以政府财政投入为主，各类科教公共资源使用坚持公益性原则，科技资源科普化得到初步落实；全社会多主体多渠道投入的格局尚未充分形成。科技创新教育实践项目开展受资金制约明显，经费投入增长机制有待进一步明确。

在师资保障上，目前从事青少年科技创新教育活动的队伍严重不足，可以从两方面的数据反映：一是据统计，2022年小学专任科技教师24万人，校均科学教师为1.61人，数量严重不足。二是在中国科协青少年科技中心、中国青少年科技教育工作者协会的不懈努力下，我国已建立起一支规模适度、素质优良、持续发展的青少年科技辅导员队伍，并通过行业协会专业认证，认证对象主要包括组织和指导青少年科技教育活动的中小学教师，高校与科研院所、科技场馆、青少年宫（活动中心）、科技教育机构、社会团体、企事业单位中从事青少年科技辅导工作的专业人员。当前科技辅导员总体数量偏少，且区域分布不均衡。队伍结构上高级科技辅导员偏少。个人科学素质上，存在科学知识体系不够完备、科学探究经验不够丰富、科学本质把握不够深入问题。而科技教师的培训内容以基本技能为主，缺乏科教活动设计等高阶能力培训，培训层级呈现出“省级多，市县少”的特点，培训重心尚未充分下沉到科学教育一线，不能充分满足新时代科技创新实践教育需求。

在科技创新教育宣传和文化环境营造上，大众传播媒介的宣传推广作用总体上受到认可，对媒体宣传效果和科技创新文化环境的满意度均在60%以上。在多种宣传媒介类型中，网站、公众号和视频号等网络媒介已成为科技创新教育的主要宣传媒介，而书籍的作用受到忽视。

5. 通过整合学生调查结果来看，我国学生普遍存在“轻创新，重智力”的倾向，家庭环境、学校环境、动机、学段和性别均是影响学生创新的关键因素

综合创新人才必备特征的调研结果可以发现，我国学生普遍存在“轻创新，重智力”的倾向。“轻创新”表现为创新动机随着年龄的增长不断降低，“重智力”则表现为科学和工程相关课程随着年龄增长而不断增多。智力是创造性发展的基础，非智力因素是创造性发展的重要保证。因此我国科技创新实践教育需要重视学生思维能力以及知识结构的完善，同时也需要重视创新人格、创新思维以及创新动机等与创新发展密切相关的非智力因素的提升。

综合创新人才早期发展的影响因素可以发现：在家庭环境方面，目前我国家庭教育中普遍存在注重智力教育而轻视非智力教育的情况，这种态势可能导致学生缺少独立思考、独立行事的机会，形成过分依赖、胆怯、保守、安于现状、墨守成规的性格特征，从而导致学生缺乏探索精神。

在学校环境方面，教师权威过于强大以及过度追求正确率使学生害怕出错，这也使学生天然的好奇心、求知欲及大胆尝试的探索意识慢慢减少。

综合课程开设通过动机对学习结果的影响可以发现：教学内容、教学方式、教学资源和教学评价策略都是影响学生学习结果的重要因素。因此，促进学生学习结果的发展需要综合教学过程中各个影响因素的作用，建立创新人才早期培养的生态系统。

内在动机在教学的各个要素中起到关键作用。综合4个中介模型的结果可以发现，内在动机在4个中介路径中的间接作用都显著。因此，培养学生的“好奇心”和“内在动机”是促进学生科技与创新学习成果的重要路径。

综合学段和性别对中介路径的调节作用可以发现，基础教育阶段和高等教育阶段影响学生结果的路径有所不同：对于基础教育阶段的学生而言，教学各个要素的改进以及三种动机类型的提高对提升学习效果具有重要作用。此外，相对与男生而言，教学各个要素的改进以及三种动机类型的提高对提升女生的学习效果具有更重要意义。

二、对策建议

2023年5月，教育部等十八部门联合印发了《关于加强新时代中小学科学教育工作的意见》。意见的出台，彰显了国家加强科学教育、为全面建设社会主义现代化国家夯实创新人才支撑的强大决心，为开展青少年科技创新实践教育工作提供了行动指南。以下围绕各级政府及教育部门如何贯彻落实这个文件、加强和改进青少年科技创新实践教育提出建议。

1. 坚持立德树人，在青少年中广泛开展社会主义核心价值观引领活动，将弘扬科学精神和科学家精神贯穿于育人全链条各方面

加强顶层设计，开展系统部署，把学习贯彻习近平总书记教育强国、科技强国、人才强国战略思想广泛纳入入队教育、少先队活动、入团教育、团队活动、班会活动、青年志愿行动、科技活动、思想政治课、科学类课程中，并将弘扬科学精神贯穿小学—初中—高中—大学—研究生全学段，融入学校工作的方方面面，铸就育人全链条。

加强部门联合，共同把“青少年科技创新大赛”、“五大学科竞赛”、“中学生英才计划”、“挑战杯”全国大学生系列科技学术竞赛等各项青少年科技创新实践活动，打造成传承科学精神的思政大课，通过开展各级各类的科技创新实践活动，真正发现有科学好奇心和发展潜质的小英才。通过科学家精神报告等活动，领悟前辈科学家碧血丹心的爱国之情、报国之志和家国大义。通过学习宣讲填补国内空白的《青少年科技创新实践活动规范指南》，弘扬科学精神和科学家精神，培育优良学风，从小加强青少年学生诚信教育，系好青少年科学人生的第一粒纽扣，全链条培养社会主义建设者和接班人。

2. 抓好中小学科技创新实践教育这个基本面，全覆盖、常态化、特色化开展中小学生科技活动

首先要加强科学类学科课程教学，以此为主导提升学生对基础科学知识的掌握水平，积极创设真实问题情境，引导学生在探究与实践过程中“像科学家一样思考”，培养学生的科学思维和创新素养。鼓励中小学校以前沿的技术与工具为支撑，围绕虚拟现实、物联网、5G 通信等新兴科技主题开发特色校本课程。同时，针对偏远地区和薄弱学校因条件限制难以开展科学教育的实际，可采用“集团化办学”“送课下乡”“专递课堂”“名校网络课堂”等形式，推进科学教育校本课程的开设。要把科技活动作为重要的科学课程，对教师、学生提出课时要求、教学目标，纳入教学考核、学业考核内容。

要充分整合和利用社会资源开展科技创新实践教育。在高校实验室、科技场馆、科技博物馆、科研院所等单位挂牌一批优秀的中小学科技创新教育实践基地，以校内外结合的方式开展科技创新教育。鼓励学校与区域的科研机构建立科教汇融机制，促进科学研究与科技创新教育的深度耦合，培养拔尖创新人才。一方面，要带领学生“走出去”，以研学等方式走进基地开展“社会大课堂”，感受真切的科技创新氛围，了解前沿的科学技术，参与真实的科技创新活动和科学考察活动；另一方面，要将实践基地资源“引进来”，为中小学校的科技创新教学、课程建设、教研培训提供智力支持。

要搭建师生科技创新活动平台，建立健全竞赛机制。“双减”政策实施以来，校外培训机构的野蛮生长得到了有效控制，非学科类培训对于学生全面发展的意义进一步凸显，应当以此为契机大力推进校外科技创新活动平台建设，对非学科类培训机构进行科技创新教育价值引领和规范建设指导，积极开展“机器人活动”“编程活动”“电脑制作与设计”等科技创新活动。“以赛促教”“以赛促学”是科技创新教育快速发展的有效途径，应当以省（自治区、直辖市）为单位建立信息公开的科技创新赛事平台，规范管理赛事活动的申报、组织与评审。推进科技创新赛事活动的“白名单”建设，选树优秀的赛事典型进行经验推广，促进中小学科技创新赛事规范化、科学化运作。

3. 抓好本科生和研究生这类重点人群的科技创新实践教育，在学校、社会两种场域中开展本科生和研究生科技创新实践活动

据调查，目前我国青少年科技创新实践活动的面向人群主要集中在小学生、初中生和高中生3个学段，有83.81%的活动面向小学生，约一半以上的活动面向中学生，其中初中生和高中生占比基本相当，但是面向本科生和研究生的活动明显偏少，分别仅占活动总量的10.70%和8.24%。大学生和研究生的科技创新活动多以暑期实习活动、“挑战杯”创业比赛活动为主，常态化、规模化的科技创新实践活动较少。

本科生和研究生是创新人才成长的重要阶段，迫切需要参加更多的科技创新实践活动。他们具备一定的创新创业能力，需要全面提升科学素养，以适应快速变化和充满不确定性的未来挑战，时刻准备着为社会主义现代化建设贡献青春力量。

构建和完善本科生“轮转＋互选”的科研导师选择机制，在学生入学之初尝试实验室轮转机制，使本科生较早进入科研团队，较早发现个人兴趣。然后通过互选机制确定本科阶段的科研导师，使师生双方在充分了解的基础上建立和谐稳定的指导关系，有效支撑大学生科技创新能力发展。

校外可以充分借鉴港澳台大学生实习活动的经验，开展常态性的大学生科技创新实践活动，比如充分运用好各种社会资源。2022年，中国科协命名了第一批全国科普教育基地1274家，其中科技场馆类353家、教育科研与重大工程类366家、“三农”类109家、企业类152家、自然资源类165家、其他类129家。再加上覆盖全国的省级科普教育基地和市级科普教育基地，能够动员参与的社会实践场所规模庞大。建议引领大学生和研究生积极加入科普教育基地的志愿服务中，在实践中锻炼和成长。

4. 抓好科技创新实践教育的难点，把西部地区“三支一扶”人才、博士服务团等建成传播科技种子的载体，助力西部地区科技创新教育发展

由于经济发展水平区域差别较大，我国西部地区、农村地区科技教育资源仍然十分贫乏，从事青少年科技教育活动的队伍严重不足，而全国、全省性的大型科技创新实践活动不易惠及这些地区的孩子，这是科技创新实践教育的难点所在。建议国家把选派到西部地区、农村的“三支一扶”人才、博士服务团等建成传播科技种子的载体，让他们在服务经济社会发展的同时，利用自身专业优势支持当地科学教育，带动科技、教育、人才一体化发展，特别是青少年科技创新实践教育的发展。

5. 加强组织领导和服务保障，促进青少年科学教育包括科技创新实践教育高质量发展

充分发挥“双减”工作专门协调机制作用，建立教育部门牵头、有关部门齐抓共管的科学教育工作机制。

搭建中小学科学教育研讨交流平台，推广典型工作案例，总结优化改革发展路径。

把中小学科学教育经费保障、基础设施改善和师资队伍建设，纳入地方政府办学责任、教育部门和学校政绩考核内容，加强督查、严格考核，层层压实责任。统筹各方资金和项目，广泛争取社会资助，加大对科学教育的支持力度。

有关单位要坚持公益定位，免费或优惠向中小学生提供科学教育服务。用好现有彩票公益金项目，切实做好教育助学、中小学生校外研学工作。积极争取中国教育发展基金会等社会组织支持，加大对薄弱地区、薄弱学校、特殊儿童群体支持力度。

强化项目引领。实施“校内科学教育提质计划”“科学家（精神）进校园行动”“‘千家万馆’科学教育总动员行动”“科普进万家行动”“少年科学院”“中西部地区科学教育场所援建工程”“全媒体科普联合行动”等重点项目，适时发布重点项目方案。设立实验（示范）区、实验（示范）校和示范性基地，引领全国中小学科学教育改革发展。

强化动态监测，定期对青少年科学素质进行分析研判，公布相关结果。按时完成科普资源统计调查工作，强化对资源薄弱地区建设引导。及时宣传工作进展和成果，提高人民群众感知度、认可度，营造良好改革氛围。

三、关键：推进教育教学深度变革

培养创新人才是一个系统工程，教育无疑是基础、是关键。在各种途径的教育中，学校教育居于主导地位，家庭教育、社会教育起着重要作用。我国教育存在一些长期未得到根本解决的问题，如注重知识传授，而忽视对学生科学兴趣、科学思维和创新素质的培养，教育理念、办学模式、教学内容和方式方法不符合创新人才成长规律、不适应时代要求，等等。加快我国创新人才培养，教育教学变革是关键变量。本部分将就此话题深入阐述，并提供一些实践案例。

摒弃人才成长的“天赋决定论”

天赋是人出生时就具有的素养，包括遗传素质和胎儿在孕育期间受到各种因素影响而产生的生理和心理变化。天赋是后天素质形成和发展的基础，当然也是人才发展的基础，但成才受天赋绝对影响的人是很少的。人是实践的产物、社会的产物，可塑性、能动性极大，培养人才不能存有唯心主义、神秘主义的思想，必须大力发展教育，包括学前教育。

一、天赋形成于多种因素

天赋的形成是多种因素综合作用的结果，归纳起来主要有两类影响因素。

一是遗传对天赋形成的影响。遗传，是指生物亲代通过生殖繁育把亲代的特性传递给子代，使子代具备与亲代相似的一些生物学特性的现象。简单地讲，遗传是指生物体的构造和生理机能等由上代传给下代。亲代将其特征和特性传递给子代是通过生物体内的遗传物质脱氧核糖核酸（DNA）而实现的。DNA 分子是遗传信息的保存者和承担者，其基本单位是脱氧核苷酸。因此，遗传是由遗传基因 DNA 所携带的遗传信息来完成的，人类胚胎的发育过程就是一个遗传信息的传递过程。由于人的遗传能够将人体构造和生理机能、智力、气质、性格、身高、体重、肤色等由上一代传给下一代，这些遗传因素就成为天赋的基本构成要素。

二是胎儿发育期间内外因素的影响。胎儿发育期间要受到环境的外在因素和母亲自身因素的影响。环境通过物质和精神两方面的因素影响胎儿的发育。营养是胎儿发育必需的物质因素，环境能否提供充足的物质营养，直接关系胎儿生理和心理素质的发育。环境的物质条件好，提供的营养充足，就能够使胎儿健康发育。胎儿的健康发育既影响到其优质天赋的形成，还会间接地影响到其未来的学习、工作效果，以至于影响到事业的发展。如果外在环境恶劣，无法给胎儿发育提供必要的营养，胎儿的生理、心理发育必将受到影响。这样，既妨碍天赋的质量，又会影响胎儿未来的成长与发展。

科学研究还表明，环境中的污染物和放射性物质不仅会影响胎儿的发育，还可能造成先天的缺陷。环境中除了物质因素会影响胎儿发育，精神因素也会影响胎儿发育。比如，旋律优雅的音乐、高分贝的噪声会对胎儿发育产生不同的影响。胎儿发育期间除了受环境因素影响外，母亲自身因素也起重要作用。比如，母亲的生理和心理素质会直接影响胎儿的发育。内外因素对胎儿发育有重要影响，进而会影响天赋的形成。

二、天赋对人才成长有影响，但受绝对性影响的人很少

天赋作为人才成长的基础，自然会对人才素质的形成、发展及作用的发挥产生深远的影响，其影响主要表现在以下三个方面。

一是天赋影响成才的速度。一个人成才速度的快慢，受多种因素的影响，天赋是其中的重要因素。天赋的高低影响后天素质形成和发展的快慢。后天素质的形成离不开信息，比如，对后天素质形成、发展有重要影响的因素——教育，教育的作用就是通过教育者向受教育者传递教育内容信息，提高其思想素质、知识素质和能力素质。在接收教育信息的过程中，素质的高低会影响到接收信息的效果。天赋好的人对环境和教育传递的信息不仅接收快，而且处理信息的效果也好。这部分人能够敏锐地感知和捕捉到有价值的信息，并将其吸收、存储到自己的大脑中，通过选择、提炼转变为自己的思

想素质、知识素质和能力素质。反之，天赋差的人，他们不仅接收信息的速度慢，而且处理信息的效果也差。这样，他们后天素质的形成和发展的速度就比天赋好的人慢。

二是天赋影响成才的类型。成为何种类型的人才，要受多种因素的影响，比如，天赋、环境、教育和个人理想、兴趣等因素都对成才的类型有影响。由于天赋的不同，人与人之间就会在身高、嗓音、性格和智力等方面存在差异。这些差异与成才的类型有密切关系。比如，身材高的人适合培养为篮球运动员，但不适合培养为体操运动员。反之，身材较矮的人适合培养为体操运动员，却难以成为高水平的篮球运动员。先天性的聋哑人很难成为歌唱家；天生的盲人可以成为作家，但很难成为画家和摄影家；等等。因此，天赋的差异对成才的类型具有重要的影响。

三是天赋影响成才的层级。人才的后天素质是在天赋的基础上发展起来的，前者是后者的前提。一个人的天赋好，不仅潜在地决定了其成才的速度快，还意味着他后天素质发展的起点高，成才的效果好。在一般情况下，天赋好的人比天赋差的人成为高层次人才的可能性要大得多。这部分人在接收到环境和教育传递的信息后，能够迅速地消化吸收，将有价值的信息内化为自己的素质。素质提高后创造出来的劳动成果的价值就更大，从而影响着人才的等级。天赋差的人，不仅成为高层次人才的难度要比天赋好的人大，而且成为高层次人才的概率也低得多。

根据以上分析，我们将天赋对人才成长的影响分为两类：绝对影响和相对影响。绝对影响，是指因遗传造成的生理或天赋的缺陷，使其不能成为人才或成为不了某一类型的人才。相对影响，是指天赋的某些缺陷对人的成才有一定影响，会给成才带来一定的困难，但经过努力是能够克服的。这类影响主要制约着成才的层次、速度和类型。在现实生活中，成才活动受绝对影响的人少，受相对影响的人较多。

现在很多研究表明，天赋的个体差异特别是智力发展水平的差异，并没有人们过去想象的那么大。智力发展水平的差异（即一般能力的差异），指的是个体之间或个体内部智力水平高低的不同程度。研究表明，人们的智力水平呈正态分布，又称常态分布，大多数人的智力属于中等水平。一般认为，IQ超过140的人属于天才，IQ超过130为智力超常，IQ低于70为智力落后。人的智力分布基本上呈正态分布，即两头小，中间大。大部分的人是中等智力，少年儿童中，智力超常和低下的各占约3%。

个体的智力差异除了水平上的差异外，还表现在知觉、记忆、表象、思维等活动中的差异，可分为不同的类型。根据人们在知觉过程中的特点可分为分析型、综合型与分析－综合型。分析型的人，知觉时对细节感知清晰，善于分析，但概括性和整体性不够；综合型的人，对细节不太注意，缺乏分析性，但富于概括性和整体性；分析－综合型的人，具有以上两种类型的优点，既具有较强的分析性，又具有较强的综合性。根据人的高级神经活动中两种信号系统的不同优势分为艺术型、思维型与中间型。属于艺术型的人，第一信号系统（除语词以外的具体刺激物）占相对优势，感知鲜明生动，善于记忆图形、颜色、声音等直观材料，富于形象思维，想象丰富，具有高度的情绪易感性。思维型的人，第二信号系统（语词）占相对优势，感知时注重对事物的分析、概括，善于记忆词义、数字和概念等材料，倾向于抽象思维。而中间型的人两种信号系统比较均衡。

长期以来，人们对男女的智力是否有差异，以及有哪些差异都非常感兴趣。但是，目前关于这个问题的研究成果并不能令人满意。首先，就男女两性整体而言，可能在智力上没有差异。英国学者麦克米肯曾以团体智力测验施测于全体苏格兰儿童，共8.7万人，结果发现两性智力无显著差异；然后又用斯坦福－比奈智力量表测量并比较了其中4组同一天出生的儿童的智力，结果也说明两性间没有显著性差异。其后大量的研究均表明，男女智力在总体平均分上基本一致。据1971年的研究发现，儿童期的智商有女优于男的趋势，但到青春期，常呈现男优于女的趋势。虽然在总体上男女性之间智力并无显著的差异，但大量的研究表明，在智力的某些方面男女有明显的差异。一般来说，男性在数学推理、空间知觉、机械操作方面比女性占优势，女性在言语能力、知觉速度、图形识别和艺术欣赏方面优于男性。对于造成这种差异的原因，人们认为既有生理方面的原因，也有后天社会和教育方面的原因。另外，人们发现，虽然男女两性在总体上智力的差异不明显，但在智商的分布上有差异。一般来说，男生中智力两端的人数比例高于女生，女生则更多地处于中等水平，也就是说，男性智商离散程度较女性更大。

三、摒弃“天赋决定论”，大力发展教育包括学前教育

教育是影响人才素质培养和提高的五大主要因素之一，它通过德智体美劳等方面的系统培养，促进人的素质的全面发展，为社会发展培养人才。普通人才的成长靠教育，创新人才的成长也不例外，成长从来不是由天赋决定的。我们应当把更多资源投入到教育事业中。在我国各学段的教育中，要特别强调一下学前教育。学前教育发展不好，不但会浪费、泯灭孩子的天赋，还会影响孩子后天素质的发展。

学前教育是早期智力开发的重要时期。智力萌发的关键期在婴幼儿时期，在这个阶段大脑的重量增长最快。婴儿出生时，脑重约390克，是成人脑重的28%。9个月时增至660克，为成人的47%。3岁时，增至1100克，为成人的72%。7岁时达到成人脑重的90%。从上面的数据可以看出，3岁左右脑重增长速度最快，如果在这个时期开始学前教育，开发智力就能取得显著的效果。实践证明，学前教育抓得及时、抓得好，人的智力就能较好地发展。错过了智力萌发的关键期再来进行教育，效果就会下降。假设一个人的智力潜能定量为100%，如不在3岁进行学前教育，到5岁时，其智力潜能就会减为80%，到10岁还不受教育，就减为60%。换个说法就是，学前教育与其说是教给孩子更多东西，倒不如说是不让孩子失去更多东西。由于这个阶段是智力萌发的关键时期，要特别注意智力超常儿童的发现和培养。智力超常儿童分为两种情况：一种是天赋和后天的环境条件都很优越，所以智力出类拔萃。第二种是天赋可能一般，但出生后有着得天独厚的环境和教育

条件，有效地促进了智力的萌发。

关于智力超常儿童的比例，根据对儿童智商的测验得出的统计数据：智商在130—140之间的智力超常儿童所占比例是1%—3%。调查中还发现，每100万个儿童中，又有一个具有极高天赋的“神童”。儿童是人类的未来，发现和培养智力超常儿童是人类社会的使命。我国人口基数大，即便近些年全国出生人口有下降趋势，但2023年全国全年出生人口仍有902万之多，按1%计算，其中也有9万人是智力超常儿童，这是一笔巨大的智力财富。但是，由于经济、教育、交通等原因，相当数量的智力超常儿童未能被发现、被培养。

怎样发现智力超常儿童呢？除了用智商测查的方法外，还可以从以下几个方面来观察和有意识地培养智力超常儿童。

一是智力超常儿童的观察力强。智力超常儿童在观察事物时比一般孩子更敏锐、更细致、更准确，能够发现事物与事物之间的差异，甚至是微小的区别。二是记忆力超群。智力超常儿童记忆信息不仅比一般的孩子更快、更准确，而且能记住的内容更多。三是想象力丰富，有较强的抽象思维能力。他们在思考问题时和一般儿童相比具有更为丰富的想象力，喜欢从不同角度提出问题、有较强的抽象思维能力。学前期正处在早期智力开发时期，在这个阶段进行学前教育，不仅能够开发儿童的智力，还会影响他们人格的培养和良好行为习惯的养成。

儿童所受教育起始于家庭，家庭是儿童的第一所学校，父母是他们的第一任老师。因为家长与孩子朝夕相处，所以能够针对儿童的生理和心理的发育情况，通过言传身教和良好家风的熏陶，从道德品行、基础知识和基本生活技能等方面对儿童进行显性和隐性的教育。家庭教育对儿童成长有重要作用。但是，由于家长忙于工作和受自身知识、能力，尤其是教育能力的限制，很难对儿童进行有计划、有组织的学前教育。学前教育机构则不同，它是教育组织，有受过训练的教师和完善的教育设施。学前教育机构具有家庭教育不具备的优势，能够弥补家庭教育的局限性，承担起家长无法胜任的教育任务。学前教育能够运用现代的教育理念和科学的教育手段，针对儿童的身心特点，采取生动活泼的形式开展教育，在寓教于乐的活动中培养他们的兴趣，引导他们掌握一些基础性的知识，训练他们基本的生活技能和学习能力，使孩子健康愉快地成长。

这里需要提醒家长的是，天赋在孩子身上的表现往往是隐蔽的，有些家长会觉得自己的孩子有各种缺点，然而这些缺点可能正好是他们不同于常人的地方。至于要辨别哪些缺点是天赋的表现，哪些缺点是普通的缺点，现在没有可靠的研究成果可资利用。但从以往的一些经验来看，有下面这些“缺点”的孩子往往是很有天赋的。

比如，好动，闲不住。这些孩子几乎一直都处在活动的状态，甚至让你怀疑他们得了多动症。如果他们不动，就会浑身难受并且很难集中自己的注意力。这样的孩子其实很容易理解，他们每天都能量满满，需要不停活动，才能够发育得更好。所以，这类孩子一般都是思维活跃且动手能力强，父母们应当珍惜这样的孩子。

再比如，喜欢攒钱攒物。这种孩子看起来似乎有些抠门，但他们自制力强、有耐心。不是所有的孩子都有自制力、有耐心攒钱攒物的，大多数孩子攒钱不到一个月就会挥霍一空。自制力强的孩子做事情很容易成功。他们为了达到自己的目的，可以长时间坚持重复做一件事情，很让人佩服。

又比如，特别爱说话。有的孩子学会说话后，嘴巴似乎就一直停不下来，随时都在问问题。很多父母都觉得这样的孩子很烦人，可是他们肯定没有想过，如此喜欢“耍嘴皮子”的孩子其思维活跃度、敏锐度和语言天赋可能都优于常人，这是有助于他们成为杰出人才的天赋。

还比如，喜欢发号施令。这种孩子在日常生活中常常可以见到，他们在幼儿园跟同学玩的时候就经常会对同学发号施令，而且神奇的是这些同学也会听他的。这样的“孩子王”往往是很聪明的，他们头脑清晰，有想象力、组织力，能让人信服。很多杰出人才特别从事管理性、创造性工作的大家，在回忆童年时都有当“孩子王”的经历。

再比如，爱听故事、爱讲故事。爱听故事的孩子和爱讲故事的孩子都是爱动脑筋、想象丰富的孩子，这样的孩子将来有可能成为塑造新世界的人。

其实，每一个孩子都是有天赋的，都蕴藏着成为杰出人才的可能性。希望学校和家长们认真对待每一个孩子，不要压抑和忽略他们的天赋，不要耽误对他们的教育。

培养创新人才亟待教育变革

改革开放以来特别是党的十八大以来，我国教育改革发展取得历史性成就，但从深层次分析，还存在青少年创造力培养力度不够的问题。培养创新人才，必须推进教育教学深度变革。这是关系国家和民族未来发展的基础工程，应当放在中国式现代化建设的战略全局中考虑。

一、青少年时期是创新人才成长的重要阶段

创新人才的基本素质是创新精神、创新思维、学习能力、协作能力、实践能力、沟通能力、责任感和使命感，这些素质和能力相互交织、相互促进、构成体系，这个体系的核心就是创造力。提到创造力，人们往往会联想到杰出的科学家、工程师、艺术家、企业家等，以为只有他们才有创造力。其实，人人都有创造力，每个儿童也都有创造力，只不过有的创造力强一些、有的创造力弱一些。人的创新能力是连续变化的、动态的，从量变到质变、再量变、再质变，不断地阶梯式递进。

人在幼儿时期就有创新能力的萌芽，并且可以通过一定的方法进行训练和培养，这种萌芽表现在幼儿的动作、语言、感知觉、想象、思维及个性特征等各方面之中，尤其是幼儿的好奇心和创造性想象，这是他们创造力形成和发展的两个重要表现。比如，幼儿们的绘画作品，丰富多样，奇特无比，十分有趣，既有他们对现实世界的能动性再现，也有他们对幻想世界的不自觉展现，这就是创造力的萌芽。儿童上小学后，接触到更大的世界，见闻增

多，知识增加，感觉、知觉也更丰富，想象力就会获得进一步发展，想象的目的性、概括性、逻辑性都慢慢发展起来，无目的想象逐步减少，有目的的想象逐步增多，同时想象的创造性也会大幅增强，想象的复杂性、独创性日益发展。中学生经过丰富的学习和广泛的社会经历，理性认识逐步发展起来，有了初步的逻辑和价值观念，智力水平快速发展，他们的创造力如雨后春笋般节节攀升。中学生的创造力比起小学生，最大的不同是其现实性、自主性更强，许多中学生对现实中遇到的问题跃跃欲试，想用或者能够用自己的知识、智慧去解决这些问题，他们对未知世界、科学领域有深入探究的兴趣。

进入大学阶段以及步入社会后，人的创造力当然还在发展，但后来的发展离不开之前中小学打下的基础。一个人在青少年时期，如果在创新精神、创新思维、学习能力、协作能力、实践能力、沟通能力、责任感和使命感等方面没有得到较好的培养、打下良好的基础，那么后来的创造力发展必然是会受限的。

二、现行教育体系下我国青少年创造力发展不足

世界各国幼儿的创造力没有太大差别，但进入小学高年级之后，在不同国家或地区文化环境、教育体系下成长起来的青少年，其创造力就有了较大的差别。教育部科学技术司、共青团中央学校部、中国科协青少年科技中心及中国科普研究所曾经联合开展了《青少年创造能力培养现状社会调查和对策研究》课题项目，在1998年、2000年、2002年对全国青少年创造力培养状况进行调查，覆盖全国31个省（区、市）多所大学和中学以及香港特别行政区的青少年共1万多人。为了进行比较研究，还在2001年和2002年，分别运用《青少年创造能力培养现状社会调查和对策研究》的评估标准，对中国—美国、中国—加拿大的青少年创造力培养状况进行了比较。得到的结论是：我国青少年创造力发展的总体水平低于美国和加拿大。首先，从创造力的综合得分来看，中国青少年距离其他国家的青少年还有较大的差距。其次，具有创造力特征的青少年所占的比例也明显低于其他国家。以中加青少

年创造力比较为例，中国自评具有初步创造力特征的学生在学生总体中所占的比例只有23.3%，而加拿大有47.2%，相差20多个百分点；中国自评具有创造力特征的青少年所占比例只有9.1%，而加拿大有24.8%，相差10多个百分点。最后，从青少年创造力的发展前景来看，中国青少年创造力的未来发展有增长疲软的迹象，而且两极分化严重。在中德儿童技术创造力的跨文化研究中，连续三年的测验结果显示，虽然中国儿童创造力的总体水平暂时领先，但是，德国儿童创造力的增长幅度和稳定性明显高于中方儿童。还有一些研究表明，在中学生科学素养方面，我国远远低于国际标准。尽管中国学生基础知识扎实、抽象思维能力强，在国际奥林匹克竞赛中捷报频传，在国际教育成就评估中中国学生的表现也不遑多让，可是这些都不能掩盖中国学生知识转化能力差、动手解决问题能力不强的事实。

在我国现有教育体系下，青少年创造力呈现随年龄增长持续下降的反常现象。近年来多项研究表明，小学生比中学生更具有求实的探索精神。2002年的“上海市青少年科学探究学习活动”调研[①]发现，随着文化程度的上升，自评具有初步创造力特征的学生比例逐渐降低。在对各阶段学生发现问题、提出问题能力的比较中也可以看出，创造性提问能力也是逐渐变弱的。

在城乡学校之间，我国青少年创造力发展呈现两极分化的畸形结构。研究发现，中心城市少数民族高中生的创造性均值远高于边远农村少数民族学生的创造性均值。尽管随着年级的升高，中心城市少数民族学生的创造性有所回落，但是仍然高于创造性水平略显上升的边远农村少数民族学生。此外，校际学生创造力水平也存在着较大差异。

三、推进我国教育教学深度变革

教育是培养人才的基础。提高我国青少年的创造力，亟待深入推进教育教学深度变革。教育教学深度变革，不仅仅是要变革教育理念、教育内

① 参见牛灵江、翟立原主编:《青少年科学探究》，中国言实出版社2005年版。

容和方式方法，还要变革教育模式，实行小班化、差异化、个性化办学以及相应的教育管理制度、服务保障体系。这一点是基于总结改革开放以来我国基础教育改革的经验教训而得出的。改革开放以来，我国一直很重视青少年创造力的培养，并将之作为教育改革的重要目标。进入21世纪，随着国际国内形势的变化，培养青少年创造力的问题更加突出。中共中央、国务院在关于基础教育改革与发展的许多文件中，都将创造力的培养作为基础教育的重要目标。那种只注重知识灌输和死记硬背的填鸭式教学与学习理念得到纠正，以促进学生自主学习、合作学习和研究性学习为目的的新的教学和学习理念逐渐为广大中小学师生所接受，学生在学习过程中的内在兴趣、问题意识、批判性思维能力、创造性表达和自我认识的能力都得到较大提高。[①]

但是，这种不动办学模式、只靠教师小修小改的教育改革，其成效终归是有限的。近几年不少研究都表明，我国青少年创造力培养情况不容乐观，目前的教育改革并没有显著提高学生创造力。根源在哪儿？就在办学模式！现代学校本质上是工业革命的产物，很大程度上沿用了工业化的组织模式，像工厂批量化生产那样培养人才。这种办学模式中，学生个体的差异极容易被忽视，个体的创造热情也极容易被压制。这样的办学模式，不符合人的身心发展规律、创新人才成长规律。只有从根本上改变工业化的办学模式，实行小班化、差异化、个性化办学以及相应的教育教学管理制度、服务保障体系，使教育真正满足人的发展需要，才能更有利于培养学生的创造力、发展学生的个性特长。

教育理念的更新是一项深层次改革。要树立有利于人的自由全面发展、有利于创新人才脱颖而出的教育理念。比如，人无德不立，才无德不成，要坚持成才必先成人的理念，把立德树人成效作为检验学校一切工作的根本标准；要把培养创新思维、科学精神贯穿各个学段，不断引导学生探索实践，

① 参见林崇德等：《创新人才与教育创新研究》，经济科学出版社2009年版，第22页。

将好奇心、进取心变为探索的乐趣、成长的动力和综合素质的提升；青少年天性好玩、好动，要坚持“做中学”、学玩相融的人才培养路径，让他们在快乐中成长、在享受成功中走向真正的成功；综合性评价是促进全体学生创新素养发展的助推器，要构建促进人人成才、全面发展的综合性评价指标体系及运行机制；创新文化是创新人才早期培养的沃土，要营造更加开放进取、鼓励创新、包容个性的校园文化和社会氛围；等等。

实现这样深层次、根本性的教育教学变革，不是一件轻而易举的事情，涉及教育观念、教育文化、教育制度、教学模式、教育基础设施等诸多方面的调整，必然存在着重重阻力和障碍，但任何艰难曲折都不能阻挡历史前进的车轮。

走出创新人才培养的几个误区

创新人才培养具有极大的复杂性、不确定性，受制于一系列教育者无法掌控的约束条件，也包括教育者自身的局限。教育者决不能从某种既定理论、目标出发，“按图索骥”地去培养创新人才。

一、不宜刻意用某种模式训练创造力

人的创造力是一个复杂体系，不取决于知识结构、思维能力，更不取决于训练的强度、方法、时间。比如，人的思维格局和人格取向对创造力有重要影响，思维格局和人格取向怎么训练？显然，没有固定的套路，中国没有，外国也没有。人们已知的是，学生经受较长时间、较好氛围的讨论式、探究式、实践式教育，往往更具有一种批判和进取的态度，从而喜欢对真相刨根问底，对未来多种可能性进行不懈探索；而我国传统的学校教育则倾向于传授已知的技能、知识，因为这样容易见到教学效果，但对眼界、格局、想象、勇气这些非智力性、非知识性的引导相对较少，在课堂教学、科技活动中忽视学生创意、创造能动性的现象非常普遍。因此，教育中防止压制创造能动性，比激发创造能动性更重要，有时教师的“无为”胜“有为”。

二、不宜过高估计学校在创新人才培养中的作用

创新人才的发展是由多种力量共同促成的，其中没有任何一种因素能

主导整个过程，包括人才培养。人才发展的各种条件，即使构成必要条件，也不是充分条件。这就意味着，是先天因素还是后天因素更重要，是环境重要还是个人更重要，这是一个伪问题。创新人才的成长有很长的路要走，这种发展无法完全预测，没有固定套路，因此，不应该过高估计学校教育的作用。创新人才的成长有相当部分是靠自主学习、自我提升，比如，比尔·盖茨、乔布斯、马斯克、奥特曼都有辍学的经历，这种经历丝毫没有妨碍他们成为科技创新的领军人物。学校只是在他们早期发展过程提供了必要的知识和技术支持，而社会为其提供了一定的机会和平台。真正的创新思维发生于他们奇妙的大脑。学校没有批量生产出创新人才，不必自责，也不必自我否定。学校要做的是加强学生科技创新能力培养，筑好人才“蓄水池”，以便为极少数人才脱颖而出创造条件，这样就够了。中科大少年班培养了几千名毕业生，虽然有相当一部分最终没有从事科学技术前沿工作，但也培养了很多杰出的人才，指望中科大少年班的毕业生都获得同等成就是不现实的。当然，为一部分更有希望的拔尖人才提供更多的教育资源，是绝对必要的，这样才能筑好人才“蓄水池”。

三、不宜过度强调对学生的规范、塑造和世俗目标

创新人才的天性是追求自由、别具一格，驱动创新的持久动力是超越世俗的探究兴趣。我国传统教育总是强化各种规范，要求学生必须这样、那样，结果便是将学生本来具有的想象力火花扑灭。长期以来实行这种标准化、工厂化的教育模式，严重阻碍了创新人才的成长。从宏观看，国家应当为学生创造更多“非传统”“非常规”的成才路径。从微观看，学校在人才培养中应当鼓励学生独立、批判性的思维和个性化的立场，这样学生才会有探索的勇气、探索的空间。创新人才的成长需要特定的有利于创新的环境。学校改变不了社会大环境，但可以创造鼓励创新的小环境，树立“无界创新”理念，提升校园文化的多样性、包容性、进取性，营造更有利于思想交流、观点碰撞、多元思维、多角度对话的氛围；尤其要倡导追寻生活意义、

进行自我开拓的价值取向，改变教师、学生极度“内卷”的生存环境。如果教师、学生只有对世俗功名的追求，那么不论国家对创新人才培养投入多少，都很难造就大批的创新型人才。

“深度学习”点燃学生思维火花

我们常常看到这样的现象：在国际青少年科技创新大赛中，中国孩子和外国孩子获奖的途径往往不一样，中国孩子一般都是靠超前学习更多知识来支撑自己的研究而获奖，而外国孩子更多是运用已有的知识进行创新而获奖，中国孩子利用已有知识进行创新的能力明显比不上外国孩子，问题出在哪里？

我国课程教学改革已经进行了十几个年头，新课程体系基本建立，人才培养模式和考试制度改革取得积极进展，广大教育工作者的教育理念和教学行为发生显著的变化，但教与学的关系还没有调整到位。很多老师仍然习惯于传授应试化知识，对教材的把握只是停留在基础层面，没有从更高的角度、打破知识单元甚至学科壁垒，引导学生掌握核心知识，进行自主探究、深度思维的学习；有的课堂看起来很热闹，但真正聚焦主题、富有创造思维的讨论极少，学生沉迷于死记硬背，浮于表面。学生在这种学习中获得的知识是零碎的、机械的、肤浅的，而不是系统的、融合的、深层次的，缺乏理解与批判、联系与构建、迁移与运用的能力，往往储备丰富的知识却难以进行创新、创造。这一问题严重制约人才培养质量的提高。

为解决这一问题，一批有识之士汲取我国传统教育思想、总结过去教改经验教训、借鉴国外学习科学最新研究成果，提出了“深度学习”的主张，并开展卓有成效的实践探索。“深度学习”是指基于理解的学习，学生在教师的引领下，围绕具有挑战性的学习主题，全身心积极参与、体验成功、获得发展的有意义的学习过程。在这个学习过程中，学生掌握学科的核心知识、理解学习过程，把握学科核心思想与方法，形成积极的内在学习动机和健康向上的情感、态度与价值观；最终成为既具独立性、批判性、创造性，又有合作精神且基础扎实的优秀学习者，能够批判性地学习新思想新知识并有机融入原有的认知结构中，能够对知识进行广泛联系、迁移以解决实际问题。这一主张找到了解决当前课堂教学突出问题、提高人才培养质量的重要途径，在课程改革、教学改革的交叉点上选择了一个合适的突破口，符合教育教学和学习规律，符合《国家中长期教育改革和发展规划纲要（2010—2020年）》提出的“树立以提高质量为核心的教育发展观”“帮助学生学会学习”“着力提高学生的学习能力、实践能力、创新能力”等核心要求，有利于实现叶圣陶所讲的“教是为了达到不需要教”。

开展“深度学习”需要师生共同成长，尤其需要教师转变理念、提高能力，扮演组织者、引导者和学习帮助者的角色，起到点燃学生思维火花、创造“深度学习”环境的作用。教师要善于研究解决以下四个基本问题。

第一，教什么？研究什么样的教学内容更有价值。教师首先要研究课标及教材，梳理单元教学内容结构，找出单元内容蕴含的关键性的学科知识能力、学科思想方法、核心价值观念等，参照结构化的学科体系，明确体现学科本质的核心内容；其次要调研学情，依据学生需求，筛选单元学习主题；最后要再次对照课标要求，分析、检验主题，确定可以多角度切入、引发深层次学习、激发学生积极参与学习活动的主题，最终确定能够贯穿单元教学全过程。

第二，学什么？研究什么样的教学目标更有意义。教师要依据课标要求，围绕单元主题，结合单元学习内容，打开思路，集思广益，深入分析讨论教师期望学生获得的学科思想方法、学科核心知识、情感态度价值观；还要分析学生已有水平和现阶段思维特点，依据课标的学段目标要求，经过深入讨论，围绕主题，在多个学习目标中进行筛选，确定针对学生开展“深度学习”的需要，指向学习中关键性问题的解决，包含知识与能力、过程与方法、情感态度价值观的单元学习目标；最后听取同事建议和学生想法，进行目标调整，使得学习目标科学合理，具有指向学生、指向学科本质、指向“高级”思维能力、表达具体明确、体现系统公开的特征。

第三，怎么教？研究什么样的教学方式有利于完成任务目标。教师务必将用陈述句表述的单元学习目标转化为易于学生理解的疑问句表达，形成“深度学习”的导向，激发学生学习的兴趣，唤起学生主动参与思考、分析、探究、交流的学习热情；同时根据学习目标，结合学习内容与具体的学情，与生活建立联系，创设具体的学习任务情境；还要依据关键问题解决的步骤，设计活动的基本程序与活动的主要环节，主要环节的设计不仅要包含学习中的关键问题，还要符合活动展开的内在逻辑、学科教学的内在逻辑，以及学生认知发展的规律；最后还要多个角度审议，从而调整对“深度学习”活动的设计。

第四，怎么评？研究用什么方式检验教学效果。教师要根据确定的学习目标和课时目标，设计评价的维度与目标达成；在制定学习活动的基础上，结合单元学习过程中不同学习活动的形式、特点，选择多样化的评价反馈办法；教师要针对思维容量大、思维层级丰富的学习重点难点，制定可以评价思维发展的表现性标准，明确可以收集的评价证据，教师和学生结合课堂实际情况，在学习过程中给出具体的反馈信息，促进学习者的自我调整；还要多角度审议评价方案是否可行、评价方案是否有利于评价单元学习目标的达成，同时注意评价的规范性、开放性和评价者的多元化；学生也要作为评价主体参与评价学习过程，并评价学习目标的最终达成情况，为后续学习提供改进的思路。

近几年，一些学校开展了“深度学习”教学改进项目。各地普遍反映，推广这一项目意义重大、受益匪浅，它犹如好吃又有营养的大餐，“好吃”就是有利于解决教学形式的问题，“有营养”是有利于解决教学质量的问题。

星星之火，可以燎原。开展“深度学习”，你准备好了吗？

引导学生走进“深度学习”*

传统的教学活动是怎样的？是知识的传授和接受，教师担任传授者，学生是接受者，人类认识成果被作为传授物。这种教学活动很大程度上固化了教师、学生的角色与地位，把学生变成了学习的被动接受者，弱化了知识本有的意义与作用，降低了教学活动应有的吸引力。教学活动本应是生动有趣的、轻松的，而现实中许多教学活动是枯燥乏味的、让学生承受重负的。在社会发展相对缓慢、知识来源相对单一的时代，在传授的知识具有权威性而无须个人选择、评判，只须接受的时代，这种教学模式有其实践的合理性。但是，到了信息时代，在“网上搜索就知道”“人工智能就能生成”的时代，如果教学目标还只停留于此，教学的价值何在？教师的价值何在？学生为什么要去死记硬背课本上的知识？教学如何让学生体会到知识的价值和意义？只传授知识的教学当然不行。信息时代的到来，逼迫我们重新认识教学的任务与功能。教学不仅要帮助学生继承人类的认识成果，而且要在这个过程中感受、体验人类认识过程中的思想、精神、情感、意志、方法、价值观等。教师要引导学生“深度学习”，提升核心素养，形成自主发展的意识与能力。这是网络无法取代的，这是教师存在的意义。信息时代把我们过去忽略的东西凸显出来，逼迫我们给出答案，引导学生走进“深度学习”。

---

* 本文学习参考了教育部基础教育课程教材发展中心的“深度学习教学改进项目”。

一、“深度学习”深在何处

（一）要让学生成为学习的主人

通过教师设计的引领性学习主题、挑战性学习活动以及持续性学习评价，吸引学生主动地、全身心地投入学习活动中，感受学习的乐趣，体会学习的价值和意义，不断获得成就感和效能感，进而达到为理想和热爱而学习的境界。这时候，教学方式从单向灌输变为师生双向互动、共同探究，教学从无趣变有趣，学生从被动变主动，真正回归“学习主体”角色，进而学会理解世界、解决问题、学以致用。

学生要成为学习的主体而不是被动地接受知识，就得有活动的机会，用自己的身体、头脑去模拟地、简要地经历知识发现、形成、发展的过程。在这个过程中，学生能够在知识之外，体会到更深刻、更复杂的情感以及学科思想方法。例如，只有进入知识发现和发展的过程中，才能感同身受，体会到“日心说”发现者强烈的思想、情感，体会到所学内容在学科发展及人类发展历史中的重要价值，也才能体会到教学内容对于个人精神成长的意义。

如果学生的认识是直接从人类认识的结果开始，从概念、原理开始，这虽然保证了学生学习的高起点、目的性与快捷性，但也容易导致把知识传授本身当做目的，忽视学生的主动认识活动，直接将知识灌输给学生。因此，强调“活动与体验”尤为重要。学生通过活动与体验去主动探索、发现知识或者经历知识的形成过程，是“深度学习”的机制，也是“深度学习”的核心特征。

（二）要把提升核心素养作为教学目标

很多课堂的教学目标仍然停留在“双基”（基础知识和基本技能）上，甚至还放弃了“技能”，直接窄化为“知识的掌握”，而能力的培养、品格的塑造和价值观念的引导被严重忽视，学生的学习自然是浅显的、不够深刻的。开展“深度学习”，就是要求教师把教学目标定位在国家各学科课程标准所确定的“学科素养目标”上，借助知识载体，通过设计“引领性学习主题”和“挑战性学习活动”，让学生超越单纯的知识掌握，实现理解学科本质和独特思想方法、形成正确的价值观念及必备品格、掌握关键能力的学习目标。

（三）要对学科知识进行联想与建构

在以往的教学中，教学内容仅指向学科知识，学生很容易陷入“知识的海洋”而难以自拔。所以，教师教得苦、学生学得累，学习负担过重成为顽瘴痼疾。在“深度学习”中，教师要站在学科体系之上，选择本学科最为核心的知识内容，引导学生进行联想与建构。“联想与建构”是经验与知识的相互转化，是学生学习的基本方式，它调动并发展着学生的记忆、理解、关联能力及系统化的思维与建构能力。

只有在结构系统中的知识，才能够说明其他知识并被其他知识所说明。例如，三角形的面积公式在平面几何的面积公式中能够通过平行四边形的面积公式来说明，这样也能够进一步加深学生对平行四边形面积公式的理解。也就是说，学生所学的知识不是零散、碎片式、杂乱无章的信息，而是有逻辑、有体系、有结构的知识；学生也并不是在孤立地学习知识，而是在教师的引导下，根据当前的学习活动去联想、调动、激活以往的经验、知识，以融会贯通的方式对学习内容进行组织，从而建构出自己的知识结构。

（四）要掌握学习内容的本质与变式

“本质与变式”回答的是如何处理学习内容的问题。它要求学生抓住教学内容的本质属性去全面地把握知识的内在联系，而不是简单地掌握孤立的知识点或记住更多的事实性知识。例如，要判断某种动物是不是鸟，从“能飞”“有翅膀”入手不行，记住大量的鸟的类型与名称也不行，而必须通过“有羽毛”这个本质属性去判断。把握事物的本质不是直接从教师那里听到关于事物本质的文字描述，而是要通过学生的主体活动去把握，或是“质疑”“探究”，或是“归纳”“演绎”，抑或是“情境体验”等，让学生与自己正在学习的内容之间建立一种紧密的联系。只有这样，事物的本质才会显现，也才会在学生面前展现出它最生动、最鲜活的风采。把握事物的本质，要求学生具备深刻而灵活的思维特质，同时也在对学习内容进行深度加工、把握事物本质的过程中，发展着学生的思维品质。

把握事物的本质，是建构知识结构的前提，也是以简驭繁、削枝强干的前提。把握了事物的本质，才能认识本质的多样表现、多种变化，举一反三，闻一知十。为帮助学生把握知识的内在联系与本质，教师在教学中除提供学习内容的标准正例之外，还须设计和提供丰富而又具有典型意义的非标准正例甚至反例。例如，为使学生把握“角”的本质，不仅要提供“锐角”（标准正例），还要提供“零度角”“直角”“钝角”“平角”“周角”（非标准正例），从而帮助学生全面把握“角”的本质含义，避免形成“角是尖尖的”这种片面认识。

在学习中把握事物的本质，不仅能够使学生举一反三，由本质而推演幻化出无穷的变式，实现“迁移与应用”。更重要的是，使学生“学会学习”，即学会如何对学习对象进行深度加工，提升主动获取知识的能力。

（五）要实现知识的迁移与应用

学习是为了迁移与应用。如果把学习活动看作一个闭环结构，那么“迁移”便在闭合处，既是学习开始的端点，也是学习结束的端点，从别处“迁移”来，又从这里“迁移”到别处去；“应用”也是如此，既是上一个环节学习结果在此处的“应用”，又通过“应用”开启着新的学习。如此，学习内容的系统性、结构性以及随着活动深化而展现的深刻性与丰富性，学生学习的主动性、积极性、自觉性都能在“迁移与应用”中得以显现。

“迁移与应用”与“本质与变式”有着内在的关联。在一个学习活动中，先有对事物本质联系的把握，才有“迁移与应用”，“迁移与应用”是对“本质与变式”的印证与检验。“本质与变式”强调学生对教学内容的内化，而“迁移与应用”则强调学生对学习结果的外化。“迁移与应用”与“联想和建构”也是对应的，有“联想”才能有“迁移”，有“建构”才能去“应用”，反之同理。

“迁移与应用”更重要的意义在于，这是学生在教学活动中对未来要从事的社会实践的初步尝试，也是教学具有教育性的重要体现。这是我们过去关注不够的。

（六）要突出价值与评价这个成长隐性要素

“价值与评价”回答的是教学的终极目的及意义，即明确教学是培养人的社会活动，要以人的成长为旨归。“深度学习”的教学活动要自觉帮助学生形成正确的价值观，形成学生发展的核心素养。同时，在教学活动中，要自觉引导学生能够有根据地评判在教学活动中所遭遇的人和事。例如，如何看待防腐剂的发明与使用，这不仅仅是学习一个纯粹的化学知识，还要学生能够有根据地给出自己的态度与判断。

从学生发展的角度来看，全部的学习活动都内隐着“价值与评价”这一要素。培养学生对所学知识以及学习过程本身作出价值评判的意识与能力，就是要使学生养成这样的品质与意识：既承认“知识的力量”，肯定知识的正面价值，又要警惕知识可能带来的束缚与奴役；既能积极主动地将外在知识内化于己，又能以客观冷静的态度，与知识保持一定的距离；学习过程既是学习知识的过程，也是学生成长的过程，要用科学、合理的方式。在这个意义上，学习内容及学习方式都必须成为学生反思的对象，学什么、怎么学，都需要反思和批判。

对所学知识及其过程进行评判，既是手段也是目的，其终极目的在于培养学生自觉而理性的精神，形成学生自主发展的核心素养。这是教育活动与其他活动的根本差别。

二、“深度学习”发生的条件

“深度学习”并不能自然发生，实现“深度学习”，至少需要以下条件。

（一）要精心设计具有教学意图的结构化的教学材料

也就是说，教材内容并不等同于教学内容，更不能等同于学生的学习对象。学生的学习对象，必须隐含着知识极其复杂而深刻的意义，却又必须是学生当下水平能够直接操作（思维与动作）的材料。

如此，便需经过两个转化：一是由抽象的知识转化为含有学生品质发展目标的教学内容；二是由教学内容转化为学生可以操作的具体教学材料。例如，下面“角的度量”一课，便是将简单的数学技能知识的学习转化为饱含“数形结合”数学思想的内容，再由可供学生操作的材料得以具体化、现实化，引发学生展开主动学习。

（二）要精心设计有计划实现丰富而复杂教学目的的教学过程

例如，浙江金华市数学特级教师俞正强，在教授“角的度量”一课时，通过一个一个的问题，既为学生搭建思维的阶梯，又帮助学生进行深入的思考，而这样的过程，正是教师精心设计的。俞正强在文章中总结了这节课的过程及其设计依据：

我们来分析梳理一下，角的度量技能是如何落实的。

1. 角是有大小的。（知识复习）

2. 大小可以用数来表示。（赋值，数形结合是这样培养的）

3. 表示了其中一个角，其他角便因此也都表示了。（标准的意义）

4. 任何一个角，都可以通过与标准的比较而确定数值。（度量技能）

角的度量技能，是在这一过程中自然而然形成的。对学生而言，这一课时，好像不是从量角器的认识、使用开始的，但却以量角器的使用、认识结束。

这节课的现场非常生动有趣，但教学过程却是经过教师慎重思考后精心设计的，能够使学生在学习数学知识的过程中成为进行数学思考的主体。俞老师说：“纵观小学数学知识学习，数形结合这一数学思想的培养与落实，体会赋数以形的内容是十分多的，但体会赋形以数的材料却比较少，而这一节课，是让小朋友体会赋形以数的比较好的机会，好的机会绝不能错过。”“好的机会绝不能错过”，便体现在教师对教学内容及教学过程的精心设计。

（三）要善于提炼引领性的学习主题、组织挑战性的学习活动

引领性的学习主题往往是一个探究问题的切入点或线索，不一定就是教学知识的重点难点，但抓住这个切入点或线索探究下去，教学知识的重点难点就会迎刃而解。比如，在语文教学《静夜思》这篇课文中，有的老师抓住“床前明月光”的“床”字，引导学生进行探索、讨论，取得了比较好的效果。老师问：这里的床是指睡觉的床吗？学生们讨论说：如果是指睡觉的床，那么这个床应当是放在室内的，室内会有“霜”出现吗？作者是成年人，难道这一点常识都没有吗？再者，作者在室内，“举头”会望见明月吗？古代的窗子很低很小，“举头”就会看到屋顶，如何能“望明月”呢？只有在室外，才能“举头望明月”。那么作者在室外，这个“床”又是指什么呢？学生们查阅资料后了解到，“床”在不同时代指称不同物体，这里的“床”指井床（井栏）最合理。因为古人逐井而居，井边往往是亲人相聚的地方。井床潮湿，最容易结霜，所以“床前明月光，疑是地上霜”；井床空旷，还有井水反照，最容易引人“举头望明月”。看到与故乡相似的井床、一样的月亮，自然令人“低头思故乡”。找到了这个答案，人情物理就统一了，全诗意境便浑然一体了。由此可见，一个对“床”字的发问，就把学生从单纯的、封闭式的、缺乏挑战性的学习活动，引向了复杂的、开放的、探索性的学习活动，从个体学习走向师生共同学习和合作交流，从简单记忆走向深度思考、学以致用，进而实现教学方式的根本性转变。

（四）教师要创造平等、宽松、合作的互动氛围

教学活动本身是严肃紧张的，因此更需要营造宽松的心理氛围，给学生充分表达自己见解的机会，不以任何理由压制、嘲讽、打击学生的积极性，善于倾听，给予回应，与学生平等地展开讨论，等等。这是保证学生全身心投入教学活动、开展“深度学习”的重要条件。

三、重新认识教学活动的几个基本问题

在相当长的时间里，我们在对教学活动基本问题的认识上，常常不够

全面。例如，在讨论师生在教学中的地位与作用时，要么强调“学生主体”，将“学生主体”与“教师主导”对立起来，甚至从强调“学生主体”走向“学生中心”；要么相反，强调教师的主导作用甚至发展为“教师中心”。而所谓“学生中心”，只是在教学活动之外孤立地谈论学生的兴趣、需要、尊严，回避了学生在教学中如何获得发展、应该承担怎样的责任等问题；同样，所谓“教师中心”，也往往是离开教学中的师生关系、撇开教学活动去孤立抽象地谈论教师的素养与技能，很少关注教师在教学工作中的现实活动和教师的价值及其实现。在谈及教学内容（人类认识成果）时，往往孤立地关注教学内容作为认识成果本身的价值，强调它被继承、被传递的重要性，很少自觉将教学内容与学生的发展相联系，进而将学生的发展与未来人类实践活动相联系。因此，在教学理论与教学实践中，教学内容常被看作学生经验的对立面，而未能自觉探讨两者的共通性与连接点。因此，要么是系统讲授，要么是自主探究；要么重过程，要么重结果；等等。

在“深度学习”中，不仅要克服机械学习、浅层学习的弊端，让学生学得主动、积极；更重要的是，要克服长期以来的种种二元对立思维，使教师、学生、教学内容获得高度的统一，使教学内容实现其本应有的价值，使教师、学生在教学中获得最大发展，使学生能够形成有助于未来可持续发展的核心素养。

（一）要重新认识学生学习的意义

学生学习的最终目的并不是掌握已有的知识（虽然掌握知识是必要的），而是为了进入社会历史实践、参与社会历史实践。因此，在学习中，学生就要以明辨是非、独立思考的方式，把人类已有的实践成果转化为自身将来参与社会历史实践的能量，努力成为有能力、有担当、有责任感的社会一员。

因此，在“深度学习”中，不是把知识平移、传递、灌输给学生，而是由教师带领学生进入知识发现、发展的情境与过程中，引导、帮助学生成为知识发现的参与者而不是旁观者。换言之，学生并不是被动地接受知识，而是主动进入知识发现、发展的过程，亲身经历知识的“再形成”和“再发展”过程。因此，学习的过程，不仅仅是学习知识，更不止于学习知识，甚至学习知识本身都是手段，目的在于使学生能够作为主体参与（虽然只是简要地、模拟地参与）到人类的伟大历史实践，了解并认同知识背后所蕴含的情感态度价值观，提升学生的文化水平与精神境界，使其成为具有高级社会性情感、积极的态度及正确的价值观，有社会责任感、勇于担当的未来社会的主人。

在“深度学习”中，学生是学习的主体，教师是引导者而非学生学习的替代者，教学内容不是只需学生记忆的、外在于学生的静态的知识，而是需要学生全身心投入去理解、领会、评判、体验、感受才能活起来、动起来的知识。在教师的引导下，学生不仅能够掌握知识的符号（文字）表达以及符号（文字）表述的逻辑，还能够理解符号（文字）所传达的意义内涵，即能对教学内容进行深度加工。

以诗词学习为例。小诗小词虽短，却不容易读。它虽以理解客观的词义与句义为前提，但却有作者丰富的主观感受和体验蕴含其中，它的意境常常潜藏在容易被忽略的一字一句之内，甚至暗含在并“未书出”的无字无句之中，需要发掘，需要领会。“深度学习”就是要引导学生透过符号（文字）去感受理解符号（文字）背后的内容与意义，甚至要体会“未书出”的无字无句，去理解知识最初发现时人们面临的问题、解决问题的思路、采用的思维方式，理解知识发现者可能有的情感。只有经历这样的过程，知识才可能通过学生的主动操作活化为学生的精神力量、转化为学生认识世界的方式，学习的过程才能成为推动学生成长发展的过程。

比如，语文课本上有《诗经·伐檀》这一篇，第一句讲：“坎坎伐檀兮，置之河之干兮。”为什么《诗经》那么精练的诗句中，要用两个“坎”字？我让孩子们反复读，还让他们去了解檀树的硬度、生长环境。孩子说，“坎坎”可见树木之硬、劳动之累；“坎坎”可见劳动人民天天在砍、长年累月地砍，生活艰辛；“坎坎”可见漫山遍野是被压迫的劳动人民，一定是统治者在高扬着鞭子，逼迫劳动人民从事繁重的劳动；“坎坎”可见劳动人民对社会的不公平、对统治者的压迫是多么愤恨而又无奈呀！——这就用一字一句之辨，把孩子们引导到字句之外的意蕴中去了。

（二）要重新认识教学内容

“深度学习”的一个重要标志，就是能将外在的教学内容转化为学生内在的精神力量，而教学内容并不能直接转化为学生的精神力量，必须先转化为学生能够进行思维操作和加工的教学材料，成为学生学习的对象。

所谓“教学材料”，指由教师提供的、蕴含教学意图的、能够通达教学内容的符号或实体性材料。比如，用于表述知识的符号，以及具体的物质实体，如教具、音像和教师的板书、示意图等。教学材料既是人类认识成果的具象化，内在地包含着知识、思想、情感态度价值观，同时也包含着教师为学生的学习活动而设计的活动方式、路径、环节，是教师对学生素养形成的自觉规划与引领。也就是说，教学材料所蕴含的不只有通常所说的“干货”（知识），也有让“干货”得以泡发的情境、情感、情绪（如纠结、疑虑）、价值观、思想过程、思维方式等。这样的教学材料，才是学生在教学中能够操作、思考、学习的对象，并通过操作、思考和学习，全面把握并内化为知识的核心本质。

教学内容是学生深度操作、加工教学材料之后所获得、掌握了的东西。当教学内容转化为教学材料后，教学内容便从静态的知识转变为动态、鲜活的人类认识过程，成为可以进行思维操作和加工的对象，从而能够在学习活动中转化为学生的精神力量，引导学生的成长与发展。正是在这个意义上，当静态的知识转化为学生的现实力量时，人类认识成果才实现了它自身的价值，才能继续作为认识成果存在于人类历史之中，成为与未来社会实践相关的人类历史成果（而不是静态的存在物）。这正是教学之于人类历史文化的意义，也是人类历史文化自身的价值所在。

（三）要重新认识教师的价值

没有教师，虽会有学习但不会有教学中的学习。教师的教学意识与能力水平，决定着学生能否走进“深度学习”。教师与学生的“深度学习”是相互成就的。正所谓“学然后知不足，教然后知困”，没有好的教师，不可能有学生的“深度学习”；同样，在不断引导学生走进“深度学习”的过程中，教师也得到持续的发展。

在信息时代，教师再也不能只作为知识的传授者而存在。激发学生的学习愿望，引导学生的学习活动，帮助学生学得迅捷、愉快、彻底，启发学生在学习过程中质疑、批判、深入思考，是教师存在的最根本的理由和价值，因此教师不能被虚拟技术所完全替代。对于教学中的教师而言，从来没有所谓的“教师中心”，教师的所有愿望及一切工作的出发点，都只是为了学生的学习。“深度学习”要求教师自觉地赋予自己更丰富的职责，把社会的期望转化为学生个人的愿望，把教学内容转化为教学材料，引导学生去思考和体会教学材料中所蕴含的复杂而丰富的思想和情感内容，带领学生从自在的个体成长为有思想、有能力、有高级社会性情感、有积极态度和正确价值观的未来社会的主人，这样的教师，才是为学生成长服务的教师，也是能够成就自己、实现自身价值的教师。

人工智能时代的教育变革

人工智能（AI）是一门集合了计算机科学、认知科学、信息论等多个学科的技术科学，是在一定程度上模拟、延伸和扩展人类智能的信息处理系统。人工智能从20世纪50年代开始发展，早期用搜索方式完成简单人工智能任务，后来应用计算机科学中的数据结构与算法，尝试着完成较为复杂的任务，接着利用统计数据加算法的方式来发展人工智能，大数据驱动的深度神经网络崛起产生了革命性的突破，近几年又涌现了基于生成模型的通用人工智能，这可能是人工智能发展的“奇点”。人工智能被认为是科技创新的下一个“超级风口”，将成为新一轮科技革命和产业变革的重要驱动力量。① 人工智能正在越来越多地应用于医疗、教育、金融、交通、科研等各个领域，为人类生活工作带来极大便利和改变。作为教育工作者，对人工智能的发展不可不察，对人工智能给教育带来的影响不可不察，必须研究人工智能给教育带来了哪些变化，学校应该教什么、怎么教。

人工智能将改变教师的“教”和学生的“学”，成为促进教育创新发展的重要引擎。使用模拟方法，包括沉浸式学习体验，是人工智能应用于教学、学习和评估方面的重要优势。同时，人工智能为提高学习效率、开展个性化教育提供了一种强大的工具。例如，人工智能可以密切跟踪学生完成学习任务的过程，在学生遇到学习困难或最需要反馈的时候，以特定的方式提

① 参见李彦宏：《推动新一代人工智能健康发展》，《人民日报》2019年7月22日。

供适当的帮助。那么新的问题来了：当学生可以使用人工智能工具完成某些作业时，作业将不再具有巩固提升学习成果、衡量学习情况的功能，学生还会像现在这样学习吗？届时该如何衡量学生对知识的记忆、理解？随着人工智能的发展，我们越来越发现，人类过去以知识传递、信息记忆为主要内容的学习方式已经过时了。传统教育模式下，学生通常被要求记住某些公式、定理，并应用这些知识进行推理、预测和解决问题，教师和学生都把能够完成这些任务作为学习成果的展现；而现在的学生可以通过人工智能轻松地检索信息，轻松地完成知识应用，不需要花过多精力去记忆、练习，这种情况下，怎样才能展现学习的成果呢？传统意义的学习正在变化。

所以，现代学习观主张将批判性、创造性思维能力作为学习的核心成果，这些技能可能会在一定程度上被复制，但很难通过人工智能模仿。尽管人工智能可以帮助总结、概括、搜索、加工现有的知识和信息，但它无法具备更复杂的创新思维能力和探索学习能力，如形成新的科学理论、思想观点和研究方法，提出无数据支撑的复杂的未知领域的问题和答案。人工智能时代，教学最重要的任务将是由教师帮助学生获得创新思维能力、探索学习能力，教育模式、教学方式、教学目标及评估制度、学生的学习方式等必将随之变化。

一、推动人工智能与教育深度融合，赋能教育创新发展

既然人工智能技术已经成为提升生产生活效率的工具和管理工具，那么学生毕业后很可能会用到人工智能，因此，学校就应该帮助他们及早做好准备，学会安全、高效、恰当地使用人工智能。教育部门和各级各类学校都要主动拥抱人工智能，推动人工智能与教育深度融合，持续赋能教育创新发展。要重视人工智能教育课程和人工智能在教学过程中的广泛应用，加大相关资源投入并优化配置，帮助老师与时俱进地熟悉人工智能技术。

人工智能的出现也带来了严峻的挑战，目前教师的数字素养普遍难以匹配生成式智能技术的应用。要像过去全员培训教师应用信息化能力那样，

全员培训各学科教师应用人工智能的能力。要让教师不仅仅掌握人工智能技术，还要能够跳出学科本位进行思考，充分联系课程内容，整合人工智能教学资源，在课堂上构建与人工智能技术相融合的教学场景，依据学生认知发展水平进行融合教学，激发学生学习兴趣，提升学生信息素养和创新能力，实现人工智能的普及教育。要坚持立德树人、以人为本，强化专业学科交叉融合，帮助学生深入了解人工智能知识，更好地培养学生的科学精神，充分认识科技创造的价值，增强创新意识。

同时，也要规避风险，注意把握人工智能在各种应用中应遵循的伦理道德和应承担的社会责任，坚持防止生成式智能技术成为学生作业抄袭和考试作弊的工具，防止泄露学生个人隐私和数据。

当然，人工智能赋能教育并不是要改变教育的本质，教育的本质仍然是培养人、是一个灵魂唤醒另一个灵魂，我们不能走到以机器教育替代真人教育的路上。人际关系、情感感受、实践体验对学生成长的意义，是任何机器都替代不了的。教师不仅要帮助学生继承人类认识成果，而且要在这个过程中感受、体验人类认识过程中的思想、精神、情感、意志、方法、价值观等，这一点是不变的。

二、推进科学教育改革，加大人工智能在课程体系中的分量

当今世界科技迅猛发展，我国科学教育的目标、内容、方式要应对好未来科技变革的挑战，就必须加快科学教育改革，将包括人工智能在内的前沿科技成果引入科学教育。在中小学，要选择更多与人工智能有关的教学内容进入各学科，鼓励各学科教师探索将人工智能引入学科教学的方法。比如，小学科学教师在进行人体部分教学时，可以适当拓展一些有关人工智能的内容。包括在引导学生认识人的感官时，可以介绍机器人如何利用多种传感器接收外部信息；在讲解人的神经系统时，可以介绍人工智能如何通过模拟人的神经网络提升学习能力和思维能力；在讲解仿生时，可以介绍机器人如何通过模仿人的身体结构实现类似人的行动和控制。此外，在进行科学史

的讲解时，教师也可以适当融入人工智能的发展历史。大学、中学阶段，要引导学生理解人工智能背景下的大型数据集的模型和建模，同时教会学生捕捉人工智能影响下科学本质的细节，包括人工智能如何影响科学方法和假设的发展，了解人工智能的数据偏见和错误风险。有人认为，中小学生对人工智能还不具备认知能力。如何开展这项课程，需要先试点探索，然后进行试点评估，以避开智能技术的潜在风险，让人工智能更好地赋能教育。

三、改进教育教学方式，设计应用新的教学工具和策略

教育管理者和教师可以通过大模型分析学生在思考什么问题、提出了什么问题、在图书馆阅读了什么资料，从而找到学生的兴趣点和难点，更好地解决教师精准教学、精准辅导学生的问题，真正做到因材施教，而不再像过去那样“大水漫灌”。可以利用人工智能技术提升教育评价手段，开展差异化的评价。过去只能通过一张卷子来评测教学效果，而运用人工智能则可以对老师授课情况和学生学习情况进行全过程、多维度的分析评价，找出哪些方面做得好、哪些方面还有不足。要鼓励教师结合学科教学，创造性地渗透人工智能技术。比如，一位小学科学课教师说，在组织学生开展科技活动时，学生不便使用传统纸笔方式进行记录，就可以让他们应用语音识别技术记录活动过程中的发现；在引导学生观察和记录动植物时，可以应用识图软件帮助学生识别不认识的动植物，既能满足学生个性化的学习需求，又能帮助学生实现高效探究。一位大学教师说，工程设计与物化是科学教育的重要内容，教师可以尝试在这门教学中融合人工智能教育，如在设计物化环节引入传感器，整合编程学习，让物化模型具有更高的自动化水平。国内外有许多学校开始使用 ChatGPT 等平台，在2024年世界数字教育大会“人工智能与数字伦理”平行会议上，伦敦玛丽女王大学校长科林·贝报告了一组数据：“在 ChatGPT 发布后不久，一项针对本校学生的调查显示，有 89% 的学生借助 ChatGPT 做作业，48% 的学生承认在家考试时使用 ChatGPT，53% 的学生曾使用 ChatGPT 来写论文。”我国也应当鼓励师生使用这些工具，并

应开展准确性评估，防止生成式人工智能带来学术不端等负面影响。

四、把握人工智能教育内在规律，更加重视对学生科学思维和科技实践能力的培养

人工智能技术不同于过去的学科分类，具有跨学科、综合性、交叉性、实践性、累进性等特征，学生对人工智能技术的理解不可能靠传统知识传授获得，而要在原有经验的基础上不断通过探究和体验才能获得。虽然学生对人工智能的应用并不陌生，但人工智能技术与学生生活经验、知识基础之间是存在很大距离的，有些更是思维上的鸿沟。因此，教师在将学科教育和人工智能融合时，要基于学生的认知水平，重视他们与人工智能技术的真实连接；让学生更多地参加实景化的科技实践活动，从而习得科学思维、进而理解和应用人工智能技术。目前科学课程还停留于传统知识传递，虽然有实验、数据收集和解释等内容，但建模等内容在课程中仍然受重视不够。这种传统教学内容不利于培养学生理解和使用人工智能的能力，甚至会助长对人工智能的偏见，必须加快科学课程内容的改革。要积极培养学生的算法思维、批判性思维、创造力和社会洞察力，以适应智能社会的发展。2021年中央电化教育馆发布了《中小学人工智能技术与工程素养框架》，明确了基础教育阶段人工智能教育的核心素养和学习内容要求。在安排学习进度时，教师应当依据上述文件提出的培养要求，在各学段都进行人工智能教学设计，不能因为占考试比重较低等原因而忽视人工智能课程。

此外，要建立开放式人工智能教育环境，建立前沿科技工作者进入学校课堂的常态化机制，使校内外资源便捷对接、学校科学教育与人工智能科学研究的最新发展相结合，提升各类学校特别是薄弱学校获得人工智能教育资源的便利性，不断拓展学生视野，防止薄弱学校学生进入社会后对人工智能、对专业科学的认知层次太低。

让学生在娱乐中学和记

——一次科学课上打牌活动的案例

问题：

如何在课堂中创设情境，让学生在“娱乐中学、娱乐中记”？

问题解读：

在新课程背景下，创设情境成为教学设计最重要的内容之一，要求我们将传统的教学设计改变为设计情境化的学习环境，针对特定的学习目标，将学习内容安排在情境化的真实的学习活动中，让学生通过参与真实的问题求解等实践活动从而获得更有效的学习。即在教学活动中，以课堂教学为主渠道，以学生为中心，努力在教学中创设情境，让每个同学都能踊跃参与，并能在参与中表现自我，激发兴趣，让学生在“娱乐中学、在娱乐中用、在娱乐中记忆”。

在实际的教学中，有的知识比较枯燥乏味，但是又很重要，学生不得不记。为了避免学生单调而又枯燥地死记硬背，这就很需要我们灵活地创设情境，使学生能在一个比较轻松、愉快的氛围中记住所学知识。例如，武汉教育出版社的《科学》八年级上册第一单元的学知识部分，要求学生在短期内记住元素符号、名称以及原子序数确实很难。针对这个问题，我设计了一个用“元素符号牌”打牌的活动，让学生在娱乐中轻松记住元素相关知识。

案例：

课前准备：在上完元素符号这一节课之后布置学生自己动手制作“元素符号牌”。牌分三种：每张牌正反两面都有字，其中一种是一面是元素名称，另一面是元素符号；第二种是一面是元素名称和符号，另一面是原子序数；还有一种是元素符号（包括化合价）和原子序数。每人都亲手制作不一样的三副牌，完成后老师统一收集（不说明为什么需要制作三种元素符号牌）。

活动：在上完第一单元课程估计学生对元素周期表已有一定的认识和记忆之后，利用两节课的时间让学生用自己制作的“元素符号牌”练习打牌。

具体过程与要求：首先让学生以4—6人为一小组合并课桌准备打牌，然后每小组发2—3副不同的元素牌。要求：1. 按原子序数打；2. 抽几张牌出来让另外的同学说出所缺的牌；3. 用两副打“拖拉机”（按元素相对原子质量大小）；4. 鼓励学生自主创新打法。

听说要打牌，同学们兴致很高，全班一下子沸腾了起来。同学们玩牌的花样很多，各个小组根据自己组内的情况，有的打“上下游”、有的玩“关三家”、有的玩“斗地主”、有的打“拖拉机”。开始时都按要求按原子序数打，打牌的过程中出牌的同学要说出所打的牌相对应的元素名称或者叫下一个出牌的同学说出元素名称。有的同学记得不太熟，不得不偷偷地翻看课本。接着按相对原子质量、化合价打，还有“抽牌”等玩法。活动热火朝天地进行着，同学们不断尝试着各种各样的玩法。在打牌的过程中，他们不知不觉就记住了元素符号、原子序数和一些元素的相对原子质量，加深了对元素周期表的理解和记忆，同时也提高了学生对科学的学习兴趣。

教学反思：

通过这次打牌活动，学生们普遍认为，背了很长时间都记不住的元素符号已经十分熟悉了。学生们不仅仅记住了每个原子的原子序数，还记住了每个原子的相对原子质量。还有的同学通过这次活动，认识到了自己在某些知识点上的不足，在后面的学习过程中会更加注意。总的来说，学生们在活动中加强了对知识的理解、运用和记忆。

学生反馈摘录：

黄清涵：好玩！我觉得这次玩牌活动不仅仅是好玩，最重要的是让我们把元素符号、原子序数和原子相对质量都记熟了。课前还可以用这些“元素牌”来提问同学，在家里我还可以让父母测试我。老师组织这次打牌活动的想法很好，让我们在活动中不知不觉地学到了知识，希望老师以后多组织这样的活动。

管悦：我认为这样的上课形式挺不错的，边玩边记。在考试的过程当中，如果遇到相关的知识点，我会想起活动的细节，会很快写出答案。因为这样的活动之后，同学们在很长一段时间里会对活动中学到的知识记忆犹新。

王旭东：翻翻书，以前总记不住的元素符号居然牢牢地记住了，许多新的原子序数也被我牢牢地“抓”住了，过瘾！

张弛：我本来不太喜欢科学这门课，要记的东西太多了。但是通过这次活动，使我对科学这门课有了新的认识，我以后一定会认真学习这门课程！

（以上学生姓名均为化名）

把科学探究落在实处

——两堂科学课的比较与启示

某次我给省内某重点中学初一（2）班的同学们上了一节市级公开课“探究身边的气体物质二氧化碳”，课后许多教研员和老师给予了高度评价。全班51个同学在周记中不约而同地记录了这节科学课，单从题目就能体会出他们的感受，有的写“最难忘的一节课”，有的写“最活跃的一节课”，有的写“最快乐的一节课”，还有的写“最成功的一节课”……课后。初一年级其他班的很多同学看见我就问：“孙老师，您什么时候给我们班上二氧化碳的课呢？”

其实，前几天，同样的课题我曾经用另外的方法在其他班讲过一次。那次课，我同样精心地准备了课件，认真设计了实验，却远没有这节课受欢迎。问题出在哪呢？我从以下7个方面做了一个比较，见表1。

表1　两堂科学课的比较

比较项目	第一次课	第二次课	比较结论
课件（幻灯片数量）	33张	8张	课件数约为原来的1/4，使学生观看课件的时间大大减少
教学方法	边讲解，边实验	小组讨论，人人动手，合作探究	学生大胆猜想，积极讨论，亲手实验，认真观察，兴致盎然

续表

比较项目	第一次课	第二次课	比较结论
教师讲解时间	总计30—35分钟	总计8—10分钟	讲解时间大大减少，避免了教学内容的灌输
学生动手时间	间断时间，共8分钟	整块时间，共22—28分钟	学生动手时间很充足，在实践中学习，感觉很过瘾，学习兴趣很浓
学生实验准备	课本上规定的5个实验	课本上5个规定实验，另增加6个选做实验	实验数量翻倍，学生除完成课本上规定的实验，还留有一定的余地，为有能力的学生继续探究提供了充足的实验条件
学生探究主题的设计	规定了学生探究的主题和探究的顺序	没有规定探究主题，可以任选，也可以从最感兴趣的主题入手	探究主题让学生小组讨论后自定，探究顺序也让学生自定，充分考虑学生的不同需求，使学生的主动性大大增强
学生探究方案的设计	规定了学生的探究方案	给一个探究方案作参考，其余学生自定	探究方案让学生小组讨论自行设计，鼓励学生合作学习，大胆创新

两次授课内容都是让学生从探究身边的常见气体物质二氧化碳入手，使学生逐渐掌握探究气体物质的一般方法，目的是为他们的终身学习和科学研究打好基础。古语云：“授之以鱼，仅供一饭之需；授之以渔，则终身受用无穷。”古人早已认识到能力培养的重要性，时至今日，很多老师都早已在科学教学中关注对学生探究能力的培养，都知道在教学过程中不仅要传授科学知识，还要教给学生获得知识的方法。但我通过上这两次课，真正感受到把科学探究落在实处不容易，要注意以下几点。

一、教师角色要转变，观念要更新

现代教学理论认为，课堂学习活动必须面向全体，以学生为学习的主体。这一点我们很多老师都知道，关键是具体教学该怎样把握。教师要从过去的知识灌输者转变成学习活动的组织者、引导者，这个“导”要求师生结成伙伴关系，亲切交流，合作探讨，要求教师一定要舍得，要舍得把那庄严的讲台让出来，把滔滔不绝讲授的时间让出来，要留足够的时间和空间给学生。除舍得以外，教师还要充分相信学生，学生更乐意亲自得出结论，而不是被动接受结论。

二、学习要以探究为核心、为目标

我们这次选取的探究课题贴近生活，学生的探究活动选取的实验器材也贴近生活，如纯净水塑料瓶、雪碧饮料、百事可乐等，让学生切实体会到科学并不神秘，它就在自己身边。探究既是学习的目标，又是学习的方式。实验器材向学生提供充分的科学探究的机会，使学生在像科学家那样进行探究的过程中，体会学习的乐趣，增长知识，从而提高探究的能力。在以探究为核心的学习中，要鼓励学生独立思考，与他人愉快地合作交流，积极探索，不唯书、不唯师、只唯实，敢于创新，形成尊重事实、善于质疑的科学态度。例如，学生在做“二氧化碳既不能燃烧也不能支持燃烧”的实验时，有的学生把燃烧的木条伸入装有二氧化碳的集气瓶，有的同学点燃一高一矮两支蜡烛，再把二氧化碳倒入烧杯中。不管怎么做，他们都完成了“提出问题→猜想或假设→制定计划→观察实验→分析结果→表达与交流”的探究模式，如此一来，就能让他们深刻体会到科学探究是人们获取知识的重要途径，也是人类认识世界的重要途径。

三、学习活动及评价要开放

这种开放性表现为学习内容、活动方式等方面为学生提供选择的机会和创新的空间，使得学习活动尽可能满足不同层次学生的需求。教师努力去引导学生放开思路，学会运用原有的知识经验来研究同一个具体的事物，对客观事物的认识不唯一，思考的角度不唯一，思维的途径不唯一，答案不唯一。如有的学生还想要了解二氧化碳是怎么制备出来的，选择了二氧化碳的制取装置，在老师的帮助下顺利完成了二氧化碳的制取。还有的学生别出心裁，把干冰放在塑料瓶中，盖上塑料瓶盖，不停地振荡，希望能收集到二氧化碳。结果砰的一声巨响，塑料瓶盖弹射到天花板上。这种戏剧性的效果又开拓了学生的思路，吸引学生做进一步的探究。

本节课探究过程的操作：

1. 设置情境，导入课题

让学生开启一瓶百事可乐，观察现象。

让学生说说自己了解的二氧化碳的知识。

让学生谈谈还想知道二氧化碳的哪些方面的知识。

通过教师精心创设的情境，激发学生的思考，学生通过身边常见的现象很容易自行提出或发现问题。这是探究的关键环节之一。要让学生学会从多角度去思考、去发现、去提问，把以问题为媒介的学习作为整个探究过程的驱动力。总之，在这个阶段，教师要鼓励学生提问，让学生畅所欲言。在这个环节中产出的问题越多越好，因为这样就能为下面的探究提供更多的探究主题。

2. 小组讨论，确定主题

老师提供可借鉴的探究主题：

（1）二氧化碳真的是无色无味的气体吗？

（2）二氧化碳的密度真的比空气大吗？

（3）二氧化碳真的能够溶于水吗？

（4）二氧化碳真的不能燃烧和不能支持燃烧吗？

（5）二氧化碳真的能使澄清的石灰水变浑浊吗？

…… ……

组织学生小组讨论，确定探究主题。（可另选探究主题）

首先，教师要让学生选择一个自己最感兴趣的问题作探究的主题。给学生充分的自由，激发学生的好奇心。对学生所选择的探究主题教师要给出一定的要求。探究主题是否合适要从两方面去衡量，一是所选探究主题是否有研究的价值，二是所选探究主题要结合实验器材看是否可行，这样才能为后面开展探究活动提供保障。其次，选择好研究的主题后，可以让学生根据已有的知识和经验作出大胆的猜想或假设，因为学生的学习不是从空白开始的，而是一个不断利用旧知识同化新知识的过程。

3. 指导学生，设计方案

老师提供可借鉴的探究方案，见表2。

表2　可借鉴的探究方案

探究主题	二氧化碳真的是无色无味的气体吗？
方法与步骤	观察二氧化碳的颜色和状态，闻二氧化碳的气味
现象与结论	通常状况下，二氧化碳是一种（　）色（　）味的气体

指导设计“我的探究方案”，见表3。

表3　我的探究方案

探究主题	
方法与步骤	
现象与结论	

当学生选择好探究主题，并作出大胆猜测后，这时就应该思考行动计划及如何来验证自己的猜想或假设，头脑中必须设计好验证的方案。由于初一学生的知识水平和能力有限，教师可以提供一个可借鉴的探究方案。

4. 巡回指导，开展实验

指导学生规范操作、安全操作，鼓励学生用不同的探究途径完成探究目标。发现学生的创新性活动，充分肯定其闪光点。

有的学生在开展制备二氧化碳的实验过程中，会很自然地产生新的疑问：“二氧化碳该怎么收集呢？”这就引起了新的思索、探究；学生通过多种方法进行验证，最后选出了最佳的收集方案——“用向上排空气法”，这实际上是一个不断优化实验的过程，也让学生通过制备实验探究了二氧化碳的密度和溶解性的问题。探究的内容环环相扣，探究的活动步步深入，真正地把科学探究落到实处。

5. 展示实验，分享成果

组织学生上讲台展示小组探究过程和成果，尤其是鼓励有创新行为的学生充分交流。

这一环节通过简单有效的口头表达和实验结果展示，准确、清晰地表达自己或小组的探究成果。在交流过程中，要鼓励学生既要善于表达自己的发现，又要学会倾听，善于汲取别人的成果，从而丰富自己的探究学习经验。

6. 师生互动，归纳总结

师生共同归纳二氧化碳的性质：（略）。

这一环节让学生对知识点有一个完整的深刻的印象。

7. 学以致用，解决难题

（1）如何利用所学知识制造“腾云驾雾”的舞台效果？

（2）假如去一个未知的溶洞探险，选择照明工具时是选手电筒还是火把？

（3）怎样检验雪碧饮料中的气泡是不是二氧化碳？

（4）假如现场失火，怎样快速灭火？

在这个环节中我要求学生用行动来学以致用，解决生活中的难题。当学生亲手用干冰制造出“腾云驾雾”的舞台效果；当学生摇晃着熟悉的雪碧饮料，亲眼看见澄清的石灰水变浑浊；尤其是现场突然失火，短暂的惊呆过后，很多学生拿起灭火器勇敢地灭火时，在场的老师们异常兴奋和激动，我想，这就是科学神奇的力量！这就是科学探究结出的硕果！

放飞孩子科学想象的翅膀

——一组科幻教育课程点评

为贯彻落实习近平总书记“对科学兴趣的引导和培养要从娃娃抓起”①的讲话精神，以“探索多元的青少年科普科幻教育”为主题，2021年科幻教师培训交流活动在南京和上海两地以线上和线下相结合的形式举行。此次活动由中国青少年科技辅导员协会主办，江苏省青少年科技教育协会、上海市闵行区青少年活动中心、江苏省南京晓庄学院附属小学承办。全国数百位科技辅导员参与了培训，活动圆满成功，取得良好的效果。来自中国青少年科技辅导员协会科普科幻课程研发团队的王斌老师、沈勇辉老师、喻承老师分别给大家带来了科幻画、科幻写作、科幻物理三堂干货满满的课。三堂课无论是对青少年科技辅导员还是对青少年学生都大有裨益。

一、科幻教育课程必须以科学为前提

科幻画、科幻小说、科幻物理，无论是哪种表现形式，都讲科学、用科学，都必须以科学为准绳、以技术为依据。

王斌老师开宗明义，对科幻画下定义：科幻画即科学幻想画，是少年儿童在已掌握的知识经验的基础上通过科学的想象，应用绘画语言，创造性地

① 习近平：《在科学家座谈会上的讲话》，人民出版社2020年版，第13页。

表达出对宇宙万物、未来人类生活、社会发展、科学技术等方面的遐想而产生出来的绘画作品。

沈勇辉老师引经据典，引用孔子的话“名不正，则言不顺；言不顺，则事不成”来强调科幻小说“姓科不姓魔”，以及科幻小说和“奇幻”“魔幻”，特别是跟“玄幻”的本质区别。它用幻想的文学的形式，表现科学发展远景，以及人类在未来世界的生活情景，其内容交织着科学事实、预见和想象。科幻小说是随着近代科学技术的蓬勃发展而产生的。

喻承老师抛出引人深思的问题：科幻和物理的融合能否打造出不同以往的让人耳目一新的课程呢？他从“现实、幻想、科学”三个角度导入科幻物理课程。对传统物理课程（狭义的物理课）、新形式物理课程（广义的物理课程）二者的关系进行深入阐释，强调科幻物理课程是多学科的融合，科幻在物理教学中的切入点很多，作为教育的实施者要考虑如何恰到好处地运用。

二、科幻教育课程重在激发好奇心

新时代的少年儿童是天生的幻想家，个性张扬，表现欲强，思维活跃又不乏趣味。因此要求我们的教师一定要在课程中处理好传授知识与培养能力的关系，享受师生交往、共同发展的互动过程。科幻元素往往是学生喜闻乐见的，借助这些学习资源可以吸引学生注意力，提高学生的学习兴趣。

科幻小说是科学知识加上对未来展望的迷人想象，既有科学的品格，又有文学的魅力。沈勇辉老师的科幻写作课上旁征博引，古代的例子有《列子·汤问》、东晋王嘉《拾遗记》、上古三大奇书之一《山海经》、南朝梁任昉《述异记》、清代俞万春《荡寇志》……现代的例子有刘慈欣凭借科幻小说《三体》获雨果奖最佳长篇故事奖，是中国人乃至亚洲人首次获得雨果奖，也是中国科幻走出国门、走向世界的重要一步。除了《三体》，他还推荐《微纪元》《流浪地球》《带上她的眼睛》，外国的儒勒·凡尔纳经典三部曲《格兰特船长的儿女》《海底两万里》《神秘岛》，赫伯特·乔治·威尔斯的《时间机器》，艾萨克·阿西莫夫的《永恒的终结》……

喻承老师认为，科幻为孩子们插上了想象的翅膀，让他们表现出自己最自信的一面，在探究中可以发扬所长，大胆创意；尤其是如果通过一定的问题设置，能够借助科幻增强学习内驱力，从而助力对物理规律的认知；而一旦掌握了相应的物理知识，又能反过来运用物理知识进行更为有效的科幻创作。

教师善于运用科幻的力量，可以让教学的有效性和生动性有机结合，让学生学有所得，让课程更受孩子们的欢迎。

三、科幻教育课程既“授人以鱼”又“授人以渔”

三堂课，内容丰富，事例形象。在此基础上，三位老师也给青少年科技辅导员和青少年学生提供了很多可以操作的方法，让大家有路可循。

王斌老师从新颖性、科学性、趣味性、表现性、未来性等角度分析了科幻画的要求。他提到，引导学生观察生活、发现素材、提出问题就显得特别关键。比如，某居民楼着火，造成了人员伤亡，教师根据这个事件引导学生发散思维，展开想象，抓住课上学生提出的一些闪光点——机器人不怕火、特种消防车、水炸弹等，然后运用已掌握的科学知识，对未实现的事物进行想象，再组合重构、搜集素材，经过新的组合而创造出新的有科学依据、有逻辑性的构思。再比如，未来交通工具这一节课。大家知道交通工具种类繁多，如果敞开研究在限定时间里不容易形成绘画思路。故而我们可以给学生圈定范围，本节课只研究新型救护车，一小组完成救护车外形功能突破，二小组完成车内医务功能创新，三小组完成车内智能机器人人性化、功能化设计。让每个学生都充分参与其中，都可以发现自己的闪光点、深挖拓宽持续研究。

在课上，沈勇辉老师列举了一些科幻小说中独特的“套路”，比如，“外星人都是碳基的”“新技术是危险的”“英雄有着强大的意志力”……同时，他也条分缕析地介绍了科幻小说的阅读和写作方法。其中一个环节，他设置了这样的情境：外星人入侵，你赶去和其他超级英雄会合，面对这样的危机，你们会有什么样的应对方案？沈老师还设计了一个游戏，将学生分为两组，抽签决定外星人组和地球人组，一组对另一组发起超能力攻击，各组想出更多的超能力来进行攻守大战。

由于课本篇幅和上课课时有限，学生对一些物理规律难以理解，有一些错误性的认识也在所难免，而且学生难以在短时间内将所学到的物理知识融会贯通形成体系，因为这往往要经过大量的习题训练，而利用科幻资源，恰好能够弥补这方面的不足。例如，在太空中模拟重力环境的问题。很多科幻电影中的空间站、飞船、太空城都是用旋转来模拟重力。通过这样的实例可以协助形成以下认知：(1)惯性系中离心力并不存在；(2)人感受到的是保持圆周运动的支持力；(3)人不处于受力平衡状态，合力为向心力；(4)不能用支持力和离心力相平衡来理解。从而将匀速圆周运动、牛顿三大运动定律结合起来进行理解，避免"离心力"的想法带来受力分析时的失误。

四、科幻教育任重道远

科幻作品除了能够普及科学知识、激发阅读者对科学的学习兴趣外，还能够开发想象力，传达向往未来的精神力量。美国科幻作家艾萨克·阿西莫夫曾说："儿童应该尽早阅读科幻作品，在9岁或10岁，不能晚于11岁。"

沈勇辉老师说："我们在号召学生阅读科幻小说方面力度不够，鼓励学生写科幻小说的更是凤毛麟角。"

加大科幻教育的难点并不在于孩子，而是来自外在环境。不要低估小朋友们的想象能力，有些学生一开始非常大胆，想象力非常丰富，让人为之赞叹，但随着时间的推移，也许是学校、家庭、社会的影响，他们的想象能力随着成长逐渐退化，变得谨言慎行了。因此，我们应当行动起来，一起为青少年营造良好的外在环境，根据他们的身心特点，使他们爱科学、学科学、用科学，能够健康快乐地成长！

树立正确的家教认知

我们培养了一个女儿，小学成绩一般，初中成绩时好时坏，但她喜欢做难题，做简单题反而容易出错，最喜欢写作文，曾获得传统文化作文大赛全国一等奖、楚天杯特等奖，还获得全国初中数学联赛一等奖。暑期参加学校的中学生社会实践活动，初中毕业后考入北京某重点中学；高二获得全国物理奥赛一等奖，并进入国家集训队，之后被保送到北京大学物理学院；从北京大学毕业后，申请到美国一所世界顶尖大学的全额奖学金，目前正在攻读博士。将来能不能成才，还不可知，但她的学习生活都很快乐、性格很阳光，发展势头很好。不少朋友向我咨询家教经验，我感到很为难，因为家教是极具私密性、个性化的，我们的做法不一定适合别人家的孩子，家教没有可以直接照搬的模式，此为其一；其二，家教虽然没有固定模式，但也有一些基本规律可循，首要的是必须树立正确的家教认知，弄明白什么是教育、谁来教育、教育谁、怎样教育。

一、什么是教育

我理解，教育的过程，就是孩子不断社会化的过程。很多孩子不守规矩、不听管教，实质是没有成为社会化的人。我女儿上幼儿园时，就不知道如何处理跟老师的关系、跟课堂规则的关系，上课到处跑，好动，有时还影响其他同学。让孩子懂得学习、做人、做事的规则，是一个艰难过程，需要家长耐心引导。好家长是学出来的，我每年都坚持阅读几本研究家教的著作，根据孩子的年龄阶段选择合适的著作学习，从而掌握每一阶段孩子的生理心理特征和教育规律。

好学生是教出来的。教什么？不是简单地教知识，而是要教生活、教发现、教思考、教做人，帮助孩子实现从动物到人的飞跃。这种帮助是其他人替代不了的，是家长的优势所在。

1. 培养智力因素

这方面有三大规律。

不愤不启：善于发现时机、创造时机。孩子提问是家长开展教育的最好时机，比如，孩子问人为什么没有翅膀？这是让孩子了解动物进化史、人类进化史的好时机。一切问题都是有价值的、都是种子的萌芽，家长要放下一切来回答孩子的问题，并适时提出挑战性问题。比如，到腾龙洞参观，她摸那些洞里的小草，我问："你发现这些小草与洞外小草的生长环境有什么不同？"她答不上来。我又问："植物生长一般需要什么？"她说："需要阳光、水、土壤、养料。"与眼前的现实一对比，她又说："有的小草没有阳光也能成长呀。"这就培养了她发现新情况新问题的能力。再启发她，人要不要学习小草的精神？她说："一个人在艰苦环境下，没有阳光也要灿烂。"答得多好！

循序渐进：由低到高、由易到难，不能急躁。6岁之前是语言、音乐学习的最佳时期（每天听广播，多与孩子对话刺激大脑发育），7—12岁是学习科学、数学的最佳时期。13—20岁是学习逻辑、运动的最佳时期。小学主要是培养习惯，学会提问是最重要的习惯。初中主要是提高学习效率、掌握学习方法。高中主要是提升学习规划和理性思维能力。

因材施教：不能盲目攀比，怎样对待奥数、培优、作业，都要从孩子的实际情况出发。学有余力才去学其他项目，不要跟风。我的孩子在这些方面的学习都是随性的，没有坚持学哪一种特长。

2. 培养非智力因素

非智力因素是轨道、是基础，对孩子的成长非常重要。有三个方面要注意。

习惯养成。一是从点滴做起，学会收拾日用品，遵守交通秩序，自己丢垃圾，保持房间整洁。二是跟孩子一起商量立规矩。特别是要有时间安排表。三是要有适当的惩罚，有足够耐心去纠偏。规矩定下之后，父母违背了也要惩罚，要给孩子树立一个守规矩的鲜明导向。

兴趣培养。首先，孩子是从模仿大人开始的，大人要带头看书学习、带头交流学习体会，看到好文章可以共同分享，讲给孩子听。其次，要创造接触、体验的机会，家里的墙面随她画，玩具随她拆；每周带她出去游玩一次或者去妈妈的实验室参观，多亲近自然、多参加科技文艺活动。最后，要适当引导，因为兴趣不会自然形成。比如，小学三年级时，我带她爬山，她在河边玩水，我问她，水为什么向低处流？回来后给她看《十万个为什么》，还相互提问，她下课就看，跟同学讨论，跟家长讨论，对科学的兴趣大增。

人格塑造。首先，家长要以身示范，做到夫妻和睦、待人友善、热情好客。家庭有正能量，孩子才能有正能量。其次，遇到事情要带孩子一起处理，还要讨论价值观。从教她如何称呼别人开始，学会讲礼貌、尊重人，做人正派、做事负责。上幼儿园阶段，有一次，她在商场玩推车，不小心撞翻了货架，货物散落一地，奶奶带她回了家。我知道后，又带她一起去商场道歉、赔偿，通过这件事让她知道，做任何事都要负责任。最后，要及时夸奖和肯定孩子积极、正确的行为和认识。比如，鼓励她帮助同学，做了好事回家后，我会抱抱她、亲亲她，夸她是懂事的孩子；家里有来客时，向客人介绍她获得的奖状，激发孩子的上进心。

二、谁来教育

我理解，教育有三支力量：家庭、学校、社会力量。而作为家长，则要履行好三个方面的责任。

第一，对家庭教育要尽责，跟孩子一起成长。首先，必须有责任感。

养不教，父之过。不要把自己孩子的命运交给别人，包括老师。有的家长认为，孩子主要靠学校教育。但是班里那么多人，老师管得过来吗？家庭教育是孩子的第一课堂，家长是孩子的第一任老师，家长的作用是老师无法取代的。其次，要有紧迫感。宋庆龄先生经常说："有些事情是可以等待的，但是少年儿童的培养是不可以等待的。"因为错过了一个时期就会影响下一个时期，乃至一生。比如，孩子在某个阶段的体育运动没有做好，以后就不敢跟小伙伴比赛，甚至以后不再喜欢体育运动了。工作再忙，都是有教育机会的。比如，接送孩子、吃饭的时间，这都是了解孩子、教育孩子的好机会，不能浪费掉。最后，要提高能力。合格的家长是学出来的，每年至少要看几本书、手机上要有几个家教 App，每天多看多思考，经常与其他家长交流家教经验，还要学会总结经验。

第二，对学校教育要配合。首先，要尊重老师，了解学校理念、规矩，多参加班会，一起完成作业。比如，小学四年级老师要求多参加社会活动、多观察自然，于是，我每周都带孩子到附近旅游，包括了解国家建设成就。后来有一次作文竞赛，主题是"风景"，她写了《祖国是最美的风景》，视角就比其他同学高出一些。其次，在学校的问题尽量让孩子自己找老师和同学解决，家长不能轻易出面。最后，要经常分析孩子学习遇到的问题。爸爸在家里画"作战图"，妈妈研究知识点，努力让孩子学得扎实、吃透知识。

第三，对社会教育要积极参与。不要以为社会活动只会耽误学习，人生没有白走的路、没有白学的知识。比如，小学时，我常常带着孩子一起参加社区的书画比赛，她多次获奖，增强了勤学上进的动力，也增强了参与竞争的信心；后来上小学、中学后，她经常参加各种比赛，作文、数学竞赛都拿过奖项。对一些社会现象，我们也经常在一起讨论，比如，通过讨论"老人跌倒该不该扶"，让孩子知道要做老实人、要懂得善良友爱。有时，我会带孩子坐公共汽车到郊区去买菜，让孩子下田采摘，使其体验到劳动的艰辛，逐步培养起勤俭节约的习惯。

三、教育谁

对于家长来说，教育的对象当然是孩子。但是，家长真的了解自己的孩子吗？未必。孩子是人，是人就比较复杂，未成年人则更复杂。因此，家长要把握和尊重孩子的特性。

第一，要尊重孩子的主体性。孩子是受教育的主体，家长、老师是教育活动的主导者。处理好主导者与主体的关系，是一门学问、一门艺术。家长要取得主导地位，就必须发挥孩子的主体作用，让其心甘情愿地接受教育、指导。家长不能完全从自己的愿望出发去教育孩子，而要根据孩子的理解力、兴趣、情绪等选择相应的教育内容和教育方法；家长不能高高在上，简单地命令说教，而要综合运用情感交流、讨论说理、表扬激励、情景暗示等多种办法。比如，家长跟小孩交流时，要蹲下来平视他们，这样孩子会感受到家长的重视和尊重，会更乐于认真听家长的话。这个细节很重要，你看孩子都喜欢小动物，这是为什么？因为小动物更接近孩子的视线，也就被他们视为自己世界的事物。青春期的孩子自主意识强，还会有叛逆心理，这个阶段家长要给他们独立思考和办事的机会，要关注而不放手，遇到问题时让他们自己思考、解决问题，在必要的时候给予指导、帮助；不要过早介入、大包大揽，哪怕早已预料到孩子会走弯路，家长也不能事先告诉他们这样不行、那样不行，孩子成长的道路要靠自己探索，经历一些弯路、挫折是必要的。

第二，要把握孩子的可塑性。孩子有时任性，不听话怎么办？一是要从小塑造。我是从三年级起就开始带着孩子读《论语》，每天睡觉前读一段，引导她自己来释义、反思。比如，读到“人而无信，不知其可也”时，讲了当时的新闻故事，一对兄弟春节前克服千难万险，还清了所欠农民工的工资。这个故事很好地帮助她加深了对这句话的理解。二是要树立典型。经常带她到图书馆、书店，用好的氛围感染她，让她爱上读书。还要读人物传记，并讲给她听，她识字以后就主动自己去读人物传记，这些书上讲的名人、伟人就成了她学习的典范。当她谈到同学、玩伴的事情时，我会和她一起分析哪些孩子做得好、哪些做得不好，使她逐步明白做人做事的规则、标准。三是有问题时不要急躁，慢慢引导改进。小孩是容易反复的，这时不能生气，要认识到这是常态，多提醒、多帮助。孩子要变成社会化的人，需要反复提醒帮助。比如，小时候她经常把屋子弄得很乱，家长跟她约定了要定期收拾屋子，她过一两天就忘了。家长批评她说："怎么又不收拾？"这样做没有用，因为她并不懂家长讲的道理，而只会感受到家长负面情绪所传递的压力，所以会有挫败感，甚至想回避、反对家长。我的做法是，蹲下来面对她，再一次说："来来来，看你的小手多灵巧，我们去做一件'大事'，兑现你'自己的事自己做'的诺言，好吗？"

第三，要注重家教的情感性。家长相比老师最大的优势是与孩子有亲情，亲密无间的亲情在教育过程中能够发挥很多作用。孩子为什么听家长的话？因为能够从家长那里获得知识、获得情感支持。家长要做孩子最知心的朋友、最有力的靠山。比如，孩子班上的同学的姓名，你要记住；她看过的书你要看，她玩的游戏你要了解。如果她感兴趣的事物你不知道，就没有共同语言，沟通上就会有障碍。家长每天都要倾听她的快乐和烦恼，她不说的时候，要主动问：今天学了什么？有什么快乐？有什么收获？有什么难事？有什么想法和疑问？有的小孩不爱上幼儿园，有些是因为记不住同桌的名字，没朋友，家长要教会她社交的技巧，带她一起交朋友。小时候容易引导她，因为你是她的世界。青春期以后，你的思想引导、情感安慰就是她的精神食粮。我每次接孩子时，总会带一点礼物：一个问题、一袋小吃、一根棒棒糖、一个段子等；每周末吃饭或睡觉时一起"开会"，家里每个人都要汇报本周的喜怒哀乐，无话不谈，形成了习惯。

四、怎样教育

家长教育孩子的方法有很多，但我更看重"四大法宝"。

第一，快乐学习。就是让孩子感到学习的快乐，而不是外来强加的“压力”“任务”。首先，要发掘学习趣味，比如，上幼儿园时，要写数字2，孩子有畏难情绪。我说：“来来来，我们让‘小鸭’排排队，看哪个调皮、哪个老实。”孩子再写2的时候，感觉就像在画小鸭，心中充满了乐趣，自然就克服了畏难情绪。奥数也是有趣味的，孩子上小学时，家长经常与小孩一起比赛做奥数题。其次，要营造轻松的氛围，在家里讲话尽量幽默，比如，孩子总考班上第二名，我开玩笑说她是“千年老二”，这激发了她向“第一”努力的斗志，注重克服粗心的毛病。最后，要注重劳逸结合，不要逼着孩子疲劳地学习。

第二，激励教育。就是要多夸孩子。有进步及时鼓励，不要只鼓励成绩，更要鼓励她的意志、耐力、习惯、想法等。即使考试不理想，也让她说自己有哪些进步、老师有哪些题没有出好。每天在作业本上签字时写一句激励的话，画一个有趣的简图。有人说，好孩子是夸出来的。这话不全对，但夸奖对孩子的激励作用很大是真的。夸孩子要用心，要夸到点子上，夸得及时、恰如其分，特别是要夸得有一定深度，不仅能让孩子收获荣誉感，还能让孩子发现自己的进步和不足。这样，孩子的主体意识、自我意识慢慢地就被开发出来了，自觉性会得到提升，追求进步的动力也会增强。

第三，循循善诱。比如，孩子小学时学了“床前明月光，疑是地上霜”，我们引导她探索“床”的含义。这个“床”是家里睡觉的床吗？如果是，那么有人住的房子里会结霜吗？孩子立即查找资料，还询问爷爷奶奶，终于找到答案，这里的“床”不是指睡觉的床，而是指井床（井栏），古人逐水而居，水井是生活必需品，也常是游子寄托乡思之处。这就引导孩子尝试自主探究了。又比如，孩子高中时学了“坎坎伐檀兮，置之河之干兮，河水清且涟漪”。我问：“《诗经》那么精练，为什么用两个‘坎’？”孩子反复思考、研究后回复我说：“一是暗示檀树很硬，伐木工很辛苦；二是反映伐木工劳动时间长，每天都砍树、反复砍树；三是体现伐木工内心愤怒，砍呀，砍呀，心里想着这世界多么不平等，统治者奢侈享受，劳动者异常辛苦却一无所有……”这就把孩子的思维空间打开了。

第四，名师引路。孩子成长的平台很重要，方向很重要，眼界很重要，环境很重要。所以，一是要给孩子找最好的老师。好的老师会让学习更快乐、更轻松，视野更宽，会使孩子的能力得到更好的培养。如果校内没有，可以到校外找最好的辅导老师。当然，不一定都是要上名校，而是上合适的学校，有的学校虽然不是名校但里面有好老师。总之，要让孩子获得最合适的教育环境。二是要让她多与优秀的孩子交往，学学相长往往比教学相长更重要，孩子最易受同龄人的影响。优秀的孩子不一定就是学习成绩好的孩子，学有所长、品行好的孩子也是优秀的孩子。三是家长要多向优秀家长学习，与孩子共同成长。

下面附上我的女儿在参加中学生物理奥林匹克竞赛国家集训队时的发言，从中可以了解到孩子学习科学虽然很累很苦，但是在家长的引导下如果真正学进去了是非常有乐趣的，从这篇发言中还可以看到家庭教育对孩子求知兴趣、学习意志、思维逻辑的影响。

大家好！我是来自 ××× 中学的 ×××，很荣幸代表集训队学生发言。这里，我想谈谈对物理及学习的看法、感受。

决赛仿佛还历历在目，而国际赛和亚赛已经悄然临近。其实物理本不必要用奖项和名次来衡量，学物理本身亦如是。真理永远在那里，哪怕我们不知道它在哪里；好奇一直在燃烧着，哪怕我们不知道是什么在支持这旷日持久的燃烧。如果是人类的天性，我倒愿意相信这是所谓万物之灵的证据。如果是物种普遍的天性，我则会深深为人类通过摸索和实验而获得的这一套科学逻辑的研究方法和系统的研究思想感到骄傲，物理以令人瞠目结舌的普适和精确，描绘了极近和极远、极小和极大的存在，以及存在的高贵。更重要的是，通过这些客体的存在，更让人类以极小的时空占有去了解甚至推算广大的时空现实，从而反过来彰显了人类本身或者说思维和逻辑的高贵。

我不敢说自己是物理人，又或许只能是误打误撞敲开了这个宏伟世界的一角，翻开过几页浅显的书，似懂非懂地聆听过几句自然的奥义。然而哪怕是仅仅如此，我也惊奇于人类和人类社会所依托的这个客观世界，竟可以被如此精巧地描述。从这个意义上说，哪怕终身在浑浑噩噩中度过，我们依然是物理的人。而更令人着迷的是，总有一些平凡的事物闪烁着奇异的光芒，宛若上帝的玩笑般存在着，逼问着理论的完备性与实验的完善性。

而作为此刻的我，拿到课表的瞬间，看到量子光学，看到天体物理，看到连续一周的考试，想到万劫不复的宣判，想到"你准备好受虐了吗"的自问，深知恐慌和逃避都无济于事。也许，没有一件事，能比在精力充沛的年华学习丰富而缤纷的知识更让人充盈和满足，所以学习，无论是向老师还是向身边诸位强于我且丰富于我的大神们学习，总会使我，使我们每一个人收获良多。故而接下来一个多月，我们总不该将时间付诸浑浑噩噩，哪怕艰辛，哪怕困难，梅花香自苦寒来，在这个凛冽的寒冬，祝愿每一个人收获想要的知识，祝愿心有梦想之人都能梦想成真。

家长如何培养孩子创造力

家庭是孩子的第一所学校，孩子认识世界是从认识家长开始的，萌发对世界探究的兴趣、获得科学知识和方法、树立科技创新志向，往往是与家长的引导、帮助、激励分不开的。所以，家庭教育对于培养孩子的科学素养、造就创新型人才具有重要作用。创造力是孩子成为创新型人才的核心素质，家庭教育应当从小就开始培养孩子的创造力。

一、注重保护和鼓励孩子的好奇心和求知欲

好奇心是创新型人才的典型特征，是创新的原动力。儿童天生就对未知世界充满好奇，迫切希望了解世界所有的秘密，这种好奇心和求知欲正是家长对他们进行创造力启发、培养的内在基础。好奇心和求知欲是人类最宝贵的特质之一,千万不能浪费，更不能粗暴打击。遗憾的是，有些家长不懂得这一点，每当孩子执着地询问某个比较复杂或者没有答案的问题时，家长经常会漫不经心地敷衍，或者觉得孩子的问题太幼稚，不屑于或认为没必要去认真回答，而采取忽视、逃避、打压等消极态度，甚至取笑孩子不该提出这种可笑的问题，尽管这种取笑可能并没有恶意，但取笑几次后，就会扼杀孩子的好奇心。孩子在提出问题后不能得到正面肯定，他们就害怕被当成愚蠢的人、讨厌的人，而减少向成年人提出问题的频次。牛顿、爱因斯坦就是喜欢执着地提出问题的人，恰恰就是这种执着，使他们有机会发现前人从未深究的问题，从而提出超越前人的伟大科学创见。

二、给孩子更大的学习空间，培养其多种能力特别是独立探索的能力

日常生活中，人们总是更喜欢夸奖那些听话的乖孩子，不太习惯于鼓励孩子“离经叛道”的行为。家长们经常不知疲倦地教育孩子要遵守规矩，而很少会鼓励孩子保持天性、与众不同、标新立异。迫于强大的升学和就业压力，许多家长更希望孩子在应试教育模式下选择稳妥的路径，不仅鼓励或逼迫孩子以重复刷题的方式强化知识点掌握，还在课外给孩子加码，让他们参加校外机构的补习，而对于孩子的兴趣、快乐包括对科学问题的探究却不甚关心。在这些家长心中，似乎与升学无关的事情，孩子都不应该感兴趣、花时间。这样，孩子过早就被裹挟到功利化的社会洪流中，成为只为升学而读书、与其他孩子高度同质化的“好学生”，弱化了独立提出问题、探索问题的能力，阻碍了创造力的发展。促进青少年创造力发展，必须弱化外部负面压力，给他们提供更多自由、自我发展的机会。在一些创新型国家，如芬兰的学生们放学后有大量时间和机会去参与各种各样的运动、艺术、科学活动，还要参加社区组织、城市活动娱乐中心等俱乐部的活动。通过这种参与，孩子们不断地感受、认识自然和社会，既丰富了他们的自然知识、社会知识，也培养了他们的探索精神。以色列教育强调培养学生的独立性和创造性，认为教育的实质是培养学生形成“学习习惯和寻找信息、获取新知识、加工知识的能力”，而绝非一味地灌输知识。所以，开明的、有远见的家长，应该给孩子松绑，给他们提供形成“学习习惯和寻找信息、获取新知识、加工知识的能力”的机会。其实，这样做不会妨碍孩子的学业，反而有利于促进孩子更加喜欢学习和思考，进而提高学习能力。长期把孩子关在屋里苦学勤练，搞疲劳战、枯燥训练，孩子哪里会有学习兴趣、学习效率？没有兴趣和效率的学习，学习时间越长，学习成绩不一定越好，而且会阻碍孩子创造力和其他多方面能力的发展，这样的孩子未来的发展空间一定是非常有限的。

三、营造理解、包容、支持孩子自由发展的家庭氛围

孩子是环境的产物，在理解、包容、支持自由发展的家庭氛围中，孩子才可能健康、自由地成长。大量研究数据表明，生活在情感温度高、理解包容、支持自由发展的家庭的孩子，其创造力发展水平显著高于生活在情感冷漠、惩罚严厉的家庭的孩子。青少年是人成长的关键期，在这个阶段，如果他们能够得到家庭的理解、包容和支持，较少受到拒绝和否定，则能够更好地获得自信和实现自我价值。犹如植物生长需要适宜的土壤、温度、水分、光照等，小笼子里长不出参天大树。家庭鼓励孩子做自己喜欢的事，亲子关系融洽，则青少年更少受到外部负面影响，更易发挥自身主动性，提升自我效能，从而促进创造力的发展。父母积极的家庭教育方式是推动青少年科技创新能力培养的重要助力。父母应当采用民主、温暖而不溺爱的家庭教育方式，避免过度干涉、严厉惩罚等消极的家庭教育方式，尽量减少家庭冲突特别是减少对孩子自主发展权利的压制。当然，这并不是说家长可以放任不管、过度溺爱孩子，对孩子的指导当然是必要的，但要做到寓教于生活、寓教于自然。许多科学家回忆自己的童年时都讲到，父母一直支持他们做自己感兴趣的事情，家长的某些特点一直鼓励和影响着自己的成长。家庭是孩子成长的出发点，家长虽然养育了孩子，但不能视孩子为家长的“提线木偶”，随着年龄、阅历的增长，孩子的自我意识、自主性会不断增强。家长应当找到与孩子相处的合适方式，既不“越俎代庖”又不“袖手旁观”，要舍得投入时间和精力陪伴孩子成长，舍得在培养孩子创造力的过程中给予财力支持和情感上的理解与包容，舍得花精力去发现孩子创造力的点滴进步并及时给予鼓励，支持孩子创造性学习、思考，支持孩子更多地参加校内外科技实践活动。家长要理性认识孩子的在校考试成绩，不要把在校考试成绩作为评价孩子的唯一指标，坚持从长远看、着眼未来看、全面看待孩子的发展情况，尽量减少家庭对孩子考试成绩的焦虑。家长要做

孩子的学习伙伴，带头读书学习，带头讨论研究问题，习惯于商量式、讨论式交流，树立“真理第一”的科学态度，身体力行地培养孩子发现和提出问题的能力，不能打击他们探究世界、深究问题的积极性，而要鼓励他们勇于探索未知领域。

我们怎样爱孩子

家庭是孩子的第一所学校，父母是孩子的第一任老师，家庭教育是孩子学习的第一课堂，孩子在家庭中接受的教育和熏陶对其一生都会产生深远影响。在家庭教育中，父母除了要给予孩子爱和关怀，还要引导孩子树立正确的学习态度、掌握有效的学习方法，在他们幼小的心田种下科学的种子。可惜有些家长不善于做家教，不懂家教规律和劝学艺术，常常会过度向孩子施加压力，或者放任不管，或者以电子教育替代家教，或者粗暴训斥。这些错误做法应当纠正。

2012年，我们的女儿在楚才杯作文竞赛中获特等奖，在全国初中数学联赛中获一等奖。许多家长问我，你的孩子为什么那么爱学习、会学习？你当家长有什么诀窍？后来，我应邀在班级家长会上作交流发言，谈了一些自己的诀窍。

我和所有家长一样，有着强烈的爱孩子的心情和希望帮助孩子成才的愿望，这是作为家长应尽的责任。但是，应该怎么爱孩子呢？比如，带孩子吃美食，带他们四处旅游，这是爱吗？是，但还远远不够，还需要经常地仔细地了解孩子内心世界的真正需求。有的家长，长年在外没完没了地应酬，而舍不得放下外面的事务，把更多的时间花在孩子身上。但人生有舍必有得，在孩子成长的关键时期，还是需要静下心来多陪陪他们。每天问问孩子：今天在学校里发生了什么令人高兴的事？有什么苦恼的事？你学到了什么？学习上有困难吗？困难究竟在哪里？我们应该怎么解决？孩子在成长过程中需要家长充分的关注、陪伴、投入与支持。这种投入和支持不仅仅是物质上的，更多的是心灵和精神上的。

时刻保持重视和关注，并且持之以恒地去努力，就是我对待孩子教育问题的态度。有句话说得好，时间就像一张网，你撒向哪里，你的收获就在哪里。很多朋友经常看到我送女儿上学，其实我们家距离学校也就十分钟的路程，对于初中生来说，可以不必接送。我之所以坚持接送，一个重要原因就是，在上学的路上我们可以随心所欲地聊天。她几乎什么都聊，我女儿喜欢模仿激情澎湃的班主任余老师讲课，自加入“余头儿”的队伍成为八班的学生后，看世界上所有男性，都觉得不如余老师帅，都没余老师有才。我女儿的爸爸就经常感叹道：“当年‘如日中天’的地位如今一去不返！”她还特喜欢模仿教数学的曹老师说黄陂方言，为我表演“老曹”如何调侃地理老师；她还喜欢点评时尚优雅的英语老师“花花姐”，“花花姐”的一举一动、一颦一笑她都记在心里，时不时卖弄一下从“花花姐”那里学到的英语俏皮话；她还经常跟我谈师生间、同学间的趣事，调侃“雄鹰组”压迫“小赖”的行动……

做孩子最忠实的朋友、听众，这个过程是享受的、有益的，我也因此可以轻而易举地捕捉她的思想、了解她的困惑和快乐，也便于及时发现她成长过程中的问题。举个例子，前不久学校举行了“马路孝子”大学生刘普林的报告会。这是一个很好的孝心教育活动。中午我就提醒我女儿认真听报告，回来后跟我分享。可她听完报告会回来后，谈不出感想，还说要写作业去了。我当即批评她错过了一个很好的学习机会。她也认为自己不对，但还振振有词地说：“大家都这样，为啥我不能这样呢？”这是成长过程中的另一个问题，就是遇到困难，她还不够坚定，无法坚持。我及时纠正她道：“除了要学会感恩之外，还要学会在任何情况下都敢于坚定自己的信念。”

孩子成长这段时间发生的都是一些琐碎的小事，但家庭教育无小事，如听报告会这件事，如果不及时跟孩子沟通，下次碰到类似的问题，她还会犯同样的错误。每个孩子都是带着圣洁和灵光来到这个世界的，起点都是一样的，最后的好与不好，应该说更多的是教育和自身奋斗的结果。

关注孩子就是要用实际行动去引导他们，让他们从小就懂得时间的宝贵，明白持之以恒、坚持不懈的重要性，让他们从小养成爱学习、会学习的良好习惯，激发他们与生俱来的好奇心和求知欲，引导他们顺着正确的方向发展下去。当孩子觉得自己在某方面比别人优秀的时候，他们会更有信心地去保持自己的优势。只有多和孩子相处，真心地去了解他们，才能给予他们最切实际的帮助和支持。在这种付出和给予的同时，家长一定会感到无比的踏实和欣慰。

初中阶段是孩子最艰苦的时期，是需要老师、家长、孩子三方全力以赴的三年。学习内容增多，难度提高，要把所学的知识都融会贯通，还要恰当地选用一些教辅资料。比如，有段时间她对历史学科非常犯难，不知道该怎么办。我就跟她一起逛了几个大大小小的书店，直到我看中了一本教辅书，但我不说话，先观察她，看她选什么书。最后她也看中了这本书，我问她看中的理由，她说了三条原因：一是历史学科重在理解，需要一本深入讲解课内知识的书；二是要有精选的典型例题；三是要有详细解答的习题。她的回答我很满意，这样在不知不觉中锻炼了孩子的理性思维能力，增强了其自主学习、自我发展的意识。我叮嘱她记下书名和出版社名，剩下的事情就交给她去办，让她自己去网上订购。每次考试之后，我们对她的主要奖励就是她可以订购一定金额的图书。她对自己用努力换来的奖品格外珍惜，每本书都认真阅读，进一步开阔了视野、丰富了知识。

最好的家教方式是“润物无声”

经常带孩子吃美食、出去旅游，这是爱吗？是，但还远远不够，关爱孩子的前提是要了解孩子，父母还需要经常仔细地了解孩子内心世界的真正需求。

美国著名教育家杜威说：“儿童不是尚未长成的大人，儿童期有其自身的内在价值。”在每个孩子成长的关键时期，他们对未知的世界有着强烈的探索欲和好奇心，父母要静下心来，站在孩子的视角来和他们一起探索。比如，在上幼儿园前夕，我就经常抽空带孩子去幼儿园玩，告诉她幼儿园内的老师们的各种角色分工，并在家中和孩子一起进行角色轮流扮演，让她知晓、熟悉卫生间等幼儿园的每一个角落，让她尝试着独立完成如拧开水龙头、挂毛巾等生活小事，并且反复告诉她：宝宝快要长大了，你将和小朋友们在这个快乐的大环境中学习。她在真正上幼儿园的那天到来之前，对幼儿园已经很向往并且很熟悉了，真正入学以后，没有丝毫的陌生感，自然也就不会哭闹，还特别喜欢上幼儿园，而且因为熟习各种生活技能，她很快成为老师的小帮手，这也大大增强了她的自信心。

关爱孩子就是父母要用实际行动去教育和引导孩子，激发他们与生俱来的好奇心和求知欲，让他们从小养成乐于学习和善于学习的良好习惯。在孩子成长的过程中，生活就是快乐地学习，学习过程就是快乐地生活。我们保持着每天聊天散步的习惯，一边四处走走一边聊天。每个单位门口或横或竖的门牌，有很多是书法家的作品，看门牌本身就是在欣赏书法作品。有很多家长会说孩子太小，什么都看不懂。错！永远不要低估孩子在学习过程中的潜力！我们散步时经常会路过附近的某个单位，这个单位的招牌是“××委员会”，“委”字挺难认的，其实我还真没有想过让她学会认这个字。每次和她散步时，我们就一遍遍地路过这块门牌，顺带欣赏书法作品，我对孩子说：“宝宝，这是什么呀？看看这个叫‘××委员会’。”这样过了很久，突然某一天孩子和我一起逛街，不知怎么就猛地挣脱了我的手，飞奔到前面不远的一块大广告牌下，兴高采烈地指着广告牌说：“妈妈，这个字就是我们家附近那个牌子上的‘委’字！”我一下就愣住了，抬头认真看了看，还真是，就是那个“委”字！“委”字对于一个不满两岁的孩子来说，其实是个难认的字，我压根儿也没想到让孩子认识这个字，可无心插柳柳成荫，她就是在一遍遍欣赏书法的过程中学会了，不仅学会认了，还会迁移到其他地方应用了，看看这是多么细小却又多么了不起的进步！

家长如果能经常引导孩子顺着他们有优势的方向不断发展下去，孩子就会觉得自己在某方面比同龄人强，便会更有信心和兴趣地去保持自己的优势，这就是引导。多和孩子相处，真心地、全面地去了解他们，给予他们最实际的帮助和最适宜的支持，在这种付出和给予的同时，家长们一定会感到无比的踏实和欣慰。

孩子的成长不会一帆风顺，会遇到这样那样的问题，其中，心理健康问题应当引起每个家长的高度重视。数字时代给孩子的成长带来了许多负面影响，孩子从小就生活在物理世界和虚拟世界互相交融的环境里，更容易出现数字依赖与社交孤独，甚至陷入数字虚幻与自我认同的冲突当中，在现实中获得的成长经验和实践体会越来越少，导致他们在身体素质、人际交往、心理韧性等方面呈现弱化趋势。还有不少孩子沉迷网络、电子游戏，因无法抵挡虚幻世界的诱惑，行为叛逆，甚至不再与家长交流，拒绝人际交往。出现这种情况时，家长再想把孩子拉回正道，需要付出艰辛的努力。最好的办法就是防患于未然，等到孩子心理出了问题再后悔就晚了。因此，在数字时代，孩子的成长更需要家长陪伴，而且是不断线的全程陪伴、深入内心的深度陪伴、富有趣味的快乐陪伴。只有全程陪伴、深度陪伴、快乐陪伴，家教才能“润物无声”。

用科学家精神滋养青少年

人无精神则不立，国无精神则不强。青少年阶段是人生成长的“拔节孕穗期”，也是世界观、人生观、价值观和科学观形成的关键时期，要把他们培养成为科学创新人才，离不开科学家精神的引领和滋养。1978年1月，《人民文学》刊登了一部名为《哥德巴赫猜想》的报告文学，迅速在全国引起强烈反响，数学家陈景润成了家喻户晓的人物，也激发了无数青少年的科学热情。当年的孩子们在被问到“长大后做什么时”，都会响亮地回答：“要当科学家！”科学家精神之于青少年教育的意义，不仅在于鼓励青少年学习科学、勇于探索，更重要的是引导青少年形成正确的世界观、人生观、价值观和科学观，培养爱国情怀，涵养坚持不懈、求真务实、敢于创新的科学品格。从钱学森、邓稼先，到袁隆平、屠呦呦，再到钟扬、黄大年，他们身上彰显出的科学家精神感人至深。学习感悟科学家精神，能够激发爱国情感、培养高尚的道德情操，不断鼓舞人心、催人奋进，对新时代青少年发展具有强大的引领作用。要把弘扬科学家精神纳入青少年思想道德建设和科学教育的重要内容，引导他们感悟科学家身上的“精神密码”，学习和传承科学家身上的优秀品质，在科学家精神的滋养中成长成才。

当代青少年迫切需要正能量的充盈，需要科学家精神的引领和滋养。用科学家精神滋养青少年，是国家、学校、家庭和社会共同的责任。2019年，中共中央办公厅、国务院办公厅印发了《关于进一步弘扬科学家精神加强作风和学风建设的意见》，要求把弘扬科学家精神作为践行社会主义核心价值观的重要工作，加强宣传，营造尊重人才、尊崇创新的舆论氛围。提出要大力宣传科学家精神，高度重视“人民科学家”等功勋荣誉奖励获得者的精神宣传，大力表彰科技界的民族英雄和国家脊梁；要推动科学家精神进校园、进课堂、进头脑；要建设科学家博物馆，探索在国家和地方博物馆中增加反映科技进步的相关展项，依托科技馆、国家重点实验室、重大科技工程纪念馆（遗迹）等设施建设一批科学家精神教育基地。强调要创新宣传方式，建立科技界与文艺界座谈交流、调研采风机制，引导支持文艺工作者运用影视剧、微视频、小说、诗歌、戏剧、漫画等多种艺术形式，讲好科技工作者科学报国故事。支持有条件的高等学校和中小学编排创作演出反映科学家精神的文艺作品，创新青少年思想政治教育手段。明确要加强宣传阵地建设、科技宣传队伍建设，创新宣传方式和手段，增强宣传效果、扩大传播范围。

用科学家精神滋养青少年，要立足当下时代，挖掘科学家精神的时代内涵。一是胸怀祖国、服务人民的爱国精神。爱国是科学家精神之魂，也是立德之源、立功之本。科学研究是没有国界的，但科学家是有祖国的。科学家最大的科研动力往往来自对国家、民族的真挚情感，来自正确的人生观、价值观和强烈的社会责任感，想国家之所想，急国家之所急，服务国家发展大局。“报国为民”，始终是我国科学家不变的奋斗底色。奋进新征程，我们面临的任务更加繁重和艰巨，更需要继承和发扬老一辈科学家胸怀祖国、服务人民的优秀品质，始终坚持国家利益和人民利益至上，勇攀高峰、不懈探索，把人生理想融入为实现中华民族伟大复兴的中国梦的奋斗中。二是勇攀高峰、敢为人先的创新精神。创新始终是一个国家、一个民族发展的不竭动力，始终是推动人类社会进步的重要力量。我国一代代科技工作者着力攻克关键核心技术，破解创新发展难题，在重大科技领域不断取得新突破。科学探索永无止境，我国要建成世界科技强国、推进中国式现代化建设，需要科技人员不断谱写创新发展新篇章。三是追求真理、严谨治学的求实精神。务实严谨的学风是科研有所成就的前提。科学家们热爱科学、探求真理的精神品质，对于青少年将来从事科学事业或其他工作都是必不可少的。四是淡泊名利、潜心研究的奉献精神。许多科学家在祖国的召唤下，心无旁骛、潜心科研，以“功成不必在我，功成必定有我”的态度专注于自己的科研事业，“板凳甘坐十年冷”，“数十年磨一剑”，成为“干惊天动地事，做隐姓埋名人”的民族英雄。学习这种崇高境界，有利于帮助新时代青少年克服浮躁心态，树立正确的人生观、价值观。五是集智攻关、团结协作的协同精神。科学研究越来越鲜明地体现出综合、系统、集成的特征，许多重大科技成果都是众多科研机构、高校与企业合作攻关的结果。在改革开放和市场经济条件下，当代青少年要成为对社会有用的人才，必须跳出个人主义的小圈子，增强集体主义的协同精神。六是甘为人梯、奖掖后学的育人精神。科学研究是一项承前启后、薪火相传的伟业。科学家的成就不仅体现在科研成果上，也体现在对年轻人的培养上。有志于科学事业的年轻一代，要传承好老一辈科学家心有大我、教书育人的高尚情怀。这六个方面构成了科学家精神的主要内涵。在全面建设社会主义现代化国家、向第二个百年奋斗目标进军的新征程上，新时代科学家们正脚踏实地、埋头苦干、自强不息、踔厉奋发，推动我国科技实力从量的积累迈向质的飞跃、从点的突破迈向系统能力提升，科技创新取得新的历史性成就，他们用实际行动赋予科学家精神更加丰富的时代内涵。科学家精神是科学精神和科学文化在科学家群体中的集中体现，具有鲜明的实践性、民族性和人民性特征。科学家精神凝聚了科学家的信念与追求，蕴含着丰富的育人价值，为激励广大青少年成长成才提供了不竭的力量源泉。

用科学家精神滋养青少年，要充分理解青少年的价值需要，采用更加新颖、有趣的宣教方式。当代青少年自主意识更强，价值体系更加开放和多元，他们不喜欢听说教，而更喜欢平等互动、坦诚交流。近几年来，一些地方开展的科学家精神宣讲活动场面火爆，深受青少年欢迎。著名科学家的子女、亲属亲自上台，讲述科学家成长成才的故事，以情感人、以事育人、以理服人，深深吸引、打动了广大青少年。2023年底首播的中央广播电视总台制作的6集大型纪录片《归来》，全景展现了20世纪50年代钱学森、赵忠尧、华罗庚、李四光、曹建猷、梁思礼、朱光亚、顾震潮、夏培肃等近30位科学家充满传奇色彩的从海外归国参与新中国科技建设的故事，生动刻画了一位位既深受中国传统文化影响又经历了西方科学理念洗礼、处于历史交替时期的爱国科学家。中央广播电视总台近年来连续推出了《手术两百年》《登峰》《总师传奇》等多部现象级科学纪录片，深受广大青少年喜爱。科学家故事之所以能够吸引、打动青少年，很大程度上是因为故事中的一些小情节贴近生活、意蕴深厚，“在平凡中透着伟大”，超越了金钱、名利，能够给青少年学习生活以深刻的启迪。北京广播电视台会同有关单位制作的科学家系列专题片，收视率也很高。在2023年1月31日播出的首期《大先生》节目中，中国科学院院士、古生物学家周忠和带领青少年“未来团”走进考古现场，将科学精神映射到科学探索的情境中，通过妙趣横生的科学实践，引导青少年主动探索，在寓教于乐中感悟科学家精神。这些经验值得总结推广。

用科学家精神滋养青少年，还要注重把握青少年的情志特点，满足他们追求创造、创新的热情。当代青少年思维活跃、视野开阔，关心个人前途和国家未来发展，渴望为强国建设、民族复兴贡献力量。可以更多地围绕科技前沿热点和“卡脖子”问题，设定科技挑战任务，面向青少年征集创意解决方案，遴选优秀代表到现场进行分享交流；同时，邀请科学家为参赛学生作科技前沿专题报告，坚定青少年投身科技自立自强的信念和责任。这种“润物无声”而又富有挑战性的宣传方式，能够顺应青少年的好奇天性，呵护青少年敢于挑战、敢于质疑的求真精神，在弘扬科学家精神的同时撒下科学的种子，激发孩子们以科学家为学习榜样的内生动力。

四、抓手：
发挥竞赛促学促培作用

青少年科技竞赛活动是科学教育在课堂外的延续和提升，为青少年学习科学、探究科学提供了实践和展示的平台，并对教师的科学教育方法和内容产生积极影响。开展青少年科技竞赛活动，对于激发青少年科学兴趣和创造力、发现拔尖创新人才苗子具有重大作用，还有利于调动各方面培养创新人才的积极性。要把广泛开展青少年科技竞赛活动作为创新人才早期培养的有效抓手，同时推进赛事改革，防止和纠正功利化、损害教育公平等问题，更好地发挥竞赛促学促培作用。

我国青少年科技竞赛活动回顾*

青少年科技竞赛是以在校中小学生为主要对象，在学校科学课程之外开展的以科技竞赛为主要形式的科学教育活动。

从活动内容和评选方式上，可以把青少年参赛活动分为科技成果类竞赛和学科知识类竞赛两类。科技成果类竞赛是指以参赛学生在课外完成的科技创新成果为基础进行测评、竞技和展示的活动，主要分为基础学科和应用科技两大类，参赛作品可以是科技发明实物，也可以是科学研究论文，强调参赛作品的科学性、创新性和实用性，并以此作为基本的评价标准，如大家熟悉的全国青少年科技创新大赛等。其宗旨是通过开展竞赛活动培养参赛学生的科学精神，掌握科学技术研究的基本方法，提高创新实践能力。学科知识类竞赛是指选拔在某一学科理论知识和实践技能突出的学生，以综合试卷或实验的形式对参赛学生在学科方面解决问题的能力和水平进行测试和评价的科学竞赛活动，如全国中学生五项学科竞赛（数学、物理、化学、生物、信息学）。学科竞赛是研究性学习的重要方面，其宗旨是激发中学生学习科学的兴趣和积极性，促进中等学校教学改革，通过竞赛和相关的活动培养和选拔有学科发展潜质的优秀学生，为参加国际学科竞赛选拔参赛选手。

在活动宗旨和定位上，青少年科技竞赛活动是学校科学教育在课堂外的延续和提升，它为深入开展校内科学教育提供了实践和展示的平台，并对

* 本文由孙华、李晓亮共同撰写。

校内科学教育方法和内容产生了积极的影响，可以说二者相辅相成、相得益彰，共同构成了中小学科学教育的发展链条，提升了青少年的科学素质。随着青少年科技竞赛活动的蓬勃发展，其组织规模不断扩大，覆盖群体日益广泛，社会影响力逐渐增强，受到政府、社会和学校的普遍关注，在培养青少年的创新意识和实践能力方面发挥着不可替代的作用。

从发展历程上，我国青少年科技竞赛活动大致可以分为萌芽起步、整合提升、政策推动、协同发展4个阶段。

第一阶段：萌芽起步。

我国青少年科技竞赛活动可以追溯到20世纪70年代末。1978年是新中国发展的一个关键节点，党的十一届三中全会拉开了改革开放的大幕。“文化大革命”十年内乱使中国社会生产力发展缓慢，科技教育落后，科技人才匮乏。1978 年3月，中共中央在北京召开了全国科学大会，邓小平在会上提出“科学技术是生产力”，这次大会标志着我国的科技工作迎来了“科学的春天”。会上，一些著名科学家和科普工作者提出，为解决科技人才短缺问题，建议筹划举办各类青少年科普活动，加速培养科技人才。在这个历史背景下，第一届全国青少年科技作品展览（以下简称“青科展”）应运而生。

1979年10月，中国科协、教育部、国家体委和共青团中央联合举办了首届“青科展”。在展览开幕的前一天，邓小平为活动题词“青少年是祖国的未来，科学的希望”，为青少年科技竞赛指明了发展方向。全国青少年科技活动领导小组结合“青科展”模式所获得的有益经验，开始筹备组织“全国青少年发明创造比赛和科学讨论会”。1982年8月12日，第一届全国青少年发明创造比赛和科学讨论会在上海举办，以后每两年举办一届，2000年正式更名为“全国青少年科技创新大赛”。

第二阶段：整合提升。

20世纪90年代，我国提出并大力实施科教兴国战略，科技、教育领域进入快速发展阶段。1995年5月，中共中央、国务院颁布了《关于加速科学技术进步的决定》；1999年6月，中共中央、国务院出台了《关于深化教育改革全面推进素质教育的决定》，对推进素质教育进行了部署。进入新世纪，在科教兴国和人才强国两大战略的指导下，中国青少年科技竞赛活动有了更优越的社会环境，各级政府和社会各界为青少年科技竞赛活动的蓬勃发展提供了越来越多的支持。全国青少年生物百项科技活动（1991年开始举办）、“明天小小科学家”奖励活动（2000年开始举办）、中国青少年机器人竞赛（2001年开始举办）等活动也相继出现。青少年科技竞赛活动的类型更加丰富，形式更加多样，参与人群更加广泛，规模不断扩大，较为完善的青少年科技竞赛活动体系初步形成。

2001年底，考虑到“全国青少年科技创新大赛”和“全国青少年生物和环境科学实践活动”各有优势、各有特色，也都有广泛的社会影响力，经主办单位研究，决定将这两项活动整合，统一命名为“全国青少年科技创新大赛”，每年举办一届。适应信息技术发展，在竞赛内容上增加了信息技术学科，实现了优势互补、特色兼顾，树立了科技创新大赛的品牌形象。2002年，第17届全国青少年科技创新大赛在河南省郑州市举办，标志着全国最具影响力的青少年科技竞赛活动诞生了。

第三阶段：政策推动。

1999年6月召开的第三次全国教育工作会议向全党全社会发出了深化教育改革、全面实施素质教育的号召，为全面推进素质教育，构建21世纪充满生机与活力的中国特色社会主义教育体系明确了指导思想和行动纲领。

基于全国青少年科技创新大赛、全国五项学科竞赛等科技活动广泛的社会影响，为完善全国统一高考制度在培养和选拔德智体全面发展的优秀学生方面的激励和促进作用，2002年教育部出台文件，规定高中阶段在全国五项学科竞赛全国决赛获得一、二、三等奖和省级赛区一等奖，在全国青少年科技创新大赛或“明天小小科学家”奖励活动中获得一、二等奖的应届高中毕业生具有高考保送资格，可以免试到高校学习；2003年教育部又对此政策进行了补充，规定上述应届高中毕业生除具有保送资格外，还可在高考成绩的基础上适当增加分数投档，增加的分值不得超过20分。

高考保送和加分奖励政策的出台，极大调动了学生、家长、教师、学校参与活动的积极性，有效推动了青少年创新人才培养的广泛深入开展，迅速提升了青少年科技创新活动的社会影响力，有利于加快创造基础教育的创新文化环境，形成青少年创新人才培养和选拔的可持续发展机制。

2006年2月6日，国务院印发了《全民科学素质行动计划纲要（2006—2010—2020年）》，这标志着我国公民科学素质建设正式纳入了全国工作大局，开始了政府推动、全民参与的历史新时期。2007年党的十七大提出“优先发展教育，建设人力资源强国”的战略部署，为促进教育事业科学发展、全面提高国民素质、加快社会主义现代化进程指明了方向。在政策的推动下，青少年科技竞赛蓬勃发展。

第四阶段：协同发展。

2010年，党中央、国务院先后颁布了国家中长期人才、教育改革和发展规划纲要，从我国现代化建设总体战略出发，规划了我国未来十年人才、教育改革发展的宏伟蓝图，科学确定了我国教育改革发展战略目标和改革举措。2010年，教育部、中国科协等五部门联合调整加分项目，规范加分程序。2014年，教育部进一步完善和规范高校自主招生试点工作，提出高校自主招生主要选拔具有学科特长＋科学潜质的优秀学生。2014年底，教育部、中国科协等五部门联合印发了《关于进一步减少和规范高考加分项目和分值的意见》，进一步促进教育公平，提高人才选拔水平。

随着中学素质教育的不断完善和高考选拔体制改革的不断深化，青少年科技竞赛活动的社会环境和条件正在发生变化。基础教育正在努力探寻新的人才培养模式，高校招生体制改革不断深化，高校和中学直接对接，进行深度合作的趋势日益明显。集中展示青少年科技创新人才苗子的科技竞赛活动逐渐成为衔接中学人才培养和高校人才选拔的重要平台，借助活动广泛的社会影响力和规范高效的组织管理以及公平公正的评审机制，创新大赛等科技竞赛活动应与中学和高校加强合作，及时了解各方需求，进一步丰富活动内容和组织形式，实现多方合作共赢、协同发展。

客观全面看待学科奥赛的作用

第63届国际数学奥林匹克竞赛（IMO）于2022年7月6日至7月16日在挪威奥斯陆举行。中国队以线上远程形式参赛，6名参赛成员均以满分成绩夺得金牌，成为当届比赛中唯一获得全金的代表队，并以领先第二名44分的绝对优势获团体总分第一名，赢得中国参赛史上最佳成绩，中国队也成为该项赛事有史以来第二支以全部满分摘金的参赛队伍。

中国青年学生在国际顶级赛事中的不凡表现引发社会广泛关注，“中国队6人全满分获国际奥数冠军”的新闻冲上热搜。多家主流新闻媒体进行了报道，多家地方媒体也表示了极大关注。《东方时空》也在黄金时段播出这则新闻，还专门安排了主播点评节目，对金牌选手做了专访。网友们纷纷留言“少年强则中国强”“中国少年、未来可期”“奔跑吧，中国少年”等。一时间网民热爱祖国、崇尚数学的自豪之感油然而生，同时自发地展开各种讨论，其中有代表性的讨论主题是：“中国队在IMO屡获金牌，为什么至今没有人能够获得菲尔兹奖（数学领域的国际最高奖项之一）？”这个问题引人深思。

我国高校和科研机构对数学奥赛的作用普遍高度认可，认为学科竞赛能很好地选拔人才、培养人才，有利于增强国家创新能力、建设科技强国。据不完全统计，中国科学院数学与系统科学研究院有20%以上的科研人员、北京国际数学研究中心有60%以上的科研人员有参加奥赛的经历，在年轻的科研人员中，这个比重更高，年轻的科研人员往往都是得过国际大奖的奥赛选手。谈起中学时的奥赛经历，很多人都说，奥赛让人迅速成长，学习经历刻骨铭心。以北京国际数学研究中心某研究员为例，他从小对数学非常感兴趣，2001年考入湖北省黄冈中学，这是一所奥赛资源极其丰富的中学，在中学老师的兴趣培养和积极引导下，他获得了高中数学联赛一等奖、中国数学奥林匹克竞赛一等奖。后来又入选IMO国家代表队，在国家队教练的精心培育和高效培训下，又获得了2004年IMO金牌，奥赛的优异成绩使他迅速脱颖而出，顺利保送到北京大学数学学院学习，奥赛为他创造了一个追求卓越的良好教育环境和热爱科学、积极向上的学习氛围。2008年本科毕业后赴普林斯顿大学数学系深造，博士后阶段就读于剑桥大学，专业深造使他的数学学术专业研究能力大幅提升。2016年回国后入职了北京国际数学研究中心。2020年9月获得了阿里巴巴达摩院的青橙奖。青橙奖是阿里巴巴达摩院举办的青年人才的评选活动，每年选拔若干名青年科学家，表彰在基础科学等领域的优秀青年工作者。奥赛还成就了一大批后起之秀，他们正在科研道路上稳步前进。

研究表明，奥赛的优秀获奖者具备以下共同心理特质：具有强烈的内在动机，对相关学科具有浓厚的兴趣；具有超强的学习能力，尤其是思维能力、自主学习能力、高效学习能力、接受新事物的能力、拓展学习能力出众；具备积极的人格特征，充满自信，抗压能力强，能以积极乐观的态度对待自己的学习与生活；具备坚定的意志品质，模糊容忍度高，具有敢于挑战、坚持不懈、努力钻研、自律自强、迎难而上等精神。在奥赛选手的成长过程中，家庭、学校和社会都对他们产生了深刻的影响。

国际奥赛的作用是发现和选拔20岁以下、在某一学科专业领域特别优秀的青少年，为世界各国进行科学教育交流创造条件，增进相互之间的交流和合作。网友们津津乐道的菲尔兹奖是数学领域的国际最高奖项之一，被誉为“数学界的诺贝尔奖”，每四年在国际数学家大会上举行一次颁奖仪式，每次授予2—4名有卓越贡献的年轻数学家。获奖者必须在该年元旦前未满40岁。奥赛好比是一个基础学科人才金字塔的塔基，为20岁以下的专业人才的成长提供了脱颖而出的平台，打下了良好的基础。在20—40岁之间，奥赛选手还面临着“学科定向—专业发展—领域创造”多个阶段，还有很长的路要走。人们常问：“中国队在IMO屡获金牌，为什么至今没有人荣获菲尔兹奖？”这恰恰说明，奥赛的组织工作颇有成效，选拔和培养了一大批国际国内认可的优秀青少年。同时，我们应该清醒地看到，基础学科人才培养工作任重而道远，奥赛工作仅仅只是人才培养工作的开始，需要全社会潜下心来，继续守护奥赛选手对基础学科的兴趣，继续在漫长的科研生涯中为这些优秀青少年提供友好、健康、单纯的学术科研成长环境，让他们真正成长、成熟起来，经历“学科定向”阶段，持续专注专业发展，积累到一定阶段，厚积而薄发，成长为专业领域的世界拔尖人才。那时，这群优秀的中国青年就离菲尔兹奖不远了。

中学生地球科学奥赛现状调查 *

地球科学是自然科学的重要分支，揭示整个地球系统的物质组成、结构、构造、形成和演变规律。它的研究对于人类正确地认识自然界、建立辩证唯物主义世界观起着重要作用，对整个自然科学的发展也具有重要的促进和推动作用。

国际地球科学奥林匹克竞赛（IESO）是12个国际科学奥林匹克竞赛之一，是唯一包含国际团队野外考察（ITFI）的奥林匹克竞赛，旨在推进全球范围内的地球科学教育，鼓励和发展青少年对于地球科学的学习兴趣和认知程度，通过不同国家青年学生的友谊，促进地球科学领域的国际交流与合作，提升全世界地球科学教育的质量。

IESO自2007年初启动筹备，已成功举办十几届竞赛，中国代表队参加了第十二届（泰国，2018）、第十三届（韩国，2019）、第十四届（线上，2021）和第十五届（线上，2022），均取得了优异成绩。IESO促进了国际交流，中国代表队在国际舞台上展现了我国中学生的风采和中学教育的丰硕成果。

全国中学生地球科学奥林匹克竞赛（CESO）是国际地球科学奥林匹克竞赛的中国赛区选拔赛，由中国科学技术协会主管，中国地震学会、中国地球物理学会和中国灾害防御协会主办。CESO的宗旨跟IESO一样，旨在普

* 本文由孙华、李亚琦共同撰写。

及地球科学知识，激发中学生学习地球科学的兴趣，增强学习能力，发现、培养和选拔一批地球科学青少年人才，为学有余力的中学生提供探索地球科学的机会。

一、地球科学奥林匹克竞赛近年来的新变化

第一，中学师生的认可度提升。经历数年发展，地球科学竞赛的规模稳步提升，社会影响力逐步扩大。2018年共吸引了来自26个省份、400余所中学的1.8万余名中学生参与，到2022年有超过2万名中学生参赛，各省份或独立或联合，共组建23个赛区，已基本实现全国覆盖。中学生逐渐熟悉地球科学奥林匹克竞赛。

第二，2021年起纳入教育部科技赛事白名单，取得官方认可。多年来，全国地球科学奥林匹克竞赛委员会严格按照有关法律法规，不断学习科技赛事的管理组织经验，制定了赛事管理制度并严格遵照执行，切实保证竞赛的公平、公正和权威。2021年起CESO进入了教育部面向中小学生的全国性竞赛活动白名单，取得正式的官方认可。

第三，围绕赛事举办了丰富多彩的科普活动。在举办地球科学奥林匹克竞赛期间，竞赛委员会举办了丰富多彩的科普活动，受到了广泛的关注和好评。如2018年带领参赛学生到北京虎峪自然风景区开展野外实践活动；2019年带领学生参观了国家地震紧急救援训练基地，增强了中学生对地震灾害的了解，提高了灾后互救自救的能力，还邀请了北京大学教授讲解前沿科技动态，激发了中学生探索地球科学奥秘的兴趣；2021年开展了首届中学地球科学教育改革与创新论坛暨“地球科学科普教育”课题研讨会、中学教师地球科学实地科考、“地球大咖”主题沙龙等系列科普活动。

丰富多彩的科普活动一方面为中学师生展示了地球科学研究领域的前沿科学技术，增强了学生对地球科学的兴趣；另一方面也为学生们展示了现代地球科学广阔的前景与无限的机遇，提供了未来专业选择的多元化方向。

案例分析表明，成功走上地球科学道路的大多数学生始于兴趣、终于坚持、成于热爱。

二、开展地球科学奥林匹克竞赛的重要意义

第一，增强中小学生对地球科学的认知与兴趣。在我国的课程大纲中，地球科学不是一门必修课程，而是通过打散、整合的方式融入中学的科学、自然、地理等学科的教学中。调查显示，通过学科教学产生对地球科学兴趣的学生占比较小，在我国基础教育课程设置不充分的情况下，开展地球科学奥林匹克竞赛，宣传推广多种形式的科普活动与作品，可以极大地增强中小学生对地球科学的认知与兴趣，推动中学地球科学教育改革，让更多学生充分地了解地球科学的内涵和价值，从而培养更多的地球科学人才。

第二，提升中学教师的地球科学素养。地球科学是一门综合性学科，与数学、物理、化学、生物、计算机等学科均有交叉。调查显示，中学教授地球科学知识的教师群体以文科背景的地理教师为主，但专业水平达到开设地球科学课程的地理教师只占调查总人数的32%。应加强培训，提高中学教师地球科学素养，以保障学生接受到科学、系统的地球科学教育。开展大学中学共建地球科学课程体系是一种有效的手段，借助大学的硬件资源进一步丰富学生项目式学习活动，如利用大学师资提升中学教师的地球科学素养，实现中学师生共同发展，形成良好的教育生态。

第三，选拔培养地球科学人才苗子。中学生中的地球科学人才苗子，往往具备扎实的地学基础知识和良好的数理基础，具备地学思维能力和探索精神，具备国际化视野和学术竞争能力，加强对他们的培养有利于地球科学学科领军人才的塑造。现阶段，CESO是选拔地球科学人才苗子、建设人才苗子数据库的有效手段。全国中学生地球科学奥林匹克竞赛委员会与中国地震学会将联合各方力量，针对地球科学人才苗子数据库中的学生展开培养方式的探索。

每一个与地球科学结缘的学生都是独特的，无论是从小就喜欢，还是

通过竞赛才接触到；无论是喜欢五彩斑斓的石头、神秘浩瀚的星空，还是喜欢磅礴壮美的海洋，其独特的生活和教育背景，形成了各自独特的兴趣爱好和专业追求。这些学生未来的发展方向必定是不同的，即便同是地球科学，也会有地质、大气、行星等不同的学科领域。但他们身上又有着相同特点。一是热爱地球科学。与其他学科竞赛不同，在CESO中取得优异成绩的，都是对地球科学十分感兴趣的学生。无论是地球科学的老朋友，还是新伙伴，无一不被它的奇妙与魅力所吸引。不管未来的学习或职业与地球科学是否相关，兴趣热爱都是不会改变的。无论是参与竞赛，还是树立人生目标，只要有热爱、有收获，就是一件美好的事情。二是系统性的思维模式。地球科学涵盖的学科非常多，有地质、地球物理、大气、海洋、行星等。地球科学方面优秀的学生，不会是对知识点死记硬背的学生，而是有着系统性思维模式的学生，他们能在看似纷乱繁杂的知识中找到学习地球科学的脉络，用综合的视角认识地球系统之间相互作用、相互影响、相互制约的关系。三是科学的眼光。地球科学和我们的日常生活联系密切，形状奇异的云、五彩斑斓的石头、博物馆中的化石、突变的天气，人们通过观察到的现象，去推测它的前因后果，以科学的眼光认识世界。科学不仅仅是书本上白纸黑字的理论，也存在于身边的点点滴滴，等待被发现被探索。四是团队合作精神。IESO是唯一包含国际团队野外考察、并在有限时间内合作完成比赛项目的竞赛。近两年的线上比赛增加了国家队队员合作完成报告的项目，2022年第十五届国际地球科学奥赛中国代表队制作的两份国内野外实践报告均获得了金牌。IESO培养了学生求实求真、交流互助、勇于担当的团队合作精神。

三、地球科学奥林匹克竞赛面临的问题

第一，竞赛影响力不足。目前中学开设的地球科学相关课程主要为地理课程，且划归为文科类课程，与高等教育之间存在错位。同时，地球科学竞赛对升学的帮助不大，也使得学校和家长的认可度不高。学生面临学业压力和升学压力，在缺乏兴趣的情况下挤出时间参加竞赛的动力不足。

第二，竞赛经费有限。教育部规定基础教育阶段的竞赛不得向参赛对象收费，竞赛及相关活动的费用全部由竞赛委员会筹措。由于经费的限制，不得不将参赛人数控制在较小的规模，极大地限制了地球科学奥赛的普及和发展。

第三，赛事机制还有待探索。地球科学是一门和实际联系非常紧密的学科，考核方式丰富多样，最有特点的是进行野外观察和试验。由于经费、安全等客观条件限制，线下比赛和野外实践活动都面临着极大的困难。近两年 IESO 也采用线上的形式开展比赛活动，为 CESO 提供了可借鉴的经验。

四、对策建议

支持和推动全国中学生地球科学奥林匹克竞赛委员会与中国地震学会联合各方力量，针对地球科学人才苗子数据库中的学生展开培养方式的探索。如举办创新人才论坛，开设多种板块内容，包括个人介绍、竞赛经验分享、活动记录、讲座信息等，为地球科学人才苗子建立联系通道，方便他们交流知识和结交朋友；邀请地球科学专家为论坛学生开设相关专业课程和讲座、进行学术引导，进一步展示地球科学的奇妙和魅力，吸引他们走上地球科学专业道路；邀请论坛成员参与 CESO 组织，承担地球科学科普教育工作，增强他们对普及地球科学知识的荣誉感和使命感等。

政策调整下的青少年科技竞赛*

近年来，随着我国经济社会的快速发展和科学技术的不断进步，国家越来越重视公民的科学素质工作，尤其是青少年科学教育工作。2006年，我国颁布实施《全民科学素质行动计划纲要（2006—2010—2020年）》（以下简称《纲要》），提出了以未成年人、农民、城镇劳动人口、领导干部和公务员等重点人群科学素质带动全民科学素质整体提高的目标。为了培养青少年对科学的兴趣，增强青少年的创新意识和实践能力，提高青少年的科学素质，《纲要》还提出了一系列提高基础教育阶段科学教育水平和有效开展青少年科普活动的行动措施。2010年先后出台国家中长期科技、教育、人才规划纲要，对我国加快教育改革发展、发挥人才资源优势、大力提高科技创新能力有重要指导作用。党的十八大提出普及科学知识，弘扬科学精神，提高全民科学素养；党的十八届三中全会作出全面深化改革的决定，全面推进各项工作改革创新。2021年5月28日，习近平总书记在两院院士大会、中国科协第十次全国代表大会上指出："要更加重视人才自主培养，更加重视科学精神、创新能力、批判性思维的培养培育。"以习近平同志为核心的党中央非常重视青少年科技教育工作，希望广大青少年树立报效国家的科学志向、保持探索未知的科学兴趣、培养追求真理的科学精神和学习服务社会的科学情怀。这些都为青少年科技竞赛活动持续、健康发展创造

---

* 本文由李晓亮、孙华共同撰写。

了良好的条件。

现阶段，青少年科技竞赛活动面临的挑战主要来自高考奖励政策和选拔机制的调整。纵观青少年科技竞赛活动30多年的发展，已经走过了竞赛自主发展、竞赛整合发展、多部委联合主办、高考政策支持等阶段。近几年，高考招生制度中对科技竞赛获奖学生的奖励政策逐步调整。2010年11月，教育部、中国科协等五部门联合印发《关于调整部分高考加分项目和进一步加强管理工作的通知》，规定调整后的高考政策不再给予青少年科技竞赛获奖学生高考保送资格，由高考保送调整为高考加分，具体加分额度由省级高校招生委员会决定；有关获奖学生拟参加试点高校自主选拔录取考核的，在同等条件下高校应优先考虑给予参加考核资格。

为贯彻落实《国务院关于深化考试招生制度改革的实施意见》，进一步促进教育公平，提高人才选拔水平，2014年12月10日，教育部、中国科协等五部门又联合印发《关于进一步减少和规范高考加分项目和分值的意见》。调整后的政策主要包括两个方面：一是从2015年1月1日起，取消中学生学科奥林匹克竞赛和全国青少年科技创新大赛、“明天小小科学家”奖励活动、国际科学与工程大奖赛等科技竞赛活动高考加分项目；2015年1月1日之前在高级中等教育阶段已取得上述项目有关奖项、名次、称号的学生，是否具有加分资格由生源所在地省级高校招生委员会研究决定，确有必要保留的按本省（区、市）原有规定执行，加分分值不超过5分。二是参赛学生学科等特长如实记入学生综合素质档案或考生档案，供高校录取时参考；考生的相关特长可作为自主招生试点高校优先给予初审通过的条件。

该文件的出台，标志着竞赛活动与高考奖励政策脱钩，在社会上引起了强烈反响。作为一项国家政策，它符合国家培养广大青少年科技兴趣和鼓励青少年创新人才脱颖而出的客观需要，是更好地建立健全创新人才苗子多元选拔机制的客观需要，也是新形势下助推青少年科技创新活动健康发展的客观需要。

青少年科技竞赛的可持续发展问题涉及与高考奖励政策脱钩后，如何继续实现青少年科技竞赛健康、可持续开展，如何继续发挥培养青少年创新意识和实践能力方面的作用，如何更好履行培养造就大批青少年创新人才的使命。

总体来看，经过多年调整和过渡，竞赛活动和高考奖励政策实现了逐步脱钩和平稳过渡，社会各界对政策调整是理解和支持的，这为我们在新的条件下开展青少年科技竞赛营造了一个较为稳定和宽松的环境，也对我们在新政策背景下研究和推动青少年科技竞赛的可持续发展提供了良好的机遇。

一、坚定信心，坚定不移地推动青少年科技竞赛可持续发展

我们应当看到，高考政策虽然有所调整，但是支撑竞赛可持续发展的基本要素并未改变，主要体现在：国家大力推行和实施素质教育这一教育改革和发展的方向并未改变；教育主管部门通过青少年科技竞赛活动培养青少年创新人才的要求并未改变；中国科协和各主办单位继续坚定不移推动和开展青少年科技竞赛活动的决心并未改变；全国各地中小学尤其是示范性高中继续组织优秀学生参与竞赛的积极性并未改变；广大青少年在家长、学校和社会各方面的支持和帮助下参与各类科技竞赛的热情并未改变。对于这一点我们要有足够的、清醒的认识，要坚定信心、坚定不移地推动青少年科技竞赛的可持续发展。当然，我们也要清醒地看到政策调整对竞赛活动组织可能带来的影响，充分认识竞赛的可持续发展问题不可能自然而然地解决，需要我们提高认识、坚定信心，采取措施、积极应对。

推动和实现青少年科技竞赛可持续发展最基本的动力是竞赛的主体——广大参赛青少年的认可和积极参与；最直接的体现是保持一定的参赛学生规模；最重要的保证是建设一支思想过硬、业务精湛的组织工作者和科技教师队伍；最根本的措施是通过主题教育培育核心价值，通过加强管理体现公正公平，通过参赛学生引导其他学生积极参与，促使那些真正热爱科学的青少年积极踊跃地参与到竞赛中来，这样青少年科技竞赛的发展才会具有持久不竭的动力。

二、青少年科技竞赛活动需要始终坚持宗旨与目标，发挥示范导向作用

青少年科技竞赛活动可持续发展的标志和我们共同努力的工作目标应当是：有效发挥调整后的政策对竞赛活动的促进推动作用；有效引导学校、家长和社会各方面继续支持学生积极参与竞赛活动；有效加强组织管理保证竞赛正常有序地开展；有效坚持科学公正评审结果对竞赛的正确导向；有效保持竞赛活动的品牌地位和良好社会影响。归根结底，就是要使青少年科技竞赛这个广大青少年科技教育工作者历经多年共同努力塑造的品牌继续成为我国青少年创新人才培养的重要平台和渠道。

实现这个目标，需要做到五个坚持。一是要坚持其一贯秉承的宗旨和目标，始终把培养创新人才苗子作为活动的宗旨和目标，一以贯之，坚定不移。二是要坚持其广泛性和群众性参与的特点，动员和引导数以万计的青少年根据自己的兴趣爱好、学科特点参与到活动中。三是要坚持其公正公平、严谨科学的评审评价标准。组织动员各学科专家、教授凭借其专业素养和职业操守，在严谨规范的管理下，公正公平地评价学生作品。四是要坚持其正面示范、带动效应和释放的正能量。青少年科技竞赛活动经过30余年坚持不懈地开展，出现了百花齐放、千帆竞发的生动局面，影响和带动了社会各方面的关心、关注、参与和支持。五是要坚持其对学校科学教育、素质教育的积极推动和影响。青少年科技创新活动作为校（课）外科学教育和素质教育的重要组成部分，深刻地影响着学校教育、常规教育的理念，促进了学校科学课程的改革。

三、青少年科技竞赛活动需在继承中不断创新，实现可持续发展

随着国家教育改革不断深化，国内青少年创新人才培养机制日益多样化，在高校人才选拔方式多样化的新形势下，国内青少年创新人才选拔活动呈现出百花齐放的趋势，全国青少年科技创新大赛、“明天小小科学家”奖

励活动不再是“一枝独秀”，在这种情况下，传统竞赛活动需要在继承中不断创新形式、丰富内容，巩固和提升传统品牌竞赛活动的内在价值和社会影响力，实现可持续发展。在2014年中国发展高层论坛上，教育部有关领导表示，我国即将出台方案，实现两类人才、两种模式的高考。第一种高考模式是技术技能人才高考，考试内容为技能加文化知识；第二种高考模式就是现在实行的高考，即学术型人才的高考。如果这种高考模式的调整和改革将来能够实行，那么对青少年科技竞赛将是一种“重大利好”。因为这将有利于调动青少年参加竞赛活动的积极性，有利于为青少年参加竞赛活动营造更加宽松的社会氛围，有利于参赛青少年选手通过多元化选拔机制脱颖而出。

面对新形势、新要求，青少年科技竞赛活动必须不断创新，并从以下几个方面着手发力，才能实现可持续发展。

一是要将社会主义核心价值观教育纳入其中。青少年科技竞赛活动要实现科技活动和教育活动的有机结合，要在原有活动基础上，更加鲜明地将社会主义核心价值观贯穿于活动始终，唱响主旋律。

二是要积极探索和推进竞赛活动的公平普惠。青少年科技竞赛活动不应只成为大中城市青少年的竞赛活动，要把创新发展着力点指向城镇广大青少年，在项目学科设置上向农业科技等乡村领域倾斜，研究探索适合城镇、乡村青少年参与的青少年科技创新活动，从而不断推进青少年科技创新活动的公平普惠。

三是要适应改革要求适当调整活动的形式和内容。青少年科技竞赛活动长期开展，形成了比较成熟完善的竞赛内容、程序、管理、服务体系，对保持竞赛活动持续开展具有重要作用，要予以坚持。同时，也要与时俱进，根据科技教育专家和参赛青少年的意见建议，适当调整活动内容，目的是更加全面地、科学地展示参加活动的学生的学科特长和发展潜力。大家所熟知的各类科技赛事都在不断改革和调整，有的在原有竞赛和展示内容基础上增加了青少年创意作品板块，通过网络、电视等渠道宣传推广和组织动员，面向青少年人群，征集科技主题的创意作品，通过专家逐级评选，产生最终优秀创意作品。科技竞赛的活动在目标定位、受众人群、作品要求、组织形式等方面与传统大赛组织工作相比有了新的突破和提升。其目的就是为了引导全社会青少年关注科学发展、激发科学兴趣、积极参与科学实践，从而进一步营造爱科学、学科学、用科学的良好氛围。

四是要适应信息化时代发展趋势和科普信息化的工作要求，提升活动信息化水平。当今世界，信息技术革命日新月异，对国际政治、经济、文化、社会等领域的发展产生了深刻影响。信息化和经济全球化相互促进，互联网已经融入了社会生活的方方面面，深刻改变了人们的生产和生活方式。随着信息技术在科普工作中日益广泛的应用，公众获取信息的方式呈现出碎片化、泛在化、个性化、互动性等特点。多年来，创新大赛、机器人竞赛等青少年科技竞赛活动在信息化建设方面做了很多工作，取得了一定成效，但在活动组织形式、内容建设等方面还有很大的提升空间。总的来看，信息技术在活动宣传推广、组织发动、现场管理等方面的应用还不够普遍和深入；基层科技活动信息化水平与青少年不断提升的信息需求仍有较大差距。今后，无论是活动组织者，还是一线科技教师，都应转变观念，强化互联网思维，创新活动信息传播和信息化组织形式，让青少年通过信息化手段，及时了解前沿科技成果；利用先进信息化技术手段，提高活动组织效率，丰富信息交流渠道，推动活动优秀创新成果信息化集成开发与共享利用。

五是要更加积极主动地参与国际青少年科技竞赛，培养具有国际竞争力的青少年创新人才。要充分认识到综合国力的竞争是人才的竞争和创新能力的竞争，要积极为国内优秀青少年参与国际青少年科技竞赛搭建平台，积极组织开展国际青少年科技竞赛。通过创造这些条件，使更多的优秀青少年走出国门、开阔视野、广交朋友、增长才干，成长为具有国际竞争力的优秀创新人才苗子。

总之，青少年科技竞赛活动要以习近平新时代中国特色社会主义思想为指导，正确地辩证地协调和处理“坚持与继承”和“创新与发展”的关系。

“坚持与继承”是前提，是基础，没有“坚持与继承”，忽视“坚持与继承”，“创新与发展”就是无源之水、无本之木；“创新与发展”是必然，是方向，没有“创新与发展”，忽视“创新与发展”，“坚持与继承”就缺乏生机与活力。我们要创新开展青少年科普和人才培养的品牌活动，创新开展面向广大基层青少年的科普活动，创新策划开展国际区域性的青少年科技竞赛活动，做到敢于坚持、勇于继承、大胆创新、科学发展，不断在青少年科普工作上有新作为，不断在青少年科技创新人才早期培养上有新举措，不断在开创青少年科技工作新局面上有新贡献。

全面完善青少年学科竞赛规则

青少年学科竞赛始于20世纪80年代初，是在华罗庚、苏步青等老一辈科学家的关怀下发起并持续开展的，是科技工作者践行科学家精神的一项科技志愿服务工作，肩负着为国选才、为国争光的使命任务。青少年学科竞赛创办至今，选拔出了许多对基础学科有志趣的学生，许多参与者至今对基础学科热情不减、活跃在国内外科学界，其中涌现出了一批科学家和青年科技工作者，这些以基础科学研究为自己毕生追求的“科学之星”最终都成了国家的栋梁之材。

1985年12月，在中国数学会50周年纪念大会期间，谷超豪、王寿仁、裘宗沪等与会的数学家们研究提出了选拔国际数学奥赛国家代表队队员的建议。1986年1月，中国第一届国际数学奥赛冬令营在南开大学开营，从此确定了“冬令营—国家集训队—国家队”的选拔＋培训的工作模式，其他各学科竞赛也均沿用这一模式至今，此后逐渐形成了全国联赛、全国决赛、国际奥赛这种金字塔式的竞赛体系。这种选拔＋培训的工作模式本质是由科技工作者以“大手拉小手”的方式为爱好基础学科的青少年搭建平台。

进入新时代，特别是党的二十大以来，党中央高瞻远瞩，对基础学科、创新人才早期培养提出了一系列新要求。2020年9月，习近平总书记在科学家座谈会上强调，要形成一大批具备科学家潜质的青少年群体。2021年5月，习近平总书记在两院院士大会、中国科协第十次全国代表大会上指出，要形成崇尚科学的风尚，让更多的青少年心怀科学梦想、树立创新志向。2021年9月，习近平总书记在中央人才工作会议上指出，要建设一批基础学科培养基地，吸引最优秀的学生立志投身基础研究。2022年2月28日，习近平总书记在中央全面深化改革委员会第二十四次会议上再度强调，要全方位谋划基础学科人才培养，加快建设高质量基础学科人才培养体系。

党的二十大报告中第一次将科教兴国战略、人才强国战略、创新驱动发展战略摆放在一起，将教育、科技、人才放在战略任务中进行统筹部署，作为全面建设社会主义现代化国家的基础性、战略性支撑，共同服务于创新型国家建设，具有重要的现实意义和深远的战略考量。习近平总书记在党的二十大报告中指出："实施科教兴国战略，强化现代化建设人才支撑"，"人才是第一资源"，"要坚持教育优先发展、科技自立自强、人才引领驱动，加快建设教育强国、科技强国、人才强国，坚持为党育人、为国育才，全面提高人才自主培养质量，着力造就拔尖创新人才，聚天下英才而用之"。培养基础学科拔尖创新人才是科技强国的重要组成部分，亟须从选拔、培养、评价、发展、保障等方面进行全方位谋划，立足国家人才战略高度，遵循青少年成长规律和教育教学规律，发展素质教育，促进学生健康成长成才。优化相关的体制机制建设，促进高质量教育体系建设，提升创新人才自主培养质量。坚持专业、课程、教材、教法等全要素改革，坚持基础教育、高等教育、职业发展阶段全周期支持，坚持教育链、人才链、创新链等全链条衔接，以不断完善高层次人才培养体系，为进入人才强国和科技强国行列提供有力支撑。

五项学科奥林匹克竞赛作为基础学科人才选拔与培养的重要工程之一，是世界上最具影响力的青少年科学竞赛活动，是世界各国高度重视的拔尖创新人才苗子选才模式，与高考、高校"强基计划"等共同推动我国拔尖创新人才早期培养与基础学科的发展。我国在参与五项学科竞赛近40年的历程中，选拔了一大批相关学科领域的拔尖创新人才苗子，积累了丰富的人才培养经验。在我国的三级赛制中，每年各省初赛规模约为200万人，全国联赛（复赛）规模约20万人，全国决赛约3000人，最终入选国家集训队260人。

我国五项学科竞赛还面临着一些问题，尤其是功利性偏重。一方面，一些学校、家长和学生把入选国家集训队作为唯一的升学途径，对学生内在兴趣、热情和创造力发展的重视不够，缺乏长远的职业发展动力；应试特征较为明显，学生创新精神和创新能力不足，历年青少年国家队奥赛成绩突出但国内却仍缺乏拔尖创新人才。另一方面，越来越多的科技工作者深感在新的时代背景下，从5个学科全国参赛的200万青少年中最终选拔出260人，这种选拔机制有弊端；一是每个学科选拔的总人数远远不能满足科技强国、人才强国的迫切需要，5个学科中，除数学学科每年保送60人外，其他每个学科仅50人，平均每个省份还不到2人；二是全国选拔率仅为0.13‰，已远远不能实现当年科学家们“大手拉小手”、选拔人才的功能；三是这种科技赛事的运气成分偏大，一旦失利几乎是前功尽弃。

近几年来，竞赛规则不断完善，初步展现出良好的竞赛生态，逐步去功利化，有利于推动竞赛活动和高校“强基计划”的进一步融合，建设高素质的创新大军。

2020年10月，网络上出现关于物理学科竞赛结果不公正的负面报道，认为东道主优势过于明显，竞赛结果难以让人信服，从而引发“部分参赛者弄虚作假、徇私舞弊”“东道主既是竞赛主办方，又是运动员”等质疑。这反映出组织管理者对竞赛发展生态异化认识不足、机制不健全、制度不完善、执行不到位等问题。

为此，中国科协开展了一系列机制建设和制度建设。建立了协调、联络主办学会与省级科协的工作机制，形成了“一体两翼”管理体系；建立健全了主办学会的领导工作机制和监督工作机制，对省级科协属地监督协调、保障职责提出明确要求，建立了全国联赛和省队选拔等基层赛事活动监督机制；建立了一系列重要规则和制度，如《全国中学生五项学科竞赛工作条例（暂行）》《全国中学生五项学科竞赛考务工作规定（试行）》《全国中学生五项学科竞赛监督委员会督查工作规范（试行）》《关于加强全国中学生奥林匹克学科竞赛委员会组织建设的意见（试行）》。

经过几年努力，学科竞赛逐步展现出良好竞赛生态，基本实现竞赛组织管理制度完善、机制健全、罚则明确、管理闭环、风险可控，选拔培养基础学科拔尖创新人才苗子的作用不断彰显。

调研发现，越来越多的高校更加认可学科竞赛，在“强基计划”中不断运用学科竞赛的结果，把学科竞赛的成绩作为高校选拔校测的重要依据（调研情况详见附件）。同时我们分析研究发现，学科竞赛舆情背后折射出公众对教育公平、学风建设、去功利化、回归办赛初心的强烈期待，特别是自从竞赛奖项与高考升学政策挂钩以来，社会上出现了有针对性地研究竞赛的命题方向、风格和内容，从应试角度辅导学生机械化刷题，泯灭学生学习兴趣的情况，这异化了竞赛初衷，破坏了学科竞赛的生态。

学科竞赛担负着为党育人、为国选才的重要使命，必须做到公开、公平、公正，必须坚持系统观念，必须依靠制定科学有效的规则、构建完善的治理体系、提升治理能力以保障竞赛有序开展。为彻底解决学科竞赛功利化的问题，进一步深入推进学科竞赛改革，必须更加充分运用已经形成的竞赛奖项与“强基计划”的挂钩结果，通过学科竞赛更大范围选拔基础学科研究创新人才苗子，充分发挥高校选拔人才的自主性。

附件：

实施“强基计划”调研情况

一、“强基计划”出台背景和实施情况

为深入贯彻习近平新时代中国特色社会主义思想，落实全国教育大会精神，服务国家重大战略需求，加强基础学科拔尖创新人才选拔培养，教育部在深入调研、总结高校自主招生和上海等地高考综合改革试点经验的基础上，2020年1月，出台了《关于在部分高校开展基础学科招生改革试点工作

的意见》（也称“强基计划”），决定自2020年起，在部分高校开展基础学科招生改革试点。2020年起原有高校自主招生方式不再使用。

“强基计划”实施三年来，共录取新生1.8万余人，试点高校创新人才培养模式通过“强基计划”选拔了一批对基础学科研究有志向、有兴趣、有天赋的优秀学生。在确保公平公正的前提下，积极探索多维度考核评价模式，逐步建立基础学科拔尖创新人才选拔培养的有效机制。

二、“强基计划”选拔标准

“强基计划”指导思想和原则是服务国家战略，招收一批有志向、有兴趣、有天赋的青年学生进行专门培养，为国家重大战略领域输送人才。主要选拔有志于服务国家重大战略需求且综合素质优秀或基础学科拔尖的学生。

三、“强基计划”试点院校

“强基计划”起步阶段，在部分一流大学范围内遴选高校开展试点。高校向教育部申请并提交相关专业的招生和人才培养一体化方案。教育部组织专家综合考虑高校的办学定位、人才培养质量、科研项目及平台建设情况、招生和人才培养方案等因素，按照“一校一策”的原则，研究确定“强基计划”招生高校、专业和规模。

截至目前试点高校共有39所，名单如下：

北京大学、中国人民大学、清华大学、北京航空航天大学、北京理工大学、中国农业大学、北京师范大学、中央民族大学、南开大学、天津大学、大连理工大学、吉林大学、哈尔滨工业大学、复旦大学、同济大学、上海交通大学、华东师范大学、南京大学、东南大学、浙江大学、中国科学技术大学、厦门大学、山东大学、中国海洋大学、武汉大学、华中科技大学、中南大学、中山大学、华南理工大学、四川大学、重庆大学、电子科技大学、西安交通大学、西北工业大学、兰州大学、国防科技大学。

2022年增加东北大学、湖南大学、西北农林科技大学三所高校作为“强基计划”试点。

至此，“985工程”高校全部加入“强基计划”招生队列。

四、“强基计划”招生专业范围

“强基计划”突出基础学科的支撑引领作用，重点在数学、物理、化学、生物、力学、基础医学、育种及历史、哲学、古文字学等相关专业招生。聚焦高端芯片与软件、智能科技、新材料、先进制造和国家安全等关键领域以及国家人才紧缺的人文社会科学领域。高校会结合自身办学特色，合理安排招生专业，并建立学科专业的动态调整机制，根据新形势要求和招生情况，适时调整“强基计划”招生专业。

五、“强基计划”报考流程

每年3月底至4月，简章公布；网上报名。

6月，考生参加统一高考。

高考后、7月4日前，各省（区、市）提供高考成绩；高校确定考核名单并组织考核。

7月5日前，高校折算综合成绩，择优录取。

六、“强基计划”校测内容

“强基计划”校测是指在高考出分后，高校在进行校测确认的考生中，依照考生的高考成绩按照招生计划的3—6倍确定入围校测考核名单、发布校测安排、自主组织校测考核。再依据考生高考成绩、校测成绩折算综合成绩从而确定录取名单，通常高考成绩占比85%、校测成绩占比15%，成为影响录取的因素之一。

“强基计划”校测考核方式通常包括笔试、面试和体育测试，部分专业会有特殊考核。每所院校的校测考核方式不太一样，具体以院校的“强基计划”招生简章为主。高校“强基计划”主要有笔试、面试，2022年39所高校中有15所高校仅有面试。考试时间集中安排在1—2天内。其中复旦大学、上海交通大学、南京大学三校的校测安排在高考后、高考出分前进行，即所有报名考生均参加校测；报考其他高校的考生则需在高考后进行校测确认，在高考出分后得知自己是否入围。

从近两年高校宣传和参加校测的考生的反馈来看，“强基计划”校测笔试难度高于高考，接近或等于学科竞赛复赛水平。面试考试形式多样，多结合时政热点提问、由主考官针对话题或考生报考材料进行延伸提问等。其中，获得五大学科竞赛银牌（含）及以上奖项的考生可以通过“强基计划”破格入围生报考（清华大学和北京大学两校破格入围需审核），部分高校会给予破格入围考生校测满分。

七、“强基计划”的招生对象

2023年是“强基计划”实施的第四年，从近几年的招生政策来看，“强基计划”招生更注重考生对基础学科的兴趣和综合素质，所以招生对象大致包含两种类型：“综合素质优秀”及“基础学科拔尖”。各高校的招生简章也明确了两类招考对象的具体条件：第一类是高考成绩优异的考生，高考总成绩达到本科一批控制线（特殊类型招生控制线）及以上；第二类是在相关学科领域具有突出才能和表现的考生。高中阶段在中学生学科奥林匹克竞赛（数学、物理、化学、生物、信息学）全国决赛中获得奖项的考生。2022年在39所“强基计划”试点高校中，有34所把五大竞赛成绩作为报名条件之一。

八、“强基计划”的录取方式

“强基计划”的录取是在所有批次之前。高校录取名单报各省级招办审核，办理录取手续。被正式录取的考生不再参加后续高考志愿录取；未被录取的考生可正常参加本省（区、市）后续各批次高考志愿录取。

九、“强基计划”录取后的后继培养

高校对“强基计划”录取的学生单独制定培养方案，采取导师制、小班化等培养模式。建立激励机制，增强学生的荣誉感和使命感。畅通成长发展通道，对学业优秀的学生，高校可在免试推荐研究生、直博、公派留学、奖学金等方面予以优先考虑。探索建立本—硕—博衔接的培养模式。推进科教协同育人，探索建立结合重大科研任务的人才培养机制。通过“强基计划”录取的学生入校后原则上不得转到相关学科之外的专业就读。

“强基计划”试点的39所学校均为国家最高层次的大学，对于想要上名校并且进行提前规划的学生来说，报考“强基计划”的同时兼顾高考，可以增加被名校录取的机会。

从“强基计划”政策来看，大部分高校高考成绩是入围校测标准，其备考与高考不冲突；从“强基计划”招考流程来看，大部分高校校测考试安排在高考成绩公布后，在高考后有一定备考时间，不耽误高考复习。

通过以上分析，可以发现“强基计划”和学科竞赛的关系，即拥有学科竞赛经历的学生，在“强基计划”的报名和录取中优势明显。

（1）竞赛奖项比较高的：获得数学、物理、化学、生物、信息学五大学科竞赛银牌（含）以上奖项的学生符合“强基计划”高校破格入围条件；校测成绩往往直接给满分。

（2）从各高校近几年校测难度来看，各校“强基计划”校测难度一般大于高考，清华大学、北京大学和“华东五校”等顶尖高校更是接近或等同于竞赛复赛水平，有竞赛基础的考生更容易在校测中脱颖而出。

（3）2023年复旦大学、南京大学、中国科学技术大学、北京航空航天大学、重庆大学等校“强基计划”报名系统中，支持五大学科竞赛省级一等及以上奖项或学科潜质、学科领域特长材料作为报名材料上传，竞赛生在“强基计划”中的优势进一步凸显。还有其他高校支持学科竞赛省级二等、甚至省级三等奖项的填写。

做好竞赛后的跟踪研究和培养

青少年学科竞赛发展至今已近半个世纪，为我国选拔出一批优秀的、有志于科学研究的拔尖创新人才苗子。每年都有大量学生参与学科竞赛。这些学生去了哪里？后续成长情况如何？在做什么？发挥了什么作用？他们还需要什么帮助？这些信息分散在各个领域、角落，没有机构跟踪收集、全面掌握，导致无法用数据精准分析学科竞赛发展的成效和经验，无法在充分的数据基础上总结人才成长规律；也无法通过数据和其他国家进行对比，从而进一步回答“奥数强国为什么不是数学强国”等重大问题。当今世界上很多国家特别是发达国家，都开展了青少年拔尖人才的信息库建设和追踪研究、跟踪培养。我们应当在这方面抓紧补课，做好竞赛后的大文章。竞赛后的文章不好做，是一个大难题，首要的难处是收集竞赛后人才发展信息。如何突破？可以从开展一些主题活动做起，掌握竞赛后人才发展信息，搭建继续帮助他们成长的平台。

一、以“寻找参加奥赛的你”为主题策划系列活动

第一，开发“奥赛人”小程序，开展五大学科奥赛选手追踪调查。统计选手相关信息（姓名、身份证号码、学习经历、竞赛经历、竞赛成绩、科研经历、未来目标和联系方式，并建立主动报备的长效联系机制），以调查结果为基础建立我国基础学科拔尖创新人才苗子库。

第二，面向社会讲好“我（科学家、学生、家长、学校）与奥赛”的精彩

故事。推动竞赛改革深入实施，加强对青少年科技赛事在主流媒体上的宣传，营造良好的社会氛围，策划“双减背景下，奥赛怎么看——讲好我（科学家、学生、家长、学校）与奥赛”的精彩故事，引导全社会从兴趣入手，树立正确的科技赛事活动观，提升科技赛事的公信力，促进大赛健康规范发展。

第三，参与管理奥赛和传授奥赛学习通关“秘籍”。建立学科竞赛监督委员观察员制度，引进往届奥赛集训队选手成立观察员库，选拔有时间、有兴趣、有一定科研潜质和初显科研成就的往届奥赛选手，参与学科竞赛的监督和国家集训队选拔工作，以亲历者身份为学科竞赛的规范化管理提交观察报告，并建言献策。鼓励往届奥赛选手与新选手们多交流沟通，和新选手们分享成长经历和奥赛通关“秘籍”。

二、以“我的奥赛圈——手拉手”为主题策划系列活动

第一，开展“大手拉小手”活动，弘扬科学家精神和加大对青年人才的扶持。全方位谋划基础学科人才培养，搭建我国科学家和基础学科拔尖人才之间的桥梁，建立不同专业领域的拔尖（后备）人才培养计划，弘扬科学家精神，涵养优良学风，激励青年人才树立科技报国的初心使命。尝试将中国科协“青年人才托举工程”支持时间（32岁以下）前移5—8年，建立前置培养期，加大对青年人才职业规划的指导和科研方向的引导。

第二，开展留学生奥赛选手“心连心、手拉手”活动促进国际交流。以基础学科拔尖人才库为依托，组建中国留学生科技联合会和分会，不定期策划、开展联谊活动，加强对留学生和家长的政治引领，加强对青年留学生活的关心关爱，在适当的时机对他们进行政治吸纳；积极鼓励青年留学生爱国奉献、勇于创新。联系全国学会、科研院所和高新技术企业，鼓励青年留学生积极参与和支持国内的学术交流活动，并为他们创新创业提供支持。

第三，开展往届奥赛选手和新选手们“手拉手”活动赋能基层。扩大往届奥赛选手和新选手们的朋友圈，为他们搭建舞台，鼓励相同科研方向的选手们结为好友，为后续开展科研、学习提供帮助和支持，实现朋辈专业引领。

五、开拓：
广泛开展各类科技活动

青少年科技活动是通过一定的体验和实践，促进青少年掌握科学知识、培养科学观念、树立科学态度，提高科学思维和科学探究、科学实践能力的过程。开展科技活动是提高青少年科学素养的重要途径。由于教育理念、管理制度、课程标准、活动条件等原因，长期以来，我国青少年科技活动被视为“课外活动”，似乎可有可无，有些活动内容肤浅、组织低效，这是妨碍我国创新人才培养的“痛点”。本部分主要阐述了如何正确认识青少年科技活动，把握活动规律、提高活动质量，开拓创新人才培养新空间。

青少年科技活动的策划、方案设计、组织工作有一定难度，有些活动组织者、科技辅导员常为此苦恼。因此，本部分提供了活动方案、宣传方案、科普创作等实例，供一线教师在开展科技活动时借鉴参考。

应当重视青少年科技活动

科学教育是以自然科学内容为主，发展个体及群体科学素质的教育教学活动。广义的科学教育既包括学校的科学教育，也包括校外（家庭、博物馆、社区等）的科学教育，涵盖幼儿园至大学各教育阶段、在职教育及终身教育阶段。狭义的科学教育主要指在中小学阶段实施的科学教育，通过学习丰富优质的课程，激发学生探究世界的好奇心和对于科学的兴趣，指导他们主动学习探知世界的方法与技能，掌握基本的科学知识，理解和解释自然世界中的现象、变化及其影响，树立正确的科学价值观，弘扬科学精神，发展科学身份认同，学习运用科学知识和方法处理个人和公共事务，为终身的学习、发展和健康生活奠定坚实基础。

我国科学教育有不同的形态，发生于不同的场景和教育阶段。主要包括以下四种：一是以科学类课程为依托的中小学科学教育，例如物理学、化学、生物学、地球科学、计算机信息科学等领域的科学课程以及跨学科课程，它们是科学教育的主渠道。二是大学（包括研究生）阶段的科学教育，包括科学类的专业教育，也称"大学理科教育"，主要是培养学生的科学专门知识技能与解决科学问题的能力，充分发展批判性思维和创新能力，持续内化科学精神，以培养科技工作者为直接指向。此外，还包括面向全体学生的科学类通识教育，以提升大学生的科学素质为主要指向。三是校外或课外（非正式）的科学教育，以及面向在职人员及其他社会成员的科学教育。主要以多样化的科技活动、研学实践（课程）、科学实践项目、专项教育培训等形式存在，主要以兴趣培养、科学知识拓展与应用为指向，为不同背景和需求的学习者提供科学体验、科学学习和科学参与的多元和灵活的机会，是对学校科学教育的重要补充，是全面提升科学素质的重要途径。四是以课程教学论为主体的分科及综合的学科教育专业，包括综合科学教育、物理教育、化学教育、生物学教育、计算机科学与信息技术教育等。这些学科教育专业，主要以分科科目内容为载体，研究学科领域知识和技能的教学方法和学习方法，培养中小学科学类教师。

随着科学技术的快速发展迭代，传统的以知识为主要内容的科学教育已经无法追赶技术更新的脚步。课堂上传授的知识不断被更新替代，开展我国科学教育改革战略研究势在必行，进行科学教育转型改革也尤为重要。

我国的“天宫课堂”是由中国载人航天工程办公室牵头组织的一个面向全球的科学课程，2021年和2022年两次授课，参与线下互动的青少年超过350万人，全网总点击量超过40亿次，取得了良好的效果。“天宫课堂”是发生在校外（课外）的非正式教育，由科协系统的中国科技馆协助完成，是一个典型的青少年科技活动。

科学教育的关键是培养科技创新能力。科学教育既包括科学知识的学习，也包括科学实践的教育。我国当前的科学教育是不够完整的科学教育，科学实践的教育严重不足。科学实践，不仅仅是科学实验、发明创造、创新创业，还要充分鼓励我国青少年充分利用身边的条件和材料，广泛开展各类科技活动，在实践中提高科技素养。

中国科协青少年科技中心主要负责组织推动青少年科技教育工作，开展青少年科技活动，开展重大科普活动，提高公民科学素质，培养未来一代的创新人才，在开展科学实践教育方面积累了很多经验做法。

2021年举办了首届全国青少年科学节，以“科普报告进校园”“开放科普教育基地”“校园科技实践”“科技文化展示展演”“趣味科技挑战”等形式开展各类青少年科技活动，发动“大手拉小手”科普报告汇成员单位近千名科技专家为青少年作报告超过5000场，开展《大学之前》院士专家线上直播20期，累计传播量逾3亿人次。组织、指导全国各地开展地方特色的青少年科技创新实践活动。山东举办了“动物新语科普公益大讲堂活动”，天津举办了“‘双星耀津城’——土木双星伴月天文科普活动”，安徽开展了“科普剧‘邓稼先爷爷的故事’展演活动”，广西举办了青少年科技运动会活动。中国植物学会举办了“追忆远古生命足迹，云游地球历史长廊——云游中国地质大学逸夫博物馆活动”等。各地共开展青少年科普活动4372项，青少年科学节的举办形成了全国青少年激发兴趣、热爱科学、积极参与科学实践的教育活动高潮。

受拥有近两百年历史的英国皇家科学院圣诞讲座的启发，邀请国内顶尖科学家、科技工作者和科普达人，20余家国内外权威机构，制作沉浸式体验、互动式实验演示与多媒体参与的大型新年青少年科普节目《多YOUNG科学夜》，邀请“天问一号”探测器系统副总设计师、火星车设计者贾阳担任主讲，微博相关话题阅读量累计超2.8亿，全网触达受众超4.5亿人次。与流量媒体策划组织“点亮好奇心”科普短视频征集活动，联动多名院士等各界科普专家，视频累计播放达60亿次。

针对青少年重点人群大力开展丰富多彩的青少年科技活动。

面向科技英才——举办线上线下相结合的高校科学营，邀请诺贝尔奖得主作报告并与青少年互动，1661所中学的1万余名中学生线下参与，6332万人次在线参加；在16个省市的26所高校实施英才计划，共选拔培养4200多名优秀中学生。搭建国际化人才培养平台，选拔近50项优秀青少年科研项目参加国际顶级青少年科技竞赛，获多项大奖。

面向农村青少年——开展以“沿着奋斗百年路，激发科学好奇心”为主题的“科技教育活动乡村行”十省百县千校重走长征路活动，组织科技专家以“大师报告进乡村、科教活动进乡村、教师培训进乡村、科技资源进乡村”为主要内容开展线下活动共计175场，辐射10个省份、325个县（市、区）的1000多所农村中小学校。面向西部女童开展科技教育服务。面向全国最后一批脱贫摘帽的52个县和50个新时代精神文明试点县，制作“我最敬爱的女科学家”短视频，传播量超500万次。上述活动对于提升农村青少年科学素质，助力他们成长成才具有突出作用。

面向“一带一路”青少年——举办同上一堂课、“齐放小卫星”活动，联动逾60个国内外科技组织，汇聚近千名科学家和科教专家开展近百场科普直播和科学家报告，吸引来自53个国家、地区和国际组织的师生积极参与。央视制作播出新闻资讯，40余个国家、地区的411家媒体对活动进行宣传报道，辐射约6.1亿人。开展这些活动有利于我国青少年增进科技人文交流，拓展国际视野。

研究数据表明，我国中小学生的科学学习兴趣、内在动机随年级增长持续下降，科技创新能力和创新人格也有下降的趋势。高中生对科学科目的兴趣低于小学生和初中生，青少年对科技相关行业的职业期望很低，对科学感兴趣的程度较小学生下降了9.1%，其中对物理学科兴趣下降高达18.7%。2020年国家义务教育质量监测结果显示，全国仅有18.8%的八年级学生期望长大以后从事科学相关职业。经济合作与发展组织（OECD）国际学生评估项目（PISA）2015年测试数据显示，我国15岁学生期望从事理工科相关职业的比例为16.8%，显著低于OECD国家平均水平的24.5%，远低于美国的38%，仅排全球第68位。这一问题值得高度关注，我们应当更加重视青少年科技活动，推动各类科技活动广泛深入开展，提升青少年的科学兴趣和科技创新能力，鼓励他们树立投身科研事业的志向。

青少年科技活动基本规律

传统教育思想认为，学生学习的主要方式就是课堂听讲和做练习、做实验，青少年科技活动是非常规情景下的科学学习活动，在学习中处于补充、辅助地位。现在看来，把青少年科技活动视为非常规情景下的科学学习活动，是一种浅见、偏见，如同把蔬菜不当主食，殊不知蔬菜有比主食更丰富、更重要的营养。在科技飞速发展的新时代，科技活动的重要性越来越凸显，要开辟青少年成长的新天地、新赛道，把科技活动纳入重要课程安排，作为常规教育活动对待，加强课堂与课外教育相融合。青少年科技活动是为学而动的重要课程，既要遵循青少年成长规律、教育教学规律、科学教育规律，还要遵循活动理论的一般规律。

一、遵循活动理论的一般规律

活动理论起源于康德与黑格尔的古典哲学，形成于马克思辩证唯物主义，由维果斯基提出，成熟于苏联心理学家列昂捷夫与鲁利亚。我国活动理论的研究起步较晚，20世纪二三十年代陶行知开展了乡村学前教育实验。新中国成立后，我国教育重视科学实验，在各级各类学校因地制宜开设了科技活动课程。经过长期探索，广大中小学在此方面积累了丰富经验。20世纪90年代初，国家教委正式印发文件，将活动课程纳入九年义务教育课程内容，青少年科技活动得到更多重视，活动理论也被更多人所熟知。

活动理论认为，活动是一个动态的、复杂的、具有内在结构的系统，基本要素包含主体、客体和共同体三个核心成分，还有工具、规则和活动分工三个次要成分，三个核心成分之间、三个次要成分之间、次要成分与核心成分之间构成有机联系。

1. 活动主体

青少年科技活动中，应当坚持以学生为主体。教师虽然处于主导地位，但整个活动要围绕学生来设计、运行，由学生实施、执行，活动的成效要体现到学生真正受益上。如果教师过度主导，将自己的意志凌驾于学生之上，让学生充当机械的执行者，这样的科技活动必然是不利于学生获得应有认知、技能、情感的，不利于培养学生的自主探究、自主发展能力。对活动主体的分析、尊重，有利于合理设计科技活动的目标和组织方式。

2. 活动客体

青少年科技活动中，客体就是指活动目标，也就是主体（学生）通过一定的活动所获得的、体验到的、受到影响的东西。设计青少年活动时，首先要考虑这次活动的客体也就是活动的目标是什么。确定活动目标，应当根据主体的情况因人而异，根据课程总体目标、阶段要求、环境条件等因素而定。所以，活动客体既具有主观性，又具有客观性。目标定位准确，活动才能顺利有效地进行。

3. 共同体（群体）

在青少年科技活动中，共同体指除学习者之外的其他共同学习者。比如，教师和其他协助者等，他们是与学习者共同完成学习过程的参与者。共同体在整个科技活动过程中是必不可少的角色，对活动起重要作用，有的发挥引导作用，有的起到配合、帮助、参与作用，为主体提供条件保障包括各种资源或资助，所以活动不仅仅属于个体，还属于共同体。

4. 活动工具

活动总是在人与物的结合中进行，活动过程中必然要使用一些硬件与软件，包括场地、氛围、设备等。活动理论认为，活动离不开工具，学习也一样。在古代，学习的必备工具是笔墨纸砚，而现代学习需要教材、计算机等硬件。和谐的氛围、愉悦的社交、良好的通讯等都是软件。开展青少年科技活动，要准备充足的活动工具。

5. 活动规则

无规矩不成方圆，人类的一切活动都离不开规则。规则是用来协调主体与客体以及各方因素的，对于青少年科技活动来说，规则就是活动过程的约定和安排。比如，一般情况下，学生要听从老师和组织者的安排，活动要符合社会秩序和事先制定的步骤、协调性要求、目标导向等。参加角色扮演时，参与者应当遵守对角色的安排等。

6. 活动分工

青少年科技活动中，不同成员往往要承担不同的任务。科技教师是引领者，青少年为学习者，其他人员为辅助人员。不同成员按照分工完成不同任务，活动才能正常进行。当然，有些角色在某种情况下会发生变化，但每个人都应完成自己的工作任务。做好活动分工，督促、帮助各角色按照分工履行责任，是开展青少年科技活动要考虑的重要内容。

二、把握青少年科技活动的特点

青少年科技活动虽然也是一种科学教育，但有别于课堂教育，除具有一般教学活动的特征外，还具有自身的特点。

1. 科学性

科学性是青少年科技活动的本质属性，如果没有科学性也就不成为科技活动了。不同形式的青少年科技活动都具有科学技术的内容，这是青少年科技活动与文学创作、艺术表演、生产劳动等活动的最大区别。开展青少年活动的根本目的，是让青少年在活动中体验科学探究的过程，激发学生崇尚科学、探索未知的兴趣，培养其探索性、创新性思维。

2. 综合性

青少年科技活动不同于以学科为中心的课堂教学，不是静态的“我教你学”，而是以活动为载体，在动态中在让青少年体验科学探究的过程，活动过程要比纯粹的学科教学复杂得多，往往会出现跨学科的情况。所以，青少年科技活动虽然归属于某个学科但又不限于单个学科。活动方案的设计、问题的解决通常是多学科的横向联系和各种知识的综合运用。以航模活动为例，不仅要学习直角坐标等数学知识，还要了解静力学、流体力学、圆周运动、发动机原理、无线电等物理知识；操作施工时要接受看图制图、选材施工等训练，学习工具使用、粘接组装等工艺技能，等等。即使是一般性选题的活动，也要历经收集文献资料、调查、分析、计算、实验、研究直至得出结论、撰写论文等过程。其间，每逢遇到困难，还要独立思考、反复实践、拜师求教，直到解决问题。所以，开展科技活动不仅会使青少年了解和掌握某方面较为系统的知识，还会使他们经历科学研究的综合训练。

3. 对象适宜性

青少年是青少年科技活动的主体，他们的生理阶段、心理特征、学习特点不同于成年人，他们的实际需要、思维方式、接受能力和社会经历也不同于成年人。因此，在青少年科技活动安排上，尤其在活动内容、方式设计上，要与成人有所区别。比如，要因材施教、接近生活、循序渐进、有适度的挑战性和趣味性、“跳起来摘桃子”、课内外融合、校内外衔接。设计活动的角色分工时，要注重发挥参与者的特长、优势，符合其内心愿望、个性特征，实现内在与外在的统一。

4. 灵活性

青少年科技活动在活动内容、活动形式上有着广泛的灵活性，它摆脱了课堂授课的束缚，不受场地、时间、内容、任务的局限，能够多方面适应青少年的兴趣爱好和实际需求，能够把对青少年的教育与生产活动、社会生活广泛地联系起来。青少年科技活动的具体内容可以根据活动目的、教师特点、现有场地、设备条件以及学生需要确定；可以紧跟科学技术发展动态，结合学生身心发展特点，传授最新科技内容；也可以让学生运用某些工具，从观察身边科学现象做起，进而上升到理论探讨、实践改进。活动形式也是灵活多样的，如展示类、宣讲类、体验类、竞赛类、培训类和大型综合类等。宣讲类活动又可以细分为讲座式、授课式、沙龙式、表演式（戏曲、小品、歌曲）等。因此，在设计青少年科技活动时，设计者应依据活动对象特征、活动内容要求、实施条件与可行性，以及最终要实现的目标等因素，灵活选择运用活动方式。

5. 实践性

青少年科技活动的重要价值就在于实践性，要注重以学生为主体，引导学生主动参与实践，活动的选题、设计、实施、展示的全过程都应鼓励学生深度参与。在活动中，要引导学生自己设计、自己动手获得科学知识和技能，前人的科学知识和技能要经由学生在活动中进一步验证、理解。要鼓励学生对自然界和社会生活中的各种问题独立思考、缜密研究、交流切磋、勇于创新。对青少年来说，虽然他们的探索和创造还不等于科学发现、科学研究，但他们认识新事物、解决新问题、创造新作品、实现自我突破的实践，一定会对未来的发展产生重要作用。

6. 体验性

科技活动是一种探索性的实践过程，它的任务是探索求知，探索就有成功、失败，或者既有成功部分又有失败部分等多种可能。青少年在科技活动中能感到自己是一个发现者、研究者和探索者，体验到智慧的力量和创造的欢乐，也可能经历失败的打击。不管他们在活动中取得什么样的成果，只要能够有这种深刻的情感体验，都会激发他们对科学的浓厚兴趣和探索精神。这种情感、意志、精神，是青少年科学素养的重要组成部分。

7. 自主性

青少年的个性特点多种多样，知识能力水平参差不齐，参加科技活动的心理需求也是多方面的，如开眼界、求乐趣、长知识、练能力、交朋友等。教育者要尽可能地创造条件，组织多种多样的活动项目供学生选择，鼓励青少年根据自己的爱好、特长、需要、精力等自愿选择参加的活动，活动过程中对不同的学生给予恰当的启发和引导。在自愿选择的活动项目中，青少年更易找到自己的兴趣点和有相同爱好与特长的伙伴，乐于在活动中合作，乐于维护活动规则、接受指导教育。青少年自愿选择参加的科技活动，可能是兴趣所致，也可能是身怀所长，有利于实现因材施教，有利于教学相长、学学相长，从而促使青少年的兴趣和爱好转化为智慧和才能。

三、坚持青少年科技活动的基本原则

1. 科学性原则

科学性原则是青少年科技活动的首要原则，离开了科学性，就会丧失了“科技”这个灵魂，就不能成为科技活动了。设计青少年科技活动时，要结合青少年不同群体的社会角色、受教育程度、心理和生理特点，选择恰当的青少年科技活动内容和形式，向他们传播反映客观真理的科学知识，帮助他们在实践中掌握科学探究的技能，还要引导他们树立科学精神和科学价值观，争取最佳育人效果。

选题内容要科学。设计者首先必须搞清楚什么是科学，这样才能保证选择的活动内容不脱离科学的范畴。人们对科学的认识是随着时代发展而不断深化的。从静态角度看，可以说科学是一种知识，但这并不意味着任何一种知识都是科学。科学是关于客观世界各个领域事物现象的本质、特征及运动规律的知识体系。它是建立在人类社会实践活动的基础上并已经通过了实践检验和严密逻辑论证的知识。从动态角度看，科学是一种社会活动，它是以事实为依据、以发现规律为目的的社会活动。这种活动是通过各种手段去感知客观事物，在大量感性经验基础上，再运用理性思维去把握事物本质。青少年科技活动设计者不仅要加强自身学习，还要争取更多科学家和技术专家的支持，为青少年选择合适的活动内容。青少年科技活动的设计者必须对科学有一个较为全面的理解，选择活动内容要把握科学与人类价值观之间的平衡，还要符合公众的受教育程度、年龄特征和兴趣爱好。由于不同年龄段的青少年心理状态和知识水平不同，他们对科学活动内容的兴趣也会不同。即使是选择相同的科学内容，针对不同群体，安排上也要有目标、层次和要求上的区别。

还要注意选择恰当的活动方式，比如，在社区开展青少年科技安全活动，是采用宣讲类活动方式效果好，还是采用培训类活动方式效果好，抑或是采用其他类型活动方式效果好？实践证明，体验类活动方式效果最好。

2. 兴趣性原则

兴趣是积极探究某项事物或从事某项活动的意识倾向，是人的个性带有趋向性的特点。它是构成青少年学习积极性的最重要的心理因素，是推动人们认知活动的内部机制。伟大的科学家爱因斯坦说过："兴趣是最好的老师。"在科技活动中贯彻兴趣性原则，既要从兴趣入手，吸引青少年参与到活动中，又要在科技活动中有效地提高他们的兴趣，培养青少年树立科学志向。

科技活动由于摆脱了课程大纲和课业成绩的约束，学生凭自己的兴趣选择科目，这样就提供了学生认知、能力自由发展的环境。苏联教育家苏霍姆林斯基说过："没有符合学生兴趣的课外活动，培养不出全面发展的人才。"正因为如此，义务教育教学计划中，科技活动是兴趣活动的一部分，兴趣性是科技活动的一条原则。在对各地科技爱好者和科技人才的追踪调查中发现，已有成就的人才大多经历了这样的发展过程，即因为好奇和兴趣参加某些活动，逐渐在活动中产生了学科兴趣，开始热爱这门学科，主动钻研这门学科，进一步对这门学科的发展前景产生追问，对未解之谜或科技设想产生追求，于是形成学科志趣，这种志趣又和祖国及人类发展相联系，便形成了科学志向、科学理想。

低幼阶段的科技活动重在启蒙，让儿童在游戏式的活动中，广泛地接触大自然，接触科学技术，扩大眼界，激发好奇心，鼓励他们观察、提问、幻想、探索。大量调查数据表明，小学中年级是培养科技兴趣的最佳年龄段，初中阶段是由兴趣转向志趣的重要阶段，学科爱好者往往在高中阶段形成学科志向，许多有成就的科学家回顾自己的成长历程都能找到青少年时期的"种子"。开展青少年科技活动要注意把握青少年成长的阶段性特征，注重激发学生的科技兴趣，引导他们形成科学志趣和科学志向。

3. 个性化原则

每个人都是独立个体，青少年的创造性是建立在个性基础之上的，尊重个性才能培养创造性。现代教育价值观认为，教育就是充实青少年的个性，使其获得健全和谐的发展。开展青少年活动，要把青少年真正当成活动的主体，充分调动他们的主动性和积极性，鼓励他们自主、自治、自理。当然这样的鼓励绝不是放任自流。科技活动中教师要牢牢地把握活动的方向，不断地提出新的课题和努力目标，激发青少年为之钻研探索、实现自我突破。在同一科技活动小组内，除提出共同的选题和活动方法，还要针对青少年个体不同的特点，分别提出不同的标准和要求，鼓励他们根据各自情况选择主攻方向、主动探索、解决问题。要使每一个青少年懂得自我的独特价值、并努力实现自我价值，培养他们求新求异思维，鼓励他们勇敢地提出自己的想法和看法。要使每一个青少年具有创造成就的勇气和信心，并给予他们机会和条件，鼓励大胆的想象和新颖的设计，并引导到符合科学原理的轨道。

4. 全面教育原则

我国教育方针是立德树人，要面向全体学生，培养德、智、体、美、劳全面发展的社会主义建设者和接班人。青少年科技活动作为一项重要课程，理所当然地要像其他课程、课堂一样，贯彻立德树人的教育方针。要充分利用科技活动的特点和优势，对青少年进行德、智、体、美、劳等全面教育，特别要引导学生通过实践感受，增强科学观念、科学精神，培养科学思维，树立科技报国的志向。在设计青少年科技活动时，不能仅仅执着于设计科学教育功能，还要兼顾德育、智育、体育、美育和劳动教育。在组织活动时，要充分利用各种场景、元素，发挥科技活动的全员受教、全面育人、立德树人的功能。教师要了解学生、引导学生，不仅使学生动起来、思考起来，还要打开学生心灵的大门，让科技活动走进每个学生的内心深处，从而获得德、智、体、美、劳等多方面的教益。

如何设计青少年科技活动

科技活动没有课程标准，更没有统一教材，灵活性较大，但这并不意味着可以放任自流，或者“为活动而活动”。设计青少年科技活动的基本要求是：以青少年为主体，遵循教育规律，把握青少年发展特点，充分调动其主动性和积极性，充分利用现有条件，充分发挥想象力、创造性，体现实践育人、体验为主，做到科学性和思想性相统一、知识性与趣味性相结合、课外活动与课堂教学相衔接，活动目标、活动过程与活动评价相一致。

凡事预则立、不预则废。开展青少年科技活动前，要精心设计活动方案。活动方案是对未来的活动或者项目进行的策划，是实现活动目标的行动指南，包括目的要求、行动规则、步骤安排、过程控制、要素配置、评价管理等内容。活动应当具有目的性、探索性、趣味性、实践性、开放性、可行性，方案对每个步骤的安排要详细、明确，各环节的衔接设计要紧密、紧凑，活动角色的责任分工要具体、清晰，基本实施条件要事先准备好。活动前要把方案尽可能设计得完善一些，活动实施就会更顺利，实施成效也就会更好。

一般情况下，青少年科技活动方案的设计主要考虑以下内容。

一、背景分析与活动名称的设计

青少年科技活动背景，包括活动基本简介、主要执行对象、近期状况、组织部门、活动开展原因、社会影响及相关目的。此外，还应说明活动的环境特征，如政治、经济、社会环境，国内外、当地科技发展情况，以及青少年科技教育环境等因素，对其做好全面的分析（SWOT 分析），选择设计活动相应的重点背景问题进行分析，对过去、现在与活动相关的情况进行详细的描述和论证，对未来的情况进行预测，得出相应的对活动开展的有利与不利、可行与不可行的判断。

名正则言顺。人们了解一项青少年科技活动，通常从活动名称开始。活动名称简单明了好理解，便于活动营销和向社会大众宣传介绍，也利于提高活动的影响力。青少年科技活动名称的设计，必须让所有接触到活动的人，通过活动名称就能知道活动的意义价值、内涵与外延、对象主体、内容范畴、形式特点等。例如，从“2023年全国青少年科技创新大赛”这个名称，就可以清楚地了解到该活动是“2023年举办的”“全国性的活动”“活动主体是青少年”“活动范畴是科技创新”“活动形式是比赛”等。

二、活动主题与目标的设计

活动主题与目标，是整个活动方案的灵魂，是活动设计的起点，也是活动完成的归宿，是青少年科技活动设计者要解决的首要任务、核心问题。所有的活动内容、活动过程都是围绕这个主题、为实现这个目标而设计的。活动内容、形式等要与活动主题和目标密切配合，确定一个好的活动主题与目标，可以增加青少年对科技活动的关注，提升青少年主动参与的热情，同时，还可以明确其活动方向，确定活动的核心内容，延展活动的效应。

青少年科技活动的主题，应当简洁明了、高度凝练，有丰富内涵、创新性、时代性和感召力。活动目标要具体化，不能太抽象，更不能无限拔高，需要满足重要性、可行性、时效性等要求。设计活动目标要避免出现三种情况：一是活动目标不是让青少年受教育，而是为完成老师或者科技辅导员的“业绩”。这样的活动中，学生如同按照剧本演戏的“演员”，有何益处？二是活动目标过于宽泛，承载的内容过多，一次活动难以实现。三是目标模糊，缺乏可操作性，实施起来就会“脚踩西瓜皮——滑到哪里算哪里”。

出现这些问题，说明设计者对本次活动的考虑还不够成熟，把握不够准确，如果仓促上马势必会影响活动的有效性。

三、活动组织者与参与者的设计

青少年科技活动组织者是指动议、首倡、鼓动、发起、实施、执行有青少年科技活动目的的行为的组织机构或个人。青少年科技活动组织者是青少年科技活动的动机激发、活动维持的执行主体和行为主体。青少年科技活动组织者应具备组织青少年科技活动行为的能力和条件，如公信力、号召协调能力、组织资源（人力资源、科技资源、经费支持等）、谋划与实施能力等。青少年科技活动组织者的主要职责是把与青少年科技活动相关的参与者、信息资源、环境支持等要素进行合理的配置、建立有效的互动关系、设置互动的活动情景，同时保障活动的效率。

青少年科技活动主体，也即活动对象，是活动的特定参与者，这个特定对象就是青少年。青少年在科技活动中的主体地位，决定了活动的一切事项均要考虑青少年的感受，均要考虑具体参与活动的青少年群体的动机和活动效果。不同年龄段、不同主题、不同区域、不同场所、不同形式等的青少年科技活动，其特定参与者的群体特征、个性特点等都不同。这就要求在设计青少年科技活动时，必须充分考虑参与本项活动的青少年的共性特征，在活动内容、活动形式上最大化地满足他们的需求。

四、活动时间与地点的设计

青少年科技活动作为以课外、校外为主的活动，举办时间一般安排在青少年的寒暑假、周末等时段，防止与学校教学活动的时间发生冲突。有些科技活动需要校外单位的支持，需要按照支持单位的情况和日程安排青少年科技活动时间。有些科技活动时间的设计，还要选择合适的气候、安全、交通等条件。

青少年科技活动被称为科技教育的第二课堂，不同于课堂教学，其举办地点主要根据活动目标因地制宜地选择。根据一项具体科技活动的内容需要，可安排在校内、社区、农村、企业、科技馆、科普教育基地、高校、科研院所、青少年活动中心、青少年宫、儿童活动中心、自然保护区、旅游景点等各种场所。

五、活动内容与形式的设计

青少年科技活动内容，是指其活动所包含的实质内涵和意义，是构成活动的一切。广义的青少年科技活动内容，包括时间因素、地点因素、空间因素、科技元素、活动共同体、活动过程等，都是活动的内容。狭义的青少年科技活动内容，主要是指活动中的科技元素，包括传授的科技知识、科技方法、科学思想、科学精神等。青少年科技活动的内容至关重要，它是直接检验青少年科技活动成效、成败的试金石。

青少年科技活动形式，是指在活动中为实现活动目标而采取的符合活动内容需要的表现方式。青少年科技活动可采用的具体形式多种多样，完全可以发挥想象去设计，不能有思维定式的限制。从教育内容和活动形式上分类，比较常见的大致有4类：一是以传播科技知识为主的活动，包括科技展览、科普讲座、科技游艺、科技艺术、科普游园等。二是以传授科技技能为主的活动，包括科技创意、科技模型制作、智能机器人搭建、无人机操作、创意编程与智能设计等。三是以传承科学方法为主的活动，包括科学观察、科学实验、科学调查、科学探究、科技项目攻关等。四是以传递科学思想和精神为主的活动，包括科学家精神报告会、科学家访谈、科技形势报告、科学史报告、科学家表彰等。以上4类，只要符合青少年科技活动需要、为青少年所喜闻乐见就都可以选择。

六、活动日程与步骤的设计

青少年科技活动日程，是指对活动中时间、地点、内容、各类参与者角色、规则等的编排和规定，是活动共同体的基本遵循。青少年科技活动日程设计，一般以活动日程表或活动指南的方式，呈现给所有与活动有关的人员。

青少年科技活动步骤，是指活动进行中的程序、顺序、次序等。设计青少年科技活动步骤，要依据国家规定、社会常理、活动规则等，一般以活动内容的重要程度、活动单元的逻辑关系、各类参与者的地位和角色等进行顺序上的设计安排，核心是减少或避免活动中时间、角色、逻辑等冲突，保证活动的有序、顺利和高效。

七、活动保障与收效的设计

青少年科技活动的保障，是指活动正常开展所需要的物质资源支撑、人力资源支撑和场景氛围营造，以及为活动参与者所准备的安全防护等。在青少年科技活动保障设计时，必须充分考虑在活动管理与人员、设施设备与活动场景搭建、安全防护与保卫等方面的投入，将这种投入以资金、物资和人力等形式表现出来，并提出解决方案。青少年科技活动的收效，是指活动结束后，活动目标的实现情况和所取得的实际成效，以及活动共同体、活动支持者、社会各方等的评价。活动收效设计，是青少年科技活动设计不可或缺的内容，应针对活动目标的实际情况，设计出与活动目标相匹配、可检测的评价方法和定量定性的评价指标。

如何撰写青少年科技活动方案，可参考后文实例。

青少年科技活动方案实例：

“科学家讲科学”系列微课拍摄制作项目方案

一、项目背景和意义

“大手拉小手”科普报告希望行活动始于2000年，主要组织邀请各个领域的科学家下基层，面向中小学校，开展面对面的科普报告巡讲活动，项目工作为提高青少年的科学素质作出了重要贡献。当前，传统媒体的变革和新媒体的崛起，为科学传播提供了形式多样的方式与舞台。为积极响应 ××× 向广大科技工作者发出的“让科学家精神光耀时代”的倡议，更好发挥科学家优势资源，2020年 ××× 中心将联系科学家科普演讲团，策划制作“科学家讲科学”系列微课，利用信息化手段加强互联互通，更好推动科教资源传播和共享，进一步提高公众尤其是广大科技辅导员、青少年的科学素养。

二、主办单位

××× 中心、××× 协会。

三、项目概况

（一）名称

“科学家讲科学”系列微课拍摄制作。

（二）宗旨

析科学之理，悟科学之道，享科学之美。

（三）受众

中小学教师、学生以及对科学感兴趣的公众。

（四）主讲嘉宾

××× 院老科学家科普演讲团、××× 大学老科协科普演讲团、××× 科普作家演讲团、××× 科普演讲团，以及科学领域的相关专家。

（五）时长

15—20分钟/期，共10期。

（六）播出平台（拟）

新华网、科普中国、“学习强国”、科技学堂、腾讯视频、哔哩哔哩等。

四、主要内容

（一）微型讲座（录播）

（1）简介：主讲嘉宾围绕某个主题开展约15分钟的内容讲解。

（2）主题：10个，可以设计每个专家讲解1个主题，也可设计部分专家讲解2个主题。嘉宾演讲主题设计见表1。

表1　嘉宾演讲主题设计

序号	演讲主题	嘉宾来源	嘉宾姓名
1	细菌与病毒	××× 院老科学家科普演讲团	×××
2	人与动物	××× 院老科学家科普演讲团	×××
3	遥感科学与技术	××× 院老科学家科普演讲团	×××
4	自动控制与机器人	××× 院老科学家科普演讲团	×××
5	地震、火山和地球	××× 院老科学家科普演讲团	×××
6	芯片的故事	××× 大学老科协科普演讲团	×××
7	蒸汽压的故事	××× 大学化学工程系	×××
8	现代国防与空军	××× 科普作家演讲团	×××
9	物理故事	××× 院物理所	×××
10	航空航天故事	××× 青少年科技馆	×××

（二）互动问答

精选听众提出的与讲座内容有关的科学疑问，专家给予相应解答。

（三）课程制作

根据专家讲课和问答的录制内容，进行课程后期编制，包括添加中英文字幕、制作中英文课程重点内容提示、补充相关的科技图文和视频素材，制作中英文片头片尾等。整片时长约20分钟。

（四）平台播放

协调各媒体播放平台对视频进行播出，起草宣传文案，协助开展宣传推广，统计各平台播放浏览数据，等等。

五、工作分工

×××处负责推荐科普专家、确定课程内容、协助安排专家讲座、现场拍摄。

×××处负责协调制作团队完成微课拍摄制作工作；两处联合讨论选定授课专家、微课呈现形式等，并联合在各播放平台进行宣传推广。

六、项目预算

（1）微课拍摄制作技术服务费：×万元。

微课拍摄制作的技术服务工作，包括脚本策划设计、拍摄、后期制作、联系播放平台宣传等。

每期微课约20分钟 ××元/分钟=×万元，10个微课共×万元。

（2）专家劳务费：预估×万元。

参加微课拍摄的专家工作包括资料收集、文稿撰写、讲授等。每期微课专家劳务测算为：资料收集费×元+撰稿费×元+讲座费×元=×元，10期微课共×万元。

附件：

"科学家讲科学"系列微课拍摄方案

主办单位：×××

拍摄地点：×××楼×××房间

拍摄时间：5月上、中旬（暂定7、8、9日3天）

拍摄时长：40分钟左右

成片时长：20分钟 / 期，共10期

拍摄天数：3天（暂定）

涉及人员：摄制组工作人员2—3人，每次主讲嘉宾1人，每天4人

录制设备：布景幕布、摄像机、灯光及收音设备

（1）面向初高中学生、老师以及对科学感兴趣的公众。

①关于自备 PPT 的说明：

• 不超过20页的 PPT 内容，PPT 内容要精简，图文结合，文字尽量精简，为了拍摄顺利，主讲人可自备一版用来录制的 PPT，建议16∶9比例；

• 如涉及国外名人，为保证严谨，需备注对应的中文名和母语外文名，以及生卒日期；

②可提供和讲义相关的视频文件以增加可看性，插入视频总时长不超过5分钟；

③可自备与讲课内容相关的实物道具现场操作或展示。

（2）提前熟悉讲课内容，语言表达尽量流畅自然，避免口误，建议使用普通话。

（3）为保证内容的科学严谨，视频初稿完成后，需要相关主讲人根据标准时长（20分钟 / 期）进行内容取舍，并反馈视频意见，同步审核中英文字幕，标注关键句，直至定稿上线播放。

（4）服装简约大方，以商务休闲为主，避免条纹、格纹密度较高或过于花哨的款式。

（5）统一的拍摄环境，有桌椅、视线正前方有播放 PPT 的投影仪。

（6）内容架构模板。

①开篇："走近科学，认识世界，大家好，我是 ×××，欢迎来到'科学家讲科学'（名字待定）"；（固定开篇语，不建议改动）

②引入：通过一个生活场景或者一个有趣的故事引入本期课程的主题；

③点题：明确提出本期课程的主题和关键词；（尽量一两句话）

④展开：针对本期课程的主题和关键词展开论述，建议用3—4个段落；

• 历史脉络，通过用学生感兴趣的方式讲明问题的提出，如何演变成今天这个样子的；

• 核心概念，分条目讲清楚概念、定理、定律或原理本身的含义、基本思想和使用范围等；（课程的核心知识点部分，讲者可自由发挥，尽量避免用概念解释概念，尽量贴近受众，建议选取最核心最重要的3个以内的条目讲清楚）

• 应用与展望，具体说明本期课程内容在现实中的应用和未来的展望；

• 逸闻趣事，可以作为调料适当插入课程，但务必保证论述简洁、精准，来源可靠；

⑤小结：对本期课程的主要内容做简单总结，点题并为展开部分的分论点各提炼一句话；

⑥结尾："走近科学，认识世界，今天的'科学家讲科学'就到这里，我是 ×××，再见。"（固定结束语）

全国科技工作者日丨请科学家来讲故事*

2020年伊始，一场突如其来的疫情打乱了人们正常的工作和生活节奏，高考延迟一个月，奥运会延期举行，“大手拉小手”科普报告希望行活动也因疫情防控的常态化而暂停。

疫情阻挡了我们外出探索世界的脚步，但打乱不了我们传播知识的步调。为适应新冠疫情常态化防控的新形势，×××中心积极响应“让科学家精神光耀时代”的倡议，对“大手拉小手”科普报告希望行活动工作方式进行创新，制作了“科学家讲科学”系列微课。

“大手拉小手”科普报告团的科学家们走进演播室，开启了科学家在线讲座——“硬核”科学家变身“主播”，引领学习科学新风尚。微课充分利用新媒体和信息化手段推动科教资源传播，促进信息技术与科学教学的有效融合，发挥了以往工作中积累的专家优势和科普经验，将科学家讲座送到中小学教师、学生以及对科学感兴趣的公众眼前。

“科学家讲科学”每期邀请一位科学家做主讲人，根据主讲人自身的科学研究专长，选择公众感兴趣的科学话题，从自然现象到前沿科技再到科研历程，用通俗易懂的语言，深入浅出地讲解科学知识，讲述感人肺腑的科研故事，浓缩知识要点，解答科学问题，分享独到观点，诉事、说情、讲理，让枯燥的知识鲜活起来，让乏味的科学有趣起来。

* 本文为“科学家讲科学”宣传文案（预热新闻稿样例）。

“科学家讲科学”配合生动有趣的动画展示，补充相关的科技图文、视频素材、课程重点提示，通过多种多样的呈现方式，增强课程的观看体验，让公众学习科学的热情不断升温。

首期微课将于20××年5月30日全国科技工作者日隆重推出，届时科普中国、哔哩哔哩、科技辅导员在线学习中心（科技学堂）、阿U学堂等视频平台将同期播出，并于每周六19：00更新，敬请观看。

中科院大咖云集，
科学家在线云授课，
不限时间、不限地点，
每个人都可以享受专业的科普讲座，
让全国各地喜欢科学、热爱科学的人聚在一起，
析科学之理，悟科学之道，享科学之美。
有关科学的“故事”，
科学家讲给你听！

“科学家讲科学”微课持续更新中，科学家喊你听课啦！*

“我长大想当科学家！”这是很多孩子儿时的梦想，也是孩子们心底生出的对美好未来的向往。我们要让孩子们从小就沐浴科技之光、在科学土壤里茁壮成长。

自2000年开始，一些热心的科普科学家在×××中心的组织和支持下，组成“大手拉小手”科普报告团，深入到中西部边远贫困地区、民族地区为公众尤其是青少年作科普报告，把科学的种子播撒在孩子们的心田，使更多的青少年和公众爱上了科学。

2020年在疫情防控常态化的新形势下，×××中心积极响应“让科学家精神光耀时代”的倡议，对“大手拉小手”科普报告希望行活动进行创新提升，让科学家通过互联网走进千家万户，制作“科学家讲科学”系列网上微课。微课发挥了传统的专家资源、积累的科普经验优势，充分利用了新媒体和信息化手段，促进了信息技术与科学教育的有效融合，将科普讲座送达青少年、中小学教师以及对科学感兴趣的公众眼前。“大手拉小手”科普报告团的“硬核”科学家们一个个走进演播室，变身“主播”，引领科学在线学习新风尚。

“科学家讲科学”系列微课于20××年××月××日起，每周六19：00

* 本文为“科学家讲科学”宣传文案（动员新闻稿样例）。

在×××中心官网、×××微信公众号、央视频、人民视频、新华网客户端、科普中国、哔哩哔哩、科技辅导员在线学习中心（科技学堂）、阿U学堂、西瓜视频、优酷等平台持续更新，至今已更新6期，累计平台播放量超25万次，新媒体的传播方式吸引了越来越多的青少年。

“科学家讲科学”每期选择一个社会公众感兴趣的科学话题，无论是探讨自然界生物关系的“人与动物关系”“动植物大战”，还是和人类时时刻刻密切接触的“细菌与病毒”、刺激好玩的“软硬兼施的空中加油”、给人类生活带来翻天覆地变化的“芯片的奥秘”，以及在生活中应用广泛的“物理学中的正弦函数”，丰富多彩的科学话题也不断吸引着青少年们去观看，让公众学习科学的热情不断升温。

通过“科学家讲科学”一系列的科学微课，为无数孩子长大当科学家的梦想铺路搭桥，积极营造爱科学、学科学的社会氛围，让科学知识变得有趣易懂，让科技工作富有吸引力，为孩子们的梦想插上科技的翅膀，不断创造条件让孩子们用科学的眼光观察、审视这个世界。终有一天，孩子们心田那颗科学的种子，一定会生根发芽、枝繁叶茂……

2020年，大咖云集，
科学家云授课，
不限时间、不限地点，
全国各地喜欢科学、热爱科学的人欢聚在一起，
析科学之理，悟科学之道，享科学之美，
有关科学的“故事”，
来来来，让科学家讲给你听！

精彩预告：

表1 "科学家讲科学"系列微课预告

序号	播出时间	主讲人	专家单位、职务（职称）	课程题目
第七期	7月11日	×××	（略）	物理的故事
第八期	7月18日	×××	（略）	探秘风振
第九期	7月25日	×××	（略）	神奇的蒸汽压
第十期	8月1日	×××	（略）	人类怎样飞向蓝天

从“黑洞”到“天眼”*

——献给南仁东

黑洞在旋转，甚至闪耀，
我们一无所知。
那么多尘埃忽闪忽灭，
像是在等待什么，
一个阴谋，还是更多的奇迹或灾难，
会因为无知而降临。

霍金在光中预言的并不能说明什么，
我们似乎不相信霍金，
尽管他的近视眼镜也是科学，
尽管他残缺的身躯让我们质疑：
理论物理终究只是理论。

* 本文为青少年科普诗歌创作示例。

风暴来临，南仁东就是这风暴本身，
他的疯狂只可仰视，无法触摸；
他就是在黑洞里面给我们打手机的人，
他满心的欢喜溢于言表，
那些地外文明的蛛丝马迹，
逃不过他的“天眼”——中国之眼。

我猜想，陆地也会有升空的那一刻，
等待天空和大地融为一体的瞬间，
北斗卫星导航系统真是个好东西，
我还想再看一看这水乳大地，
这烟火人间，那些抹不去的乡愁啊。

而那洞穿宇宙迷雾的利器是什么？
500米口径球面射电望远镜——中国之眼，
南仁东——“人民科学家”“最美奋斗者”。
你的名字已经让我们看得更远，广大而精微，
“天眼”让中华民族生长出了喜悦，
在那些类星体、脉冲星、星际分子和微波背景辐射的，
另一个没有尽头的尽头，
你带来的又不仅仅是喜悦，
是超精细结构，神秘的无穷无尽。

它是铸天镜阵列的红光与紫光，
它是无所不能的千里眼，
引导、激励并提升我们的自信与综合国力，
它是我们的“哈勃”，探究暗能量本质的起源与引力波源，

其实它和你的名字一样，
与我们已经紧紧融为了一体，
紧紧地不能分离。

馆校合作开发科教戏剧*

教育戏剧运用到科学知识的宣传与学习上，即为科学教育戏剧，简称“科教戏剧”。大家习惯上称为“科普剧”，这个说法其实不是很准确，不能把科教戏剧所有内容涵盖进来，科普剧只是科教戏剧的一部分。科教戏剧把戏剧性元素融入科普宣传，一方面把高深的科学问题用简单直观的艺术手法表达出来，便于理解；另一方面，在艺术内容上融入过去极少涉及的科学内容，是一种广受社会欢迎尤其是受少年儿童欢迎的科普形式，也是一种新颖的形式活泼的学习科学的手段。科技场馆和学校都有科普剧表演，但从整体效果来看，无论是科技场馆还是学校，对于科教戏剧的价值、应用形式的研究都还处于初级阶段，还不够成熟，远远不能适应我国目前科学教育的要求。因此，馆校合作推进科教戏剧发展，大有可为。

一、科教戏剧对青少年科普的推进作用

将教育戏剧恰到好处地运用到科普当中，尤其是中小学科学教育中，有其互动性和参与性方面的显著优势。科教戏剧于20世纪末由国外传入，发展至今，取得了不小的成绩。不少剧目是学生们耳熟能详的。一些经典剧目融知识性、趣味性、表演性和科学性于一体，使学生通过在具体的场景中欣赏、品鉴经典，感受经典剧目表演的魅力，在耳濡目染中拓宽科学视

* 本文由肖燕、孙华共同撰写，收录于《面向新时代的馆校结合·科学教育——第十届馆校结合科学教育论坛论文集》，科学普及出版社2018年版。

野，提升审美、鉴赏能力。科教戏剧在推动青少年科普发展方面发挥了重要作用。

从发展科学思维来看，科教戏剧通过与科学家展开思维对话，激发学生科学兴趣，发展科学思维。科教戏剧把过程教育、情境教育与体验教育这三者融为一体。在创设的情景下，表演者与观赏者借助于科学家的思路，探究知识，解决疑惑，提出疑问，做出猜想，动手实验，从而对科学研究产生兴趣，并深刻体会科学思维。

从科学创新能力来看，通过编写科教剧本培养学生的想象能力和创作能力。学生在探求科学知识过程中的小故事，在平时生活中浏览、搜集到的热门科学话题，课文中的科普文章，均可以作为编写剧本的素材，进行艺术化改编、丰富。创编有意义的科教剧本，探索科学奥秘，既丰富科学知识，又培养想象能力和创作能力，唤起他们的创新意识，对全面提升青少年的创新能力起到了积极的作用。

从科学表达方式来看，通过表演激发学生走进科学的热情。科教戏剧将科普知识、科学实验以人物表演形式呈现出来。它需要表演者运用恰如其分的表达手法，或诙谐幽默，或平实朴素，使观赏者在情境交融中产生思想的共鸣。让学生学会表演，最大限度地调动学生的兴趣和参与欲望，进而激发他们走进科学的热情。

总之，科教戏剧突出体现了科学和人文的融合，增进学生对科学知识、科学方法以及科学技术如何影响社会和个人的了解，提升其科学素养，培养学生良好的情感态度和价值观，成为“全面发展的人”。

二、科教戏剧的基本特点

科教戏剧是戏剧形式与科普内容的结合。要以原理简单、现象明显的科学实验和自然科学知识为基础，搭配相应的剧情，辅之以科普知识、科学精神，在戏剧表演中展现科学探究的过程。一般来说，比较成功的科教戏剧，都具备以下4个特点。

第一，游戏性。科学需要严肃的思维，但当它戴着游戏的面具出现在学生面前时，更能激发学生探究科学的欲望。青少年尤其少年儿童对新鲜事物有很强的好奇心，好模仿、爱表现。单纯就科学实验或自然科学知识来进行演示，很难引起他们的兴趣，而采用游戏互动的方式，则更能引起孩子们的兴趣。

第二，艺术性。在内容上，科学知识是科学教育戏剧的核心，戏剧表演则是主要的表现形式。剧情的巧妙设计和安排，是科学教育戏剧引人入胜的重要因素和成功法宝。在剧中巧妙地制造矛盾，产生一定的冲突，形成舞台戏剧效果，最后利用科学原理进行解释，或用科学方法解决冲突，把科学与艺术完美结合，让孩子们在得到美的享受的同时，又能潜移默化地接受科学的熏陶。

第三，科学性。科学性是科学教育戏剧区别于其他戏剧的突出特点。剧中表现的科学知识必须真实，对科学原理的阐述力求简明，涉及的科学概念、相关数据等务求准确，表达必须规范，不能为了突出舞台效果而扭曲、夸大科学事实，同时要善于利用科学实验来彰显科学精神。剧中许多科学实验，需要观赏者与表演者共同完成，科学实验的剧情安排要能体现出求真务实精神、批判精神与创新精神。

第四，生活性。科学教育戏剧要将科学原理的准确性和生活实践联系起来，赋予科学以生活的内涵。在结合课本科学知识的基础上，联系学生生活中的认知经验与种种“好奇点”，探究生活中的一些科学问题。从真实生动的生活情境中汲取科学知识，打破书本知识和日常生活的藩篱，这也遵循了生活教育的理念。

三、科教戏剧的主要应用形式

科教戏剧的开发立足学生，以学生体验为本。旨在以独具戏剧特色的教育理念推进科普教育的发展。倡导“综合性学习”，促进学校成为科普教育前沿的双向平台，淡化教师讲授，重视学生的体验活动，在参与中学会合作，在剧情中经历情感体验，形成对知识点的良好认知，最终启发科学精神。从我国目前教育戏剧应用于科学教育的实践来看，科教戏剧主要有3种应用形式。

第一种是科技场馆组织的科普剧表演。它是以普及科学知识、传播科学思想、激发科学兴趣为核心，有角色扮演和完整故事情节的舞台表演剧。在中国科协的大力推广下，中国科技馆引进了很多国外优秀科普剧，目前已产生了很多优秀科普剧作品。舞台表演的科普剧本往往由懂得科学知识和戏剧艺术形式的专业人士来创作，在科技场馆或正规剧场演出，已经涌现出一批艺术水平比较高的保留剧目。一般所说的科普剧，主要就是指这种形式。这种形式在科教戏剧中最受关注，研究最为深入。

第二种是学校师生自创的科学表演作品。中小学校师生依据所学科学知识自编自演，以原理简单、现象明显的科学实验为基础，表演形式不拘一格，在学校艺术节或科技节上经常能看到这样的节目，被称为“科普秀”。与科技馆演出的剧目相比，许多剧目显得不是很成熟，艺术水平也有待提高，但更接地气，也能吸引大批观众。这是因为由熟悉的老师、同学来表演，本身具有很强的吸引力；也说明学生需要戏剧活动，也热爱戏剧活动。学生自己编演科普剧，在科普教育和艺术发展方面都具有良好的开发前景和推广价值。为推动我国科学教育的开展，我们期待在校师生更多地参与到科普剧的创作与表演中来。

第三种是课堂或科学普及的戏剧教学法，强调教育戏剧的辅助教学功能，依据教学目标配合教学内容，师生以戏剧的形式即兴编演的科学教育戏剧活动。通过即兴表演、角色讨论等多种多样的教育戏剧手段，配合多媒体平台展示互动，加深其对科学内容的认知和理解。这种方法，注重课堂知识的生成，注重对学生的想象和体验以及所学知识的理解与表达。这种科教戏剧活动方式因为要耗费较多的教学时间，且对教师要求较高，所以在学校课堂上的运用还不够广泛，在科技馆等校外科学教育场合更是很少应用。但是它把枯燥的知识点融入剧情中，表演者和观赏者都置身其中，互相研讨、质疑，共同探究，真正体现出教育戏剧的精髓，其作用远不是一般的科普剧表演所能替代的。这种形式在自然科学课程和开放性的中小学综合实践活动课程中具有很好的发展前景，希望能引起更多的关注。

上述3种形式的科教戏剧，目前处于各自为战的状态。在这方面，馆校结合存在着较大的发展空间，值得科学教育工作者认真对待并进行深入研究。

四、馆校合作，共创科教戏剧发展新局面

科普不一定停留在书本的文字上，也可以变成舞台上精彩跌宕的剧情。自2013年开始至今，中国青少年科技辅导员协会举办了6届全国性的科普剧与科学表演培训和比赛，在推进青少年科学教育方面发挥了积极作用，科教戏剧的创作逐渐形成了不同的特点，表现形式日益多样，为众多科技馆与学校所推广和使用。

在科教戏剧实践中还存在一些不足。从作品来看，高水平的原创作品还比较少，许多剧目内容空、内涵窄，未能将科学原理、科学现象融入剧本，语言比较单一、枯燥。剧本表达的科学知识主要是说出来的，而不是演出来的，缺乏戏剧性冲突。从受众范围来看，在学校中对应用的研究主要关注点在小学层面，对中学及以上学历人群的研究不够。从表演效果来看，不能很好地将舞台剧与表演形式结合起来，使得人物角色呈现和整体情节编排上缺乏艺术加工。因此，无论是剧目的创作、表演效果还是受众范围，都存在很大的提升空间。为进一步推进科教戏剧的发展，促进科学教育，可从以下3个方面着力。

第一，馆校合作，提高剧本创作水平。科教戏剧的发展需要更多优秀的剧本。优秀科教戏剧必须融科学性、思想性、艺术性于一体，而语言是剧本水平的集中体现，不同风格的语言在对白、旁白和独白中恰到好处的运用，能够让剧目更加吸引人。编写对白要简短明快，力求符合剧中角色特点。描述科学原理时可适当使用比喻、对比、拟人、设问等修辞手法，能让所涉及的科学原理好记易懂。可以恰当地选用一些小品、相声的语言，借鉴一些网

络语言。这方面科技馆更专业，经验更丰富，能够对学生的创作进行指导。

第二，馆校合作，打造优质剧作。目前不少科技馆对于科普剧坚持自编、自导、自演，一些儿童艺术剧团也在上演各式各样的科普剧。科普工作者对科学知识和展品原理比较了解，对表演艺术了解不多，而熟悉舞台艺术的人士对科学技术又不甚了解。如果两者加强合作，则既可以保障剧目内容的科学严谨性，又有助于表演效果更加鲜活生动。这种跨界联合，有利于将科学与艺术巧妙融合，创作出优质科教戏剧作品。此外，馆校合作，联合开展多种形式的科教戏剧展演，也是值得认真考虑的。

第三，馆校合作，实现科教戏剧课程化。青少年是科学教育的主要对象，中小学校园应成为科教戏剧的主阵地。目前校园科教戏剧活动的开展还缺少具体的指导，未能实现课程化。无论是剧目创作，还是导演、表演、舞台美术等，主要靠学生自己的兴趣与探索。实现学校科学戏剧教育的课程化，对教育戏剧引导者也就是教师提出了更高的要求：既要具备相应的戏剧技巧与审美素养，又要掌握教育教学的基本理论，还要熟知青少年发展的阶段水平与个性特点，并能主动参与学生的创作和表演，给予学生具体的指导和帮助。因此，馆校合作，要建立完整有效的培训体系，有组织地联合开展科教戏剧创作与表演师资培训，实现科学戏剧教育的课程化，如剧本的创作、表演，科教戏剧内容的系列化。活动的组织者、创作者、策划者都应该了解中小学的科学课程标准，结合对接中小学科学课程课标，了解中小学生认知和心理特点，以此为根据，将科技馆资源与学校科学课程结合，共同开发系列科教戏剧，使之成为科学教育课程，是一件十分有意义的事。

综上所述，科教戏剧不仅是一种科普手段，还是一门综合艺术，更是发展青少年人际交流能力的平台。馆校结合是促进校内外融合、提升科学教育质量的有效途径和重要手段，能够更有效地促进学生和教师去发现、去创造、去设计。通过馆校合作，科教戏剧不仅要在舞台上呈现，更要走进课堂，走进开放性中小学的综合实践活动课和学生的生活，在青少年科学教育中发挥更大的作用。

六、保障：
加强科学教育队伍建设

青少年的学习活动离不开教师的引导。建设一支高素质的科学教育师资队伍，是更好培养创新人才苗子的坚实保障。加强创新人才早期培养，必须下大力气建设高素质的科教师资队伍。青少年科学教育队伍分散在各个领域，中小学教师、科技辅导员是主力，社会力量起到重要的支持和补充作用。本部分重点阐述中小学科学类课程教师能力提升的问题。

实施“国培计划”的经验启示

2010年起，为推动中西部地区教育事业发展和师资队伍建设，教育部、财政部开始实施“中小学教师国家级培训计划”（简称“国培计划”）。主要内容是由国家层面提供经费，自上而下地大规模培训中小学幼儿园教师。“国培计划”是教师培训的国家行动，是中国教育发展史上的创举，对教师发展和教育变革产生了深远影响，也为我们大规模培训科学教育师资提供了经验启示。本文资料来源于“微言国培”公众号，梳理总结如下。

一、“国培计划”的基本情况

“国培计划”是一个庞大的系统工程，以农村教师为重点，通过示范性项目、中西部项目、幼师国培三大类项目，采取骨干教师脱产研修、集中培训和远程培训相结合等方式大规模培训教师，截至2019年，培训对象涉及各级各类学校教师，包括中小学教师、校长，幼儿园教师、园长，职业院校教师和高校青年教师。据统计，“国培计划”在2010—2019年这10年间，中央财政投入了172亿元支持教师培训，有140余家机构参与了“示范性项目”的培训，有1200余家机构参与了“中西部项目”的培训。10年来共培训教师1680万人次，其中，中西部项目和幼师国培项目培训教师1574万人次。这些教师分布在全国各地，发挥了重要作用。

二、“国培计划”实施的发展历程

（一）出台背景

2010年，全国幼儿园、普通中小学共有专任教师1180.29万人。面对如此庞大的教师队伍，现行的教师培训已无法满足基础教育实现从“人人有学上”到“人人上好学”目标的需要，农村教师培训机会不足、教师培训区域发展不均衡、教师培训专业化程度不高等问题亟待解决。因此，根据党的十七大关于“优先发展教育，建设人力资源强国”的战略部署，教育部制定了《国家中长期教育改革和发展规划纲要（2010—2020年）》，对教师实行每五年一周期的全员培训。

在此背景下，教育部、财政部于2010年6月下发了《关于实施“中小学教师国家级培训计划”的通知》，全面启动实施“国培计划”。这是提升教师队伍质量、促进义务教育均衡发展的必然选择，也是在总结我国教师培训经验的基础上，推动教师培训向更高层次发展的示范性举措。

（二）发展阶段

根据不同时期的发展重点，“国培计划”的10年历程大致分为以下两个阶段。

1. 起步与探索阶段（2010—2014年）

2010年开始实施的“国培计划”主要包括中小学教师示范性培训项目和中西部农村骨干教师培训项目。2011年，将幼儿教师国家级培训计划纳入其中。至此，“国培计划”确立为三大类项目——示范性项目、中西部项目、幼师国培，其宗旨凝练为“示范引领、雪中送炭、促进改革”。示范性项目主要通过骨干教师的培养、培训课程资源的开发、培训模式的创新为其他教师培训项目做出示范并提供支持。中西部项目和幼师国培主要包括置换脱产研修、短期集中培训和远程培训三种模式，以23个省份农村教师为重点，通过他们的示范辐射作用，帮助更多的中小学幼儿教师解决教学中的实际问题，提高他们的教育教学能力和专业水平。2014年，又启动了中小学校长国家级培训计划，重在提升中小学校长专业水平，归口于“国培计划”中的示范性项目。

这一时期，国家出台了一系列相关政策，对“国培计划”的实施与管理进行了全面部署。如《关于加强国培计划项目绩效考评工作的意见》《“国培计划”示范性集中培训项目管理办法》《关于遴选推荐“国培计划”专家库人选的通知》《关于做好国培计划教师培训机构遴选工作的通知》。教育部还在2012年制定了《“国培计划”课程标准（试行）》，详细规定了67个不同学段和学科的课程目标、建议课程内容、课程设置和实施建议，用于指导“国培计划”的课程设置和“国培计划”的课程资源开发，为各项目质量评价提供了主要依据。教育部在2014年印发了《网络研修与校本研修整合培训实施指南》，促进“国培计划”中网络研修与校本研修的有效整合，积极推动培训模式创新。这一时期“国培计划”处于起步与探索阶段。教育部等部门通过顶层设计为“国培计划”的方方面面建章立制，奠定了制度保障。

2. 反思与转型阶段（2015年至今）

2015年9月，教育部、财政部联合印发《关于改革实施中小学幼儿园教师国家级培训计划的通知》，将“国培计划”三大类项目的重点放在乡村教师队伍建设上，采取遴选项目县、重点支持的方式，扎实推进乡村教师和校长培训。其中，示范性项目重在为各地区的乡村教师培训培养“种子”、打造“模子”、探索“路子”；中西部项目和幼师国培则重在采取多种混合研训方式提升中西部地区乡村中小学幼儿园教师的专业化水平。

结合国家相关政策与各地实施情况来看，“国培计划”在总结前一阶段实施经验的基础上，不断创新工作方法，为广大乡村教师与校长提供了宝贵的学习机会，大幅提高了乡村教师队伍的综合素质，提升了各地区教师培训的专业化水平。

这一阶段，“国培计划”呈现出以下几个趋势。一是系统化。此阶段要求高校、具备资质的公办民办教师培训机构、县级教师发展中心等进行协同申报，将培训管理重心下移，打造省、市、县三级较为系统的教师培训体系。还重新系统设计了“国培计划”三大项目下的子项目，形成了不同层次、不同类型、不同岗位的培训模式。示范性项目主要包括培训团队高级研修、名师领航研修、紧缺领域教师培训、骨干校园长培训、网络研修创新等项目；中西部项目和幼师国培则主要包括乡村教师培训团队研修、送教下乡培训、教师工作坊研修、访名校培训、乡村校园长培训等项目。二是规范化。为进一步规范“国培计划”的管理，教育部继续颁布政策文件，完善制度体系。如《中小学幼儿园教师国家级培训计划专项资金管理办法》《“国培计划”示范性项目资金管理办法》，对“国培计划”项目经费的拨付流程、经费开支范围进行了明确的规定，确保专款专用。三是品牌化。2017年开始，教育部面向各省（区、市）组织遴选推荐2015年来“国培计划”优秀工作案例；2018年，启动了“国培示范区（校）”“国培示范专业（课）”建设，通过打造培训品牌专业，树立先进的培训模式，促进优质培训经验共享；2019年，还提出了高等学校与项目区县的“校地合作”方式，共建乡村教师专业发展示范区、示范校与示范团队。

三、“国培计划”的主要成就

“国培计划”在10年间不断在示范引领中国教师发展上下功夫，不断在服务中西部农村地区教育发展上下功夫，不断在促进和深化教育改革上下功夫，持续加大资金投入，扩大引领辐射范围，提升培训的针对性和实效性，走出了一条教师专业发展的中国路径。

联合国教科文组织教师教育中心对“国培计划”10年的主要成就这样概括道：开展全球最大规模教师培训行动、打造农村教师专业发展国家平台、大幅度提升中西部教师专业素养、构筑中国特色现代教师培训体系、推动教育均衡发展助力脱贫攻坚。

教育部教师工作司从“国培计划”的“初心”视角来总结这10年的成就：“示范引领”方面，10年“国培计划”培养了一批“种子”教师，他们在各自岗位上发挥着示范引领、辐射带动作用；打造了一支兼具理论和实践双重能力的“专家”队伍，他们贯穿国家、省、市、县四个层级；汇聚了一批优秀的教师培训资源；孕育了一批教师培训的新模式，促进了教师全员培训工作持续改进和创新。“雪中送炭”方面，重心下移，重点支持贫困地区项目区县乡村教师开展专业提升培训，覆盖了中西部省份所有贫困区县、边远地区、民族地区的农村基础教育学校。“促进改革”方面，10年“国培计划”促进了教师培训的改革，尝试建立了许多适合教师学习的培训模式，也带动促进了教师教育的整体改革，扩大了师范院校在职教师培训的规模与结构，探索构建职前职后互通互补、共建共享的教师教育新体系。

四、“国培计划”可资借鉴的经验做法

自“国培计划”实施以来，面对中国特色社会主义教育事业的新形势、新任务和新要求，“国培计划”始终贯彻落实党的教育方针，坚持将教师队伍建设作为教育质量改革与发展的突破口，不断突破创新，取得了重要的成就，积累了丰富的经验。

（一）坚持促进教育公平的价值基础

坚持促进教育公平的价值基础是“国培计划”发展的基本前提。在《国家中长期教育改革和发展规划纲要（2010—2020年）》中，“促进公平、提高质量”作为两条工作方针被提出，其中，“促进公平”是我国基本的教育政策，“提高质量”是我国教育改革发展的核心任务。因此，新时期推进教育公平，不只是实现受教育权利均等，还必须以提高教育质量为重点，让每个孩子都能享有公平而有质量的教育。“国培计划”促进了教育公平的实现，首先就体现在对乡村教师的大力倾斜上。2015年以来，“国培计划”基本实现了对中西部农村义务教育学校和幼儿园教师的全覆盖，为广大乡村中小学幼儿园的校长与教师创造了宝贵的培训机会；在培训方式上，创新采用了置换脱产研修、送教下乡、网络研修与校本研修相结合等办法，给予乡村教师更多的学习的机会，将“国培计划”真正落到实处；在培训内容上，紧贴乡

村教师实际需求，大力开发满足乡村教师需要的课程，不断提升培训的针对性。其次，“国培计划”也积极关注教育薄弱领域。2011年幼师国培被纳入“国培计划”大类项目，2012年特殊教育骨干教师培训被列为示范性项目的子项目之一，促进了我国学前教育、特殊教育教师的专业发展；“国培计划”还多次开展了针对美术、体育、音乐等紧缺学科教师的培训。这一系列的措施不仅适应了当前缩小城乡教育差距、办好人民满意教育的需要，还为我国今后相关教育政策的制定、教育公平的实现带来了积极的影响。

（二）坚持提升教师素质的目标导向

坚持提升教师素质的目标导向是“国培计划”发展的根本保证。提升教师素质是推动教育变革、提高教育质量的重要抓手，是促进义务教育均衡发展、实现教育公平的关键策略，也是基本实现教育现代化、建设教育强国的强力支撑。在提升教师素质的目标导向下，“国培计划”多措施并举。其一，为各级、各类、各岗教师提供了专业发展的机会，使受训教师群体不断扩大。例如，示范性项目从最初以骨干教师、班主任、薄弱学科教师为主，到现在增加了骨干教研员、中小学名校长、幼儿园园长、青年教师等群体。实施“国培计划”10年以来，中央财政下拨专项资金，支持1000多万教师在职培训，得到了学员的好评。其二，“国培计划”精心遴选培训者团队，积极建立动态调整的“国培计划”专家库，吸纳一线实践经验丰富的特级教师、骨干教师和教研员。通过增设培训者团队高级研修项目，努力打造一支结构合理、素质优良、能力突出的培训者教师队伍，充分发挥他们“引路人”的作用。其三，“国培计划”十分重视面向实践的按需施训，根据调研结果有针对性地设计培训项目，首创了混合式培训、主题式培训、跨年度递进式培训等多元教师培训模式，依据“国培计划”课程标准融合师德师风、传统文化等多样化的课程内容，丰富了教师的知识，增长了教师的能力，更新了教师的教学理念。

（三）坚持及时反馈、不断创新的顶层设计

注重顶层设计和实施过程中的及时反馈、不断创新是“国培计划”顺利推进的保障机制。一方面，面对覆盖地区广、教师规模大、项目周期长的培训，“国培计划”做出了很好的示范。宏观层面上，统筹规划实施方案与重点任务；中观层面上，紧紧围绕“示范引领、雪中送炭、促进改革”的宗旨，以文件形式对“国培计划”三大类项目的对象、目标作出规定，通盘设计了各大类项目下的子项目；微观层面上，多次颁布政策文件对具体的培训模式、课程与教学、经费管理、绩效评估等给予指导，使培训能够真正为教师提供学习服务与支持。这一系列制度紧密联系，互为支撑，不仅促进了“国培计划”的系统化、规范化发展，也为各省份发挥本地优势提供了依据。另一方面，“国培计划”始终坚持及时反馈、不断创新的顶层设计，每年都发布关于“国培计划”实施工作的通知，总结上一年的实施成效与不足，并对该年工作进行科学合理的顶层设计。例如，为针对前期“国培计划”中暴露出的培训方式单一、培训“一次性”、教师专业发展缺乏长效机制等问题，教育部下发通知，设立了为期2年的骨干教师能力提升高端研修和为期3年的优秀青年教师成长助力研修。这种跨年度递进式培训的创新之举，适应了教师专业发展的规律，能够满足教师在不同发展阶段的需求。这种及时反馈、不断创新的顶层设计，不仅杜绝了形式主义或走过场，还保持了政策的连续性和稳定性。

（四）坚持项目管理为主的推进方式

坚持项目管理为主的推进方式是“国培计划”发展的重要策略。与其他教师培训相比，“国培计划”的一大创新就是采用了项目管理的方法。所谓“国培计划”的项目管理，就是将现代项目管理的理论、方法、手段与教师培训的特点相结合，把教师培训任务、培训资源等整合为项目，组建项目组织，制定项目目标，依据责权利统一的原则，通过目标优化、过程管理和绩效评估保证培训的质量和效益。相比传统的职能机构管理办法，“国培计划”采用项目管理的办法具有较多优势。首先，由顶层设计对项目作出规划与引导，提供项目指南，设定相应期限、目标与激励。通过培训项目的逐年实施，上一轮绩效评估的结果作为下一轮项目申报的依据，有效激发了相关机构的积极性，保证了培训实效。其次，在“国培计划”培训机构的遴选中，避免了传统“上级对下级”低效率的线性指派，而是由各培训机构自主设计培训方案、提交申请，通过专业评审后才能承训，将自上而下的工作分派转化为上下贯通的项目运行。通过跨职能部门的组织实施促进行政部门、高等院校、中小学幼儿园以及各类教师专业发展中心之间的协作，有利于降低培训成本，提高工作效率。最后，“国培计划”的项目管理机制是柔性灵活的，更加注重教师的因素，不同地区可以根据当地教师的需求发挥“基层智慧”，使教师既能适应现在又能适应未来。

（五）坚持“输血不如造血”的培训理念

坚持“输血不如造血”的培训理念是“国培计划”发展的源头活水。纵观以往的教师培训，大多是以一种“输血”的方式进行。这种“输血式”培训通常以培训者为中心，主要由高校教师将较为前沿的教育理论与教学方法通过讲座的方式传递给受训教师，强调教师知识与技能的获取。这种方式不能从根本上促进教师专业发展。而“国培计划”改变传统的培训范式，采用了“造血式”的理念。一是赋予种子教师既是学习者又是培训者的双重身份，由项目县挑选各学科骨干教师作为种子教师先接受集中培训，再由这些种子教师在县教师进修学校或基地校的组织下通过送教下乡的方式培训全县其他教师。既“输血”又“造血”，以点带面，多维发展。二是通过创新培训方式催化教师发展的内生动力。“国培计划”强调培训者与受训教师之间的双向交流合作，打造学习共同体，让教师既能获得专业发展，又能促进个人发展和社会发展。在培训中，以教师为中心，注重教师的行动参与、实践体验。培训结束后，利用信息技术赋能对参训后的教师进行跟踪指导，促进教师自发地持续学习、实践、反思。三是促进教师专业发展服务体系的建立。“国培计划”的不断发展也促进了教师教育的改革，通过整合各类公办、民办高等院校与中小学的优质资源，建成了一批教师培训基地，实现了中西部地区自身的“造血”功能。

另外，“国培计划”在国家层面建构了自身的制度体系，包括项目管理制度、项目申报、评审和招投标制度、培训机构遴选与专家团队选拔建设制度、项目经费管理制度、培训课程资源的生成与管理制度、培训学习管理制度、培训绩效评估制度等。依据这些制度，中西部各省级教育管理部门也结合自身实际情况出台相应的配套制度，保障了“国培计划”规范有序地组织和实施。

“国培计划”探索建立了教师培训的国家标准，明确了项目设计与实施的标准（指南）以及培训课程内容标准。如《”国培计划”课程标准（试行）》《送教下乡培训指南》《中小学幼儿园教师培训课程指导标准》《教师培训者团队研修指南》《新教师入职培训指南》《青年教师助力培训指南》《骨干教师提升培训指南》等。这些标准为“国培计划”项目实施提供了专业性、操作性强、收效良好的指导，保证了“国培计划”的国家级水平，避免教师培训出现因“自以为是”和“各自为政”而导致的“分散性”“差异性”甚至“随意性”的现象，这是教师培训活动专业性的体现，更是对教师培训的专业引领。

期待国家更加重视科技辅导员队伍建设，扩大这支队伍的规模，抓好这支队伍的专业发展，夯实青少年科学教育的基石。

新课标背景下学科教师的转型研究

——从学科教师转型为科学教师的着力点*

“你的数学是体育老师教的”——这句话常用来调侃数学学得不好的朋友。但在现实中，科学课程真的有可能是体育老师教的……

2017年教育部发布了《义务教育小学科学课程标准》，要求小学从一年级开始开设科学课，一、二年级学生每周不少于一课时。这意味着，科学教师需要大幅增加，短期内原有的科学老师不能满足学校的需要。为了开齐开足小学科学课程，有一部分学科教师尤其是理工科专业背景的教师通过培训、学习、实践研修，转岗或者兼职小学科学教师。那么，科学教师和原有的学科教师相比有哪些不同，学科老师如何适应新的变化？笔者认为，学科老师要成功转型为科学教师，需要抓好以下三个着力点。

一、着力更新观念，充分认识小学科学教育的重要性

自2001年启动新一轮基础教育课程改革以来，经过十余年实践探索，科学课程对培养学生科学素养发挥了一定的作用，但随着时代的发展，现在已经远远不能满足我国经济迅速发展对科技创新人才的需要了，明显存在着课程适宜性、可操作性亟须增强等问题。

* 本文收录于《新课程导学》2017年第10期，第84—85页。

新课标将我国原来的小学科学课程标准实施年级段，由原来的三至六年级修订为一至六年级，也就是说，孩子上一年级就开始学习科学课，可以预见，在不久的将来，小学阶段的科学课可能会成为与语文、数学一样重要的重点科目。

小学科学课程重在激发孩子的好奇心和求知欲，培养学生的科学精神和实践创新能力。科学教育是立德树人工作的重要组成部分，也是全民科学素质建设的重要组成部分，还是科技创新人才早期培养工作的重要组成部分。2016年5月30日，习近平总书记在“科技三会”上指出，我国科技事业发展的目标是，到2020年时使我国进入创新型国家行列，到2030年时使我国进入创新型国家前列，到新中国成立100年时使我国成为世界科技强国。习近平总书记的重要讲话吹响了建设世界科技强国的号角。

建设世界科技强国，关键在于科技创新人才的培养。中小学科技教育水平决定着科技创新的后劲和接续发展。广大的科学老师要牢记习近平总书记发出的“建设世界科技强国”的号召，充分认识到自己使命光荣、任务艰巨、责任重大，要以小学科学教育为新抓手，努力提升青少年的科学素养，为建设世界科技强国贡献自己的力量。

二、着力拓展自己的知识面，积极开展各项科技赛事活动，培养科学态度和科学精神

科学涵盖了物质科学、生命科学、地球和宇宙科学、技术与工程等多个领域，综合呈现科学知识和科学方法。学科老师一般是从事物理、化学某一学科的分科教学，探究领域相对较窄，转变为科学老师就要把工作当做学习，把学习当做工作。一方面要充分整合物理、化学、生物、数学等学科知识，另一方面还要了解各学科的前沿科学知识，通过互联网随时随地拓展自己的知识面。

在这种升级转型过程中最实用便捷的路径就是积极参加教育部门主办的课标解读培训、各类专题培训，充分理解落实课标中科学教育的相关要

求；同时还应参加科协主办的如何指导青少年开展科技教育赛事活动的培训，积极带领学生参加科技教育赛事。青少年科技教育赛事活动的宗旨与现代科学教育理念相吻合，注重培养学生的创新思维和科学探究能力，引导学生树立正确的科学态度和价值观，目前，我国青少年各项科技活动在各地已经普及开展，科学老师要从提升自己的科学素养入手，带领学生积极参与青少年创新大赛、机器人大赛等多项科技赛事，通过学习和实践，不断加深自己对各项科技赛事的了解，不断提升指导学生开展科技实践活动的能力和水平。

科学课程是以实验为基础的综合学科。要引导学生做好每一个实验。注重引导学生动手与动脑相结合，加强实践探究过程的指导。科学老师尤其要重视实验教学，不但要认真做好课本上的每一个实验，还要积极开发设计各种家庭小实验，创造讲科学、爱科学、学科学、用科学的良好氛围，充分释放孩子们的创新智慧，积极蓄积创新人才苗子。通过实验进行实践探究，使孩子们在快乐和兴趣中提升创造力，增强创新的自信心，汲取一生发展所需要的科学营养。同时要强调学生的问题意识。科学探究往往是从发现问题开始的，以要解决的问题为主线开展探究。科学老师要注意引导学生乐于发问、善于发问，提出可以通过探究来回答的科学问题。

三、着力“四科”并举，全面提升学生科学素养

所谓“四科”并举，就是指习近平总书记在“科技三会”的讲话中提到的“把普及科学知识、弘扬科学精神、传播科学思想、倡导科学方法作为义不容辞的责任”。以往学校科学教育存在的问题和短板是只注重科学知识的传授，忽略了对科学知识中蕴含的科学思想、科学精神和科学方法的传授。科学精神中最重要的是批判精神和质疑精神，在科学事业的发展过程中，批判精神、质疑精神起到了非常重要的作用，所以科学教师要鼓励孩子大胆质疑，在传授科学知识的同时注重科学精神的培养、科学思想的传播和科学方法的掌握。

科学教师要把握科技教育的最新发展方向，大力宣传国内外最新科技成果，丰富和更新中小学科技教育内容。要在加强科学知识传播的同时，注重学生创新思维和科学精神的培养，把创新型人才培养贯穿教育各阶段。要引导青少年学习科学家先进事迹，让他们从小就热爱科学、崇尚科学。

主要参考文献

[1]《习近平谈治国理政》第1卷，外文出版社2018年版。

[2]《习近平谈治国理政》第2卷，外文出版社2017年版。

[3]《习近平谈治国理政》第3卷，外文出版社2020年版。

[4]《习近平谈治国理政》第4卷，外文出版社2022年版。

[5] 习近平:《论科技自立自强》，中央文献出版社2023年版。

[6] 中共中央党史和文献研究院、中央学习贯彻习近平新时代中国特色社会主义思想主题教育领导小组办公室编:《习近平新时代中国特色社会主义思想专题摘编》，党建读物出版社、中央文献出版社2023年版。

[7] 中共中央党史和文献研究院编:《习近平关于人才工作论述摘编》，中央文献出版社2024年版。

后记

培养创新人才，是一件极为重要的事，也是“仁者见仁、智者见智”的事。本书即将出版时，我有点像新嫁娘内心忐忑：“妆罢低声问夫婿，画眉深浅入时无？”一切认知来自时代、来自实践。时代给我出题，给了我学习、探索、答卷的机会，给了我从事青少年教育、青少年科技工作的美好平台，使我接触到许多可爱的学生、优秀的老师、卓越的专家，并受到启发、受到鞭策、受到磨炼。这是充满前所未有之机遇和挑战的时代，科学技术日新月异，大国竞争空前激烈，世界百年未有之大变局加速演进，中国人民正为实现民族复兴的梦想而进行着许多具有新的历史特点的伟大斗争。要赢得这场伟大斗争，必须更多更好地培养创新人才。对创新人才早期培养问题的探讨永远在路上，我愿做这条路上的一块铺路石。

在此，我要特别感谢几位长期奋斗在我国创新人才早期培养一线的专家学者，他们是中国科协青少年科技中心主任辛兵、中国青少年科技辅导员协会原常务副理事长李晓亮、陕西师范大学二级教授胡卫平、广西师范大学教授罗星凯、华中师范大学教授郑旭东、北京青少年创新学院主任张毅、湖南第一师范学院副教授郑敏、重庆巴蜀中学高级教师季鑫、北京昌平二中高级教师张淑春等，我有幸同他们一起工作学习、交流思想，受益良多。还有教育部、共青团中央、中国科协、中国科学院、中国工程院，国家自然科学基金委、光明日报社、北京大学、清华大学、北京师范大学、西安交通大学、中国科学技术大学、南开大学、天津师范大学，中国科技馆、科学普及出版社、湖北省教育科学研究院，人大附中、北京四中、北京八中、北京育才学校、湖北省黄冈中学等单位的许多领导和专家，在工作中给了我宝贵的指导、支持和帮助，我深深感恩于心。

党建读物出版社的同志为本书的出版付出了辛勤劳动，在此一并表示衷心感谢！

由于学识、能力有限，我深知本书还有不少问题。希望能够抛砖引玉，得到各位同行的指教！

孙　华

2024年5月8日于北京